湘江青年法学

LAW JOURNAL OF XIANGJIANG YOUTH

郭道晖 题

第八卷

主编◎高帆 甘卉

湘潭大学出版社
XIANGTAN UNIVERSITY PRESS

图书在版编目（CIP）数据

湘江青年法学．第八卷 / 高帆，甘卉主编．-- 湘潭：
湘潭大学出版社，2023.11
ISBN 978-7-5687-1296-5

Ⅰ．①湘… Ⅱ．①高… ②甘… Ⅲ．①法学－文集
Ⅳ．① D90-53

中国国家版本馆 CIP 数据核字（2023）第 233144 号

湘江青年法学（第八卷）

XIANGJIANG QINGNIAN FAXUE（DI–BA JUAN）

高帆 甘卉 主编

责任编辑： 刘文情
封面设计： 陈 颖
出版发行： 湘潭大学出版社
社　　址： 湖南省湘潭大学工程训练大楼
电　　话： 0731-58298960 0731-58298966（传真）
邮　　编： 411105
网　　址： http://press.xtu.edu.cn/
印　　刷： 长沙创峰印务有限公司
经　　销： 湖南省新华书店
开　　本： 710 mm×1000 mm 1/16
印　　张： 15
字　　数： 358 千字
版　　次： 2023 年 11 月第 1 版
印　　次： 2023 年 11 月第 1 次印刷
书　　号： ISBN 978-7-5687-1296-5
定　　价： 70.00 元

— 特别鸣谢 —

（排名不分先后）

郭道晖、李步云、江平——**法治三老**

（以下按首字母排名）

陈云良　广东外语外贸大学法学院院长

韩大元　中国人民大学法学院原院长

何勤华　华东政法大学原校长

何文燕　湘潭大学法学院教授

贾　宇　西北政法大学原校长

蒋大兴　北京大学法学院教授

姜明安　北京大学法学院教授

梁治平　中国艺术研究院高级研究员

单晓光　同济大学上海国际知识产权学院院长

吴汉东　中南财经政法大学原校长

徐阳光　中国人民大学法学院教授

张千帆　北京大学法学院教授

编者语

Editor's Notes

癸卯年秋，《湘江青年法学（第八卷）》付梓。承蒙师长厚爱，感念同仁关怀，新书顺利编定。在此，感谢湘潭大学党委副书记廖永安教授、法学院院长欧爱民教授、知识产权学院院长肖冬梅教授、信用风险管理学院顾敏康教授、法学院党委书记陈双喜老师、法学院副院长吴勇教授、法学院副院长李喜莲教授、法学院副院长连光阳副教授、分工会主席黄德华副教授、指导老师聂辛东老师以及学术委员会全体老师一直以来的大力支持和悉心关照，高谊厚爱，恭记在心！同时，衷心感谢编辑专业把关、作者惠赐稿件以及读者的支持与包容。此外，还要感谢湘潭大学出版社刘文情女士对本卷的宝贵意见和精心校对。感谢每一位对我们予以帮助的法律同仁！

承蒙作者的信任，本卷在组稿过程中共收到来稿两百四十余篇，经编委会斟酌审定，最终收录了来自中国政法大学、中央财经大学、对外经济贸易大学、中山大学、西南政法大学、华东政法大学、苏州大学、甘肃政法大学等多所高校及北京德恒（深圳）律师事务所等实务机构的十一篇优秀论文及一篇名家访谈实录，分别纳入“名家访谈”“前沿关注”“学术专论”“实务研究”“思想源流”五个栏目，以飨广大读者。

“名家访谈”栏目刊载中国人民大学法学院院长黄文艺教授的访谈实录。访谈以“新时代法学学科建设与人才培养”为主题，围绕基础学科和新兴学科的关系、中国特色法学学科体系的建设、国内法治和涉外法治的统筹推进、法治人才的培养等方面的内容展开。“前沿关注”栏目聚焦学界当前的热点问题，收录了中央财经大学硕士研究生杨雨婧、西南政法大学硕士研究生王唯鉴、对外经济贸易大学硕士研究生梅珂悦三位作者的三篇文章，主题涵括关于行政处罚权地方性法规的补充设定、侵害民族感情的刑事立法以及超级平台反垄断规制的问题。“学术专论”栏目收录了华东政法大学硕士研究生赵佳诺、中央财经大学硕士研究生王天琦、中央财经大学硕士研究生钟瑞禄、苏州大学硕士研究生张文雅四位作者的四篇文章，内容包括评价性要件的证明体系建构、遗赠的物权变动效力研究、民法典第三人代为履行条款的评注以及高空抛物罪的出罪机制研究。“实务研究”栏目聚焦公司法和破产法中的实践及理论难题，收录了北京德恒（深圳）律师事务所律师助理杨宣达、华东政法大学硕士研究生潘翔以及甘肃政法大学硕士研究生兰国强三位作者的三篇文章。“思想源流”栏目收录了中山大学硕士研究生李建欢的文章，内容是经济法权利体系研究。

陈寅恪先生有言，士之读书治学,盖将以脱心志于俗谛之桎梏,真理因得以发扬。思想而不自由,毋宁死耳？作为学生自创自办的刊物，《湘江青年法学》一直秉承“崇法以治世固本，尚道以济民维新”的理念。同时，如何为中国特色法学知识体系的构建贡献微薄力量，如何同优秀期刊一道共创自由的学术交流平台，如何给青年学子提供更多的发声机会，是“湘青人”不断求索的方向。在本卷组稿过程中，我们严格落实匿名审理的流程，完全抛弃收稿的“身份门槛”，不以出身论英雄，稿件录用的唯一标准就是文章的质量。在稿件具体内容上，我们鼓励作者触碰真实世界，关注中国社会的实际问题，坚持中国“本土资源”背后的本土主义立场。此外，我们严格要求编辑部各位编辑成员摒弃自己的学术前见，提升审稿质量，允许甚至欢迎不同学术观点的交流与碰撞。即便如此，《湘江青年法学》仍然是一本有待完善和发展的年轻期刊，但我们始终满怀着诚意和信心，由衷希望能和各位作者、读者一起成长，竭力实现刊物创立之宗旨。

自 2015 年创刊至今，我们已走过八载时光。《湘江青年法学》虽然还未能成为参天大树，但这棵小树苗在编辑部众多成员的呵护下已逐渐生根发芽。抛掷种子的初代“湘青人”大多已离开编辑部，前辈们或工作立业或求学深造，但同时满怀学术理想的新成员也不断涌入。人员的变化并没有阻碍编辑部的健康成长，一代又一代“湘青人”在这里坚守创刊初心，用爱和责任壮大刊物发展。作为学生自办出版物，编辑部成员在审理稿件、开展日常活动之余，仍有繁重的学业任务需要处理，感谢这一年来在 207 编辑部并肩奋斗的成员伙伴。同时再次感谢学院领导老师们的关心和帮助，感谢选择并且信任我们的作者和读者们，正是你们的支持，本卷才得以如期付梓。

行文至此，《湘江青年法学（第八卷）》全体编委顺利完成了本届工作。再次感谢一直以来给予我们大力支持的各位同仁，也盼能同诸位学友一起成长、共同进步！

《湘江青年法学》编辑委员会

二〇二三年九月

崇法以治世固本

尚道以济民维新

目录

名家访谈

前沿关注

学术专论

实务研究

思想源流

名家访谈

新时代法学学科建设与人才培养

——黄文艺教授访谈录

一、名家简介

黄文艺，中国人民大学法学院院长、教授、博士生导师。教育部“长江学者”特聘教授。《中国法学》总编辑，习近平法治思想研究高校协同机制执行委员会秘书长。曾任中央政法委政策研究局副局长，在十八届中央政治局第21次集体学习上，就深化司法体制改革问题进行专题讲解。在《中国社会科学》《中国法学》《法学研究》等刊物发表学术论文170余篇，出版学术专著6部。

二、访谈实录

湘江青年法学：黄老师，您好！您指出进入新时代以来，对法学学科建设而言，不仅需要创建一系列的法学新兴学科，还要求法学基础学科重构学科版图。您认为基础学科和新兴学科之间是怎样的关系？

黄文艺教授：2017年，习近平总书记在中国政法大学考察时指出了法学学科体系存在的问题，主要包括“学科结构不尽合理，法学学科体系、课程体系不够完善；社会亟须的新兴学科开设不足，法学学科同其他学科交叉融合还不够，知识容量需要扩充；有的学科理论建设滞后于实践，不能回答和解释现实问题；有的教材编写和教学实施偏重于西方法学理论、缺乏鉴别批判，对中国特色社会主义法治理论研究不够深入”。中国法学学科体系建设，应当加强法学基础学科、新兴学科、交叉学科、涉外学科、冷门学科等学科建设，构建全方位、全领域、全要素的法学学科体系。

法学学科体系中的基础学科，是指具有悠久的学科发展史、有丰富的知识和理论积累，在法学教育中处于基础性、骨干性地位的学科。例如，法理学、法史学、宪法学、诉讼法学等都属于基础学科，也可以称作传统学科。

法学基础学科所包含的林林总总的理论，无论是来自对域外既有理论的借鉴，还是来自对本土既往实践的总结，都需要根据习近平法治思想新成果和全面依法治国新经验及时进行理论更新。特别是习近平法治思想关于法治建设各领域的重要理论，为法理学、宪法学、行政法学、民法学、经济法学、社会法学、环境法学、刑法学、诉讼法学、国际法学等基础学科的理论更新提供了丰富的理论资源。新兴学科是随着法治实践的发展，法学界对中国法治实践中的实践经验、实践智慧、实践理性，进行学理提取、原理提纯、哲理提炼，转化为学术形态的法学知识，所形成的法学学科。

从基础学科与新兴学科的基本内涵中不难看出，基础学科是新兴学科研究发展的重要前提与基础。基础学科是新兴学科的“母体”，没有基础学科的强大支撑，新兴学科也就难以产生。同时，新兴学科是基础学科的重要指向，其发展既对新问题作出了新探索、新思考、新解答，又为基础理论的发展提供了全新的视野、思维、方法。例如，我国法学界大多赞成建设和发展的党内法规学新兴学科，就是中国特色的新兴法学学科。党内法规体系不仅在形式、实质、体系、运行等特征上同国家法律体系最为近似，而且在调整对象、制度规范、功能作用等方面同国家法律体系密切相关，并已被正式纳入中国特色社会主义法治体系之中。

湘江青年法学：您提出新时代法学学科体系可划分为法学理论学科群、法律史学科群、部门法学学科群、法治运行学科群、国别法与比较法学科群、国际法学科群、党内法规学学科群、法学交叉学科群八个二级学科群，从而构建中国特色、世界一流的法学学科体系。您认为其中中国特色体现在哪些方面？

黄文艺教授：在构建现代法学过程中，我国的法理学、宪法学、行政法学、民法学、刑法学、诉讼法学等基础学科，在学科建置、范畴体系、理论体系等方面曾一度深受域外法学的支配性影响，迫切需要在增强自主性、原创性、时代性上取得突破性进展。中国法学学科体系建设，应当坚持扎根中国法治实践，概括出有规律性的新范畴，提炼出有学理性的新理论。

八大学科群是按照从理论到应用、从静态到动态、从国内到国际、从国法到党规、从单一到交叉的分类标准和排列逻辑展开的。首先，八大学科群的布局具有鲜明的中国特色。例如，中国特色社会主义法治运行过程和操作实践，从法的制定、实施、监督到保障，产生了一整套难以用西方法学理论予以解释的法律原理、知识、技术。法治运行学科群的设置是在总结中国法治运行各领域各环节的实践经验、实践智慧的基础上提出来的，呈现出有别于西方法学学科的鲜明特征。其次，八大学科群中每个学科群有自己的特色。例如，法治运行学科群中的政法学。政法是中国所特有的政治法律范畴，是中国法治运行体制的显著特色，蕴含着一套独具特色的治理哲学。设立政法学学科，就是要对这套本土性经验和智慧进行学理化、逻辑化、系统化的加工提炼，将其转化为具有解释力、说服力、传播力的范畴体系和理论体系，推动建构中国自主法学知识体系。最后，每个学科群中的概念体系、话语体系、理论体系都与西方的法学知识有所不同。例如，党内法规形成了有别于国家法律语言的“规言规语”。党内法规制定不是简单套用国家立法的语言表达规范和技术，而是发展出了一套富有党规特色的语言表达规范和技术。

湘江青年法学：世界百年未有之大变局，给世界法治格局和各国法律体系带来了许多新变化、新动向。您认为我们该如何统筹推进国内法治和涉外法治，协调推进国内治理和国际治理？

黄文艺教授：坚持统筹推进国内法治和涉外法治，是习近平法治思想的重要内容。近年来，以美国为代表的一些西方国家，越来越多打着法治幌子、披着法律外衣进行，实际上是以“法治”之名，行侵害他国正当权益、破坏和平稳定之实。这就倒逼不少国家“以法制法”，运用立法、执法、司法等法治手段开展国际斗争。统筹推进国内法治和涉外法治，是立足于世界百年未有之大变局的法治应对。

面对世界百年未有之大变局，很多方面都需要我们加强涉外法治建设，需要中国法学界作出中国解释，提出中国方案。其一，国际法治公共产品需要新的供给。世界百年未有之大变局使得全球性公共问题日益突出，人类社会迫切需要探索出有效解决这些问题的国际性制度和机制。然而，一直扮演国际体系主宰者角色的西方国家因国内矛盾增多而内顾倾向加剧，甚至有意推卸和逃避国际责任，国际法治公共产品的供给严重不足。这就要求中国等新型经济体迎难而上，迅速补足西方国家的缺位空间，为全球治理提供富有创新性、建设性意义的国际法治公共产品。其二，比较法的研究要突破西方中心主义的束缚。以西方比较法学为代表，西方法学家所描述的世界法律格局一直是以民法法系、普通法系为主的西方中心主义的法律地图。随着东西方力量对比开始发生历史性变化，新兴经济体在全球治理体系中的话语权和影响力不断增长。未来全球法律格局将不再是西方中心主义的法律地图，而是欧美法、东亚法、非洲法、拉美法、伊斯兰法、东南亚法等各种法律共同发展的法律地图。其三，要善于运用法治手段维护海外利益。需要加强涉外法治的战略布局，推动律师业、安保业走出国门，走向世界，并根据实践需要向国家驻外使领馆派遣法务参赞或工作人员，及时为我国公民、法人提供法律服务，维护我国公民、法人在海外的正当权益。

湘江青年法学：面对未来中国的法治发展，您认为需要培养具备哪些素质的法治人才？

黄文艺教授：第一，要培养熟练掌握法治思维和法治方式，特别是善于运用习近平法治思想分析、处理国际国内复杂法律问题的法治人才。因此，要坚持以习近平法治思想统领法学教育工作，将习近平法治思想贯穿到法学学科体系、课程体系、教材体系、教学体系建设之中，提高法学教育质量和水平。第二，要培养系统掌握本学科专业知识，具有深厚的法学专业功底的法治人才。一方面，要通过理论教学强化法科学生的法学知识基础、理论素质、思维能力。另一方面，要开设以法律实务知识和经验的传授为主要内容、以法治工作部门实习实训为主要形式的实践性课程，主要培养法科学生的实践能力、实战技艺。第三，要培养具有全球视野、通晓国际法律规则、善于处理涉外法律事务的涉外法治人才。涉外法治人才不仅要熟悉本国法规则、外国法规则，还要通晓国际法规则，掌握本国法、国别法、国际法等各类知识。同时，涉外法治人才要具备法律外语交流、涉外法律事务谈判、国际规则起草、涉外法律案件办理等各类能力，成为能够为解决国际国内复杂法律问题提供有效方案的高素质人才。

湘江青年法学：您对学生刊物的发展有何期许与建议？

黄文艺教授：我非常支持和鼓励研究生同学独立、自主创办法学刊物。《湘江青年法学》作为学生刊物，办得不错、很有特色。我希望同学们在办刊过程中，要有敏锐的学术眼光，能够把握法学理论和法治实践的前沿问题，能够策划出具有前瞻性、洞察力的法学选题。然后，组织优秀青年学者和青年学生发表一批理论上具有创新性、实践上具有引领性的法学学术文章，为新时代中国法学理论研究和法治实践进步作出独特贡献。

（文字整理：高　帆　高卓锐）

前沿关注

地方性法规补充设定行政处罚权力的规范行使

杨雨婧*

摘　要：2021年修订的《行政处罚法》第12条赋予了地方性法规对于行政处罚的补充设定权。然而，法律、行政法规的规定不明以至于地方性法规没有合理行使好这一法定设定权。其实，地方性法规在补充设定行政处罚种类时应当以处罚类型与事项的限定为前提，仅能设定申诫罚、财产罚、行为罚，不能设定人身罚和资格罚，同时仅对央地共同立法事项和地方专属立法事项设定处罚，并以惩戒性为判断标准，贯彻过罚相当原则。地方性法规补充设定行政处罚幅度则需在类型化处罚的内部构设框架，综合考量地方立法的不抵触、有特色和可操作等依据，遵守法律位阶，注重地方实际诉求，把握幅度设定的裁量空间。

关键词：补充设定权；行政处罚设定；地方立法权；央地分权；地方性法规

习近平总书记指出："人民群众对立法的期盼，已经不是有没有，而是好不好、管用不管用、能不能解决实际问题。"① 1996年出台的《行政处罚法》赋予了地方性法规设定行政处罚的权力，但对地方立法权限作出了极为严格的限制。纵览近年来我国地方立法实践，诸多地方性法规在设定行政处罚时已经突破了上位法规定，不少增设的行政处罚无论是在种类还是幅度

---

* **作者简介**：杨雨婧，中央财经大学法学院硕士研究生。

① 习近平：《在十八届中央政治局第四次集体学习时的讲话》（2013年2月23日），载中共中央文献研究室：《习近平关于全面依法治国论述摘编》，中央文献出版社2015年版，第43页。

上都与法律、行政法规的规定存在着部分出入。② 2021 年修订的《行政处罚法》回应了实施过程中暴露出的诸多问题，第 12 条在保留规定“地方性法规可以设定除限制人身自由、吊销营业执照以外的行政处罚”的基础上，增加第 3 款规定：“法律、行政法规对违法行为未作出行政处罚规定，地方性法规为实施法律、行政法规，可以补充设定行政处罚”。该新增条款授予了地方性法规对行政处罚的“补充设定权”，但条文表述较为模糊。那么，地方性法规应如何科学、合理地行使行政处罚的补充设定权则是需要进一步讨论的关键问题。

一、地方性法规补充设定行政处罚的必要性

《行政处罚法》为什么赋予地方性法规补充设定权？这需要探究其理论基础：一方面，由于我国立法中央集权色彩浓厚和央地权限划分模糊，地方立法空间狭隘，社会对于赋予地方更多立法权限的呼声层见叠出；另一方面，我国各地区经济发展水平存在着较大差别，地方事务管理复杂多变，地方立法实践的困境亟待解决，以保持法制统一和因地制宜的相对平衡。

（一）统一与分层：央地分权的现实

我国单一制的国家结构形式决定了中央享有最高的立法权，从地方立法权限的发展历程来看，地方立法权在形式上呈现出日益扩张的趋势，但实质上地方立法机关的立法权来自中央的委托、授权或安排，并非地方本身所固有的，需要遵守严格的条件限制。

学界对立法权限的内涵也在一定程度上达成了共识：一是立法事项，即“立什么”；二是立法权能，即“怎么立”。③ 关于立法事项，《立法法》确立了中央专属立法事项④，还规定地方性法规的立法事项可具体分为执行性立法和创制性立法。⑤ 然而，泛泛而谈的央地分权导致我国法制统一与因地

---

② 沈春耀：《全国人民代表大会常务委员会法制工作委员会关于十三届全国人大以来暨 2022 年备案审查工作情况的报告》，2022 年 12 月 28 日在第十三届全国人民代表大会常务委员会第三十八次会议上。

③ 余凌云：《地方立法能力的适度释放》，载《清华法学》2019 年第 2 期；王克稳：《论中央与地方立法机关立法事项的划分》，载《行政法学研究》2022 年第 3 期。

④ 《立法法》（2023 年修正）第 10 条、第 11 条、第 12 条。

⑤ 《立法法》（2023 年修正）第 82 条。

制宜之间存在着较大矛盾。⑥ 其实，仅探讨立法事项很难明晰立法权限，关键还在于解决立法权能的问题。

基于此，中央应适当释放出地方立法的空间，这通过《行政处罚法》的修订就可见微知著。2021 年修订的《行政处罚法》在地方性法规原有行政处罚设定权的框架内，新设了一项“补充设定权”。地方法规的完善在很大程度上影响着地方的治理能力，而科学合理的立法权力配置则是夯实地方法规完备程度的重要基石。⑦ 作为实现地方事务管理目标的一个重要手段，扩充地方性法规的处罚设定权有利于激发地方立法的主动性，提升地方事务的治理水平。

（二）秩序与效率：地方治理的需要

在 1996 年《行政处罚法》出台之前，由于没有统一的法律规定，各地乱设处罚、滥施罚款，严重损害了行政相对人的合法权益。⑧ 为规范行政处罚的设定和实施，《行政处罚法》将设定行政处罚的权力基本收归于中央，严格限定地方立法权。《行政处罚法》在一定程度上解决了行政处罚“乱”和“滥”的问题，其实施有效惩戒了诸多违法行为，也维护了我国的社会管理秩序。

伴随着经济发展深入和国家治理整体转型，风险社会和信息社会向政府治理提出了更为复杂的诉求。《行政处罚法》严格限制了行政处罚的种类，为不抵触上位法的规定，地方性法规在行使处罚创设权时，创设的处罚种类大体都不超过上位法列举的种类范畴，以至于地方性法规设定的处罚种类较为僵化，削弱了地方政府的规管能力，无法有效回应地方行政管理需要。⑨ 与此同时，由于我国各地经济发展不均衡，违法情况迥异，地方性法规设定的处罚幅度滞后于发展水平的问题在多地均有体现。若仍一味依照上位法“平均化”的处罚设定，对很多地区来说会造成违法成本过低，行政执法效率低下，达不到惩处效果的难题。整体而言，行政处罚法体系陷入了维护管

---

⑥ 孙波：《论地方专属立法权》，载《当代法学》2008 年第 2 期；王克稳：《论中央与地方立法机关立法事项的划分》，载《行政法学研究》2022 年第 3 期。

⑦ 王克稳：《地方性法规设定行政处罚的空间》，载《法学研究》2022 年第 1 期。

⑧ 乔晓阳：《如何把握〈行政处罚法〉有关规定与地方立法权限的关系》，载《地方立法研究》2017 年第 6 期。

⑨ 程庆栋：《地方补充性立法与行政处罚设定权的配置》，载《政治与法律》2021 年第 5 期。

理秩序与提高执法效率的两难处境。

实践证明，1996 年颁布施行多年的《行政处罚法》已经与社会发展不相适应，需要加以修改。2021 年修订的《行政处罚法》新增的地方性法规的行政处罚补充设定权，则主要体现在创制性立法范畴。故属于地方性事务需要制定地方性法规的立法事项或除法律保留事项外的其他立法事项尚未制定上位法时，地方性法规为实施上位法，可以补充设定行政处罚。《行政处罚法》立法原意也是为了回应对新事物、新情形管理的新需求，使得地方的自主性得到制度化的确认和保障，在一定程度上破解地方的行政管理难题。《行政处罚法》的修改，既坚持了立法初衷，又有效满足了地方治理的实际需要。

二、行政处罚规范体系中的补充设定权

《行政处罚法》第 12 条第 3 款在一定程度上扩大了地方性法规对行政处罚的设定空间，有效回应了地方治理诉求。为避免对行政处罚补充设定权的理解偏差，需要对“行政处罚”“违法行为”“补充设定”“可以”这四个关键元素展开阐释，从而正确界定补充设定权。

（一）“行政处罚”：补充设定权的基础概念

行政处罚的概念是设定行政处罚的重要依据。但《行政处罚法》自 1996 年出台至 2021 年修订之前，都未对“行政处罚”下定义，同时采取名称列举的方式规定行政处罚种类，以至于对处罚的手段有着颇多遗漏，给地方治理带来了严峻的挑战。

基于此，有的地方性法规创新出台了新型制裁手段，如“黑名单”制度和“违法事实公布”的管理手段在地方立法实践中颇为适用，此类新型惩戒措施符合地方事务的治理诉求，但并不属于《行政处罚法》所列举的行政处罚，其合法性在理论界和实务界均存在较大争议⑩，导致补充设定权的行使面临着合法性困境。⑪

---

⑩ 胡建淼：《法律规范之间抵触标准研究》，载《中国法学》2016 年第 3 期；李晴：《论地方性法规处罚种类创设权》，载《政治与法律》2019 年第 5 期；王太高：《论地方性法规行政处罚设定权的构造及适用》，载《江海学刊》2020 年第 2 期。

⑪ 熊樟林：《行政处罚的种类多元化及其防控》，载《政治与法律》2020 年第 3 期。

《行政处罚法》修订的创新点之一便是新设了行政处罚的概念条款⑫，促使根据其本质特征而界定行政处罚。行政处罚的种类范畴也得以完善，在理论上可分为申诫罚、财产罚、资格罚、行为罚、人身罚，为地方性法规补充设定处罚种类留下了一定的空间。那么，“黑名单”“违法事实公布”等新型惩戒措施都是行政机关针对当事人的违法行为，以减损名誉、威慑精神等方式施加的惩戒⑬，应当被认定为行政处罚，且涉及相对人的声誉，应归于“申诫罚”中加以规范。因此，行政处罚的认定不应局限于《行政处罚法》的固有规定。

（二）“违法行为”：补充设定权的前提概念

在“补充设定权”的概念条款中，“违法行为”应作为边界之一，构成界定补充设定权的前提性概念。《行政处罚法》将应受行政处罚的违法行为定义为“违反行政管理秩序的行为”⑭，但部分学者对该规定存有异议。⑮

其实，违反行政管理秩序本质上就是违反行政法上的义务。我国台湾地区“行政罚法”亦规定了违法行为是违反行政法上义务的行为。⑯ 根据法律规则的逻辑结构，法律规则的行为模式可分为“应为模式”“勿为模式”“可为模式”。据此，违反行政法上义务的行为主要可分为三种情形：一是“应当为而不作为”，即违反命令性规范的行为；二是“禁止为而作为”，即违反禁止性规范的行为；三是“建议为而不作为”，即违反倡导性规范的行为。

行为者若不履行积极义务，未做依法应做之事，或者违反消极义务，做

---

⑫ 《行政处罚法》（2021 年修订）第 2 条规定：“行政处罚是指行政机关依法对违反行政管理秩序的公民、法人或者其他组织，以减损权益或者增加义务的方式予以惩戒的行为。”

⑬ 张晓莹：《行政处罚视域下的失信惩戒规制》，载《行政法学研究》2019 年第 5 期。

⑭ 《行政处罚法》（2021 年修订）第 4 条规定：“公民、法人或者其他组织违反行政管理秩序的行为，应当给予行政处罚的，依照本法由法律、法规、规章规定，并由行政机关依照本法规定的程序实施。”

⑮ 胡建淼：《论“行政处罚”概念的法律定位 兼评〈行政处罚法〉关于“行政处罚”的定义》，载《中外法学》2021 年第 4 期；谭冰霖：《行政处罚构成要件法定原则的逻辑展开》，载《政法论坛》2022 年第 4 期；熊樟林：《行政处罚的种类多元化及其防控》，载《政治与法律》2020 年第 3 期。

⑯ 我国台湾地区“行政罚法”第 2 条规定：“违反行政法上义务而受罚锾、没入或其他种类行政罚之处罚时，适用本法。但其他法律有特别规定者，从其规定。”

了依法不应做之事，就构成违法行为。[17] 故违反命令性规范和禁止性规范的行为被纳入“违法行为”范围是无可非议的。然而，倡导性规范往往是以鼓励、褒奖或优惠的方式引导行为人的行为，若对此设定行政处罚，对行政相对人的守法要求难免过于严苛，社会公众恐怕难以接受，在执法实践中也难以执行。因此，不应将违反倡导性规范的行为认定为违法行为而赋予行政处罚。故此，应受行政处罚的违法行为应理解为“违反法律、行政法规设定的命令性或禁止性规范的行为”。

（三）“补充设定”：补充设定权的核心概念

“补充设定”作为“补充设定权”的核心概念，这是毋庸置疑的。地方性法规的行政处罚设定权可分为“创设权”和“规定权”。[18] 创设权是指在法律、行政法规未设定行政处罚时，地方性法规享有创设一定的行政处罚的权力，也就是行政处罚的从无到有。[19] 规定权是指在上位法已经设定行政处罚时，地方性法规应在上位法所规定的应受处罚的行为、种类及幅度的范畴中作出具体规定。

创设权又有着广义和狭义之分。广义的创设权是指地方性法规可以设定应受处罚的行为、种类以及幅度。“补充设定权”实际上是一种狭义上的创设权，限缩了地方性法规创设行政处罚的权限，即地方性法规补充设定行政处罚的权限仅包括对处罚种类和处罚幅度的设定，而应受行政处罚的违法行为应由法律、行政法规设定。

表 1　地方性法规行政处罚设定权的划分

设定权		立法权能	《行政处罚法》条款
创设权	广义的创设权	违法行为、处罚种类、处罚幅度	第 12 条第 1 款
	补充设定权（狭义的创设权）	处罚种类、处罚幅度	第 12 条第 3 款
规定权		无	第 12 条第 2 款

[17] 张文显：《法哲学范畴研究（修订版）》，中国政法大学出版社 2001 年版，第 86 页。

[18] 黄喆：《地方立法设定行政处罚的权限困境与出路》，载《政治与法律》2019 年第 7 期。

[19] 张春莉：《论设区的市地方立法中“法律责任”的设定权》，载《江汉论坛》2018 年第 12 期。

因此，地方性法规对行政处罚的补充设定具有以下几个特征：

第一，补充设定的前提是存在违法行为。根据《行政处罚法》第12条第3款规定，只有在法律、行政法规设定了违法行为，而对该行为未规定具体的行政处罚时，地方性法规才可以补充设定行政处罚，也就是说，地方性法规是在上位法已经规定了违法行为的前提下才享有行使补充设定权的空间。如果地方性法规超越上位法明确的违法行为范畴，创设了新的违法行为以及相应的处罚种类和幅度，这属于行使广义的创设权而非补充设定权。

第二，补充设定的目的是实施法律、行政法规。地方性法规的补充设定权旨在“实施”而非“执行”[20]法律、行政法规，“实施”与“执行”存在着一定差异。[21]如若法律、行政法规仅设定了应受行政处罚的行为模式，没有规范法律后果时，地方性法规补充设定行政处罚并不是为执行上位法的规定作出具体化要求，实则是在代位行使上位法的立法权，其目的是为实施法律、行政法规。

第三，补充设定的效用是充分发挥“补充性”。例如，对于在用机动车超过排放标准的行为，《大气污染防治法》只是对其设定了法律义务，并未明确不履行该义务所需承担的法律后果。[22]而《北京市大气污染防治条例》则明确规定由环保机关责令改正，并处以罚款。[23]因此，当上位法设定了应受行政处罚的违法行为，未设定处罚种类和幅度时，地方性法规的补充设定体现了下位法对法律规则逻辑结构的补充性。

（四）“可以”：补充设定权的形式概念

法律授权各地方“可以”根据本地区的实际情况和具体需要制定地方性法规，因此“补充设定权”的全面界定不仅要考虑基础概念、前提概念和核心概念，还需要借助形式概念即“可以”的内涵进行精准认知。那么，作为“法律指令道义情态助动词”[24]的“可以”究竟为何？换言之，地方性法规可以补充设定行政处罚却不设定是否属于立法不作为？

---

⑳ 《立法法》（2023年修正）第82条第1款第1项。

㉑ 王太高：《论地方性法规行政处罚补充设定权》，载《苏州大学学报》2021年第6期。

㉒ 《大气污染防治法》第53条第1款。

㉓ 《北京市大气污染防治条例》第112条第1款。

㉔ 舒国滢：《法律上“可为”指令之语义与逻辑分析》，载《清华法学》2022年第5期。

公民等私权利主体的行为有勤奋和懒怠之分，国家机构等公权力主体的行为也有积极和消极之别，分为“作为”和“不作为”。如果立法机关消极行使职权，有可能构成立法不作为，即有立法义务的立法机关不积极履行立法职责的行为。[25] 立法不作为通常包括“具备立法义务、存在不作为行为、超出合理期限”等构成要件[26]，而“具备立法义务”是极为重要的标准。此时需探究“可以”与“具备立法义务”之间的关系，则理解“可以”的法律内涵显得尤为重要，学界对此也颇有争议。[27]

在笔者看来，应根据“可以”的汉语释义来理解其法律意义。在《现代汉语词典》中，“可以”作为助动词应解释为“表示可以或能够；表示许可”。由此可见，“可以”并不等同于“应当”，“可以”的本质在于选择。私权利主体既能选择“可以这样”，也能选择“可以那样”；亦然，公权力主体既“可以为”，也“可以不为”。法律文本中的“可以”是授权性规范的一个标志性用语，无论所授之“权”为何，“可以”都意味着可选择。故地方性法规“可以”补充设定行政处罚意味着地方性法规可以选择补充设定或者不补充设定行政处罚，并不具备立法义务。

如若地方性法规未行使补充设定权，从应然角度来讲，无作为义务便不会导致其陷入立法不作为的困境。但从实然角度来看，法律赋予了地方性法规的补充设定权，如若地方立法为盲目求稳而忽视立法，其必然违背上位法的赋权目的，浪费了立法资源。所以，地方性法规应如何把握好法律所赋之权，是地方实践中不容忽略的问题。

三、地方性法规对行政处罚种类的补充设定

在赋予地方性法规更多立法空间的同时，也需要谨慎把握放权的尺度，不能放任地方滥用权力。应基于现有的法律制度，厘清根本立场，释明判断

㉕ 杨福忠：《立法不作为侵权赔偿：国家赔偿责任形式的新发展》，载《政治与法律》2008 年第 9 期。

㉖ 周佑勇、尚海龙：《论行政立法不作为违法》，载《现代法学》2011 年第 5 期；代水平：《立法不作为的存在逻辑、识别困难及认定依据》，载《深圳大学学报（人文社会科学版）》2018 年第 3 期。

㉗ 吴家麟：《法律逻辑学》，群众出版社 1983 年版，第 109 页；黄士平：《法律逻辑研究中值得注意的问题》，载《江汉大学学报》1999 年第 2 期；周赟：《“可以”的语义及其在立法中的误用》，载《语言文字应用》2009 年第 1 期。

标准，正确处理好如何补充设定处罚种类的问题。

（一）限制规则：处罚类型与事项的限制

为保障公民基本权利，避免行政处罚过滥，应当对地方性法规处罚种类的补充设定权予以限制，既不能过分扩大地方性法规的自主设定权，又不能盲目抑制地方性法规的积极性和主动性。

1. 行政处罚类型的限制

如前所述，我国行政法学界多依照《行政处罚法》规定将现有行政处罚类型分为申诫罚、财产罚、资格罚、行为罚和人身罚，但地方性法规的补充设定权并不能囊括所有的行政处罚类型。

第一，人身罚的补充设定主体不包括地方性法规。人身罚是指行政机关限制或剥夺行政相对人人身自由的处罚形式。限制人身自由的处罚属于法律的“绝对保留”事项，只能由法律规定。[28]《行政处罚法》目前仅将“行政拘留”这一种限制人身自由的行政处罚载于规范中，但第 9 条在内容上具有一定的开放性，具体的行政处罚种类可纳入每一基本类型中，故人身罚需要在现有处罚类型框架中进行适当拓展。有学者认为，人身罚还应包括驱逐出境、限期出境、禁止出入境等行政处罚。[29] 也有学者将《治安管理处罚法》中“强行带离现场”等限制个人自由的处罚措施纳入人身罚中。[30] 具体而言，人身自由作为公民的一项基本权利，相关强制措施涉及相对人的重大利益则需要谨慎考虑。因而除了行政拘留以外，任何限制公民人身自由的处罚种类，地方性法规都不得补充设定。

第二，资格罚的补充设定主体不包括地方性法规。《行政处罚法》第 12 条第 1 款明确规定吊销营业执照不属于地方性法规补充设定处罚的类型范畴。吊销营业执照的行政处罚其实属于资格罚，进入行业的资格在社会主义市场经济体制下尤为重要，关系着市场主体的生死存亡。为此，在现有处罚种类类型化整合的基础上，相关规范应作扩大解释，即包括吊销营业执照在内，暂扣许可证件、降低资质等级等诸多资格罚，均不在地方性法规补充设定行政处罚的范畴内。

---

[28] 《立法法》（2023 年修正）第 11 条。

[29] 李晴：《论地方性法规处罚种类创设权》，载《政治与法律》2019 年第 5 期。

[30] 张淑芳：《〈行政处罚法〉修订应拓展处罚种类》，载《法学》2020 年第 11 期。

2. 行政处罚事项的限制

在行政处罚的立法事项上，地方性法规只能对除中央专属立法事项以外的其他立法事项补充设定行政处罚，即央地共同立法事项和地方专属立法事项。与此同时，地方性法规行使补充设定权的具体事项范围也应受到限定。我国的地方性法规分为省市两级，省级地方性法规的制定不存在具体事项限制，市级地方性法规在制定先行性立法时也不限定事项范围，但在制定地方性事务立法时，则存在特殊限制。对此，《立法法》已经明确规定，围绕城乡建设与管理、生态文明建设、历史文化保护、基层治理等事项范围[31]，将法律难以统一调整的领域的立法权赋予地方性法规。[32]

由此可见，在适度扩大设区的市立法权限的同时，也应遵守法律所规定的立法事项范围。地方性事务立法应根据当地实际需要，因地制宜地设定行政处罚种类。

(二) 根本立场：以过罚相当原则为基准

在明确行政处罚种类的限制规则后，如何设定处罚种类成为一个核心问题。行政处罚本质上是一种裁量权。[33] 地方性法规的补充设定权其实也是法律赋予其设定行政处罚的自由裁量权，任何的自由裁量权都可能被滥用，故裁量性处罚权力需要受到过罚相当原则的制约。过罚相当原则既是实施行政处罚时应遵循的基本原则，也要求行政处罚的设定具有相当性，而过罚相当原则可分为考量因素和分析手段两个维度。

在考量因素上，法律规范已列举了设定行政处罚的考量因素，即事实、性质、情节与社会危害程度。[34] 为此，有学者提出质疑，认为前述四个要素太过抽象，且相互之间逻辑不清、容易遗漏，应根据人身危险性和社会危害性以裁量行政处罚。[35] 概括而言，过罚相当原则约束行政处罚设定权的裁量因素应包括违法主体的个人状况、违法行为应受谴责程度、危害结果和社会警示作用等。故地方性法规在设定行政处罚种类时，需要综合考虑违法者的

---

[31] 《立法法》(2023 年修正) 第 81 条。

[32] 谭冰霖：《行政处罚构成要件法定原则的逻辑展开》，载《政法论坛》2022 年第 4 期。

[33] 曹鎏：《论"基本法"定位下的我国〈行政处罚法〉修改》，载《政治与法律》2020 年第 6 期。

[34] 《行政处罚法》第 5 条第 2 款。

[35] 李晴：《论过罚相当的判断》，载《行政法学研究》2021 年第 6 期。

经济承受能力、政府执法成本、社会公众可接受性等，既没有轻过重罚，也不存在重过轻罚，科学合理地设定行政处罚种类。

在分析手段上，诸多地方政府规章在立法实践中已根据当地实际发展情况，在行政处罚的自由裁量规范中阐释行政法原则。例如，《广东省规范行政处罚自由裁量权规定》第6条所规定的“符合法律目的”和“所采措施和手段应当必要、适当”遵守了比例原则之下的子原则。[36] 再如，《江西省规范行政处罚裁量权规定》第6条规定的“平等对待行政管理相对人”体现了平等原则。[37] 所以，地方性法规在补充设定行政处罚时，可以参照地方政府规章，引入比例原则[38]、平等原则、公正原则等行政法的合理性原则，将其作为分析、辅助和判断过罚相当原则的手段。

（三）判断标准：行政处罚应具有惩戒性

其实，认定一种行政管理措施是否为行政处罚，不仅要从程序上判断该行政行为的形式，更要从实质层面上辨别其性质。行政处罚具有行政性、具体性、外部性、最终性、制裁性、一次性等诸多特征[39]，而对于行政处罚的本质特征，以往诸多观点均认为，“制裁性”是行政处罚的本质属性。[40] 也有观点认为，应将行政处罚定性为“惩罚性”行为。实然，根据《行政处罚法》第2条规定，“惩戒性”才是区别行政处罚与其他行政行为最本质的特征。

所谓惩戒，其汉语释义是指“通过处罚来警戒”[41]，可见惩戒具有惩罚和警诫双重目的和功能。惩戒相较于制裁，其定位更加精准，涵义更为明确；而相比于惩罚，惩戒更能体现“处罚与教育相结合”原则。故在行政处罚的诸多性质中，应坚持以惩戒性作为界定行政处罚的核心标准。行政处

---

[36] 《广东省规范行政处罚自由裁量权规定》第6条。

[37] 《江西省规范行政处罚裁量权规定》第6条第3项。

[38] 杨登峰、李晴：《行政处罚中比例原则与过罚相当原则的关系之辨》，载《交大法学》2017年第4期。

[39] 胡建淼：《论“行政处罚”概念的法律定位 兼评〈行政处罚法〉关于“行政处罚”的定义》，载《中外法学》2021年第4期。

[40] 姜明安：《行政法与行政诉讼法》，法律出版社2003年版，第149页；胡建淼：《“其他行政处罚”若干问题研究》，载《法学研究》2005年第1期；王贵松：《论行政处罚的制裁性》，载《法商研究》2020年第6期。

[41] 中国社会科学院语言研究所词典编辑室：《现代汉语词典》，商务印书馆2016年版，第170页。

罚的惩戒性是指行政机关对实施违法行为的行政相对人进行惩罚和警诫而减损其权益或增加额外的义务。其具有如下的特征：首先，惩戒的行为是应受行政处罚的违法行为，即违反上位法设定的命令性或禁止性规范的行为；其次，惩戒的目的兼顾了教育、威慑和预防；最后，惩戒的内容是减损权益或者增加义务。

因此，诸多新型行政惩戒措施，虽不是法律所明确列举的行政处罚种类，但其针对的行为是违反行政法义务的违法行为，其目的是使相对人产生巨大的心理压力而不敢再犯[42]，其内容是将相对人的违法事实公之于众，减损其自身的声誉，符合惩戒性的判断标准，应被定义为行政处罚。故地方性法规在补充设定行政处罚时只要处于“惩戒性”的边界之内，基于行为人的违法行为，让其承受减损权益、增加义务的惩戒后果，无论手段和名称是什么，都应属于行政处罚。这也可以让诸多违法行为受到法律规制，在有效打击违法行为的同时保护社会公众的合法权益。

四、地方性法规对行政处罚幅度的补充设定

地方性法规的补充设定权，除了对行政处罚种类的适用外，还应考虑如何合理设定处罚幅度。地方性法规应在现有的类型化处罚框架之下补充设定幅度，科学探究考量依据，与法律、行政法规形成有机衔接，维护法律体系的稳定性，为发挥地方立法的积极性和主动性提供制度保障。

（一）行政处罚幅度设定的结构框架

地方性法规在补充设定处罚幅度时应做好系统性和结构性的构设，在行政处罚类型内部形成各自幅度的结构框架。需要说明的是，由于地方性法规不得设定人身罚和资格罚，故以下仅讨论申诫罚、财产罚和行为罚幅度的设定框架。

1. 申诫罚的幅度设定

行政处罚法体系中法定的申诫罚目前仅包括警告和通报批评。但地方立法中一些新设的处罚形式，如“黑名单”“违法事实公布”等新措施也是当前地方实践中所需的处罚种类，应一并纳入申诫罚范畴之中。

警告在实践中往往是针对违法行为人个人，基本上仅涉及行政主体与违

---

[42] 章志远、鲍燕娇：《作为声誉罚的行政违法事实公布》，载《行政法学研究》2014年第1期。

法行为人的内部关系，行政机关通常不负有将其向社会公开的义务，除非该行政处罚决定属于《行政处罚法》第48条所规定的“具有一定社会影响”范畴。[43] 而通报批评是指“行政主体在一定范围内以公开的方式陈述、列明行为人基本信息、违法行为、处理结果及相关否定评价，通过声誉降低对相对人施加心理震慑等精神性影响，令其认错悔改促使其不再违法的处罚方式”。[44] 可见，相比于警告，通报批评的处罚形式以公开为前提，涉及违法行为人与一定范围内不特定社会主体间的关系，“黑名单”和“违法事实公布”亦然。据此，申诫罚幅度的设定主要涉及空间和时间两个范畴。

在空间范畴上，地方性法规对于申诫罚应设定影响范围的幅度。以通报批评为例，行政主体在一定范围内，如在单位里、行业内，乃至向全社会公开行政相对人的违法行为，不同范围的通报批评所发挥的规制作用不同，如何选择适当的影响范围就成为设定行政处罚幅度时需要考虑的重要问题。

在时间范畴上，地方性法规设定申诫罚时还应明确公开时限。目前，我国地方性法规通常仅规定处罚决定应当公开，却并未明确公开期限。[45] 在立法实践中，一些地方规范性文件的立法成果值得借鉴。如《重庆市药品监督管理局行政处罚信息公示实施细则（试行）》第15条明确指出，仅受到通报批评的处罚信息的公示期限为3个月。[46]《河北省水利厅水资源管理监督检查实施细则》第29条则规定，实施通报批评及以上的责任追究，公示期限不少于1个月。[47] 申诫罚公开的具体期限直接影响到对相对人精神性惩戒的效果，因而地方性法规补充设定该处罚幅度时也需慎重考虑。

2. 财产罚的幅度设定

财产罚是指行政机关对行政相对人的财产权利予以剥夺的行政处罚方式，罚款、没收违法所得、没收非法财物都属于财产罚。随着我国社会主义市场经济的深入发展，财产罚成为我国行政处罚类型中运用得最广泛的处罚类型。然而，一些财产罚的数额设定的合理性却在实践中遭受质疑。

---

[43] 《行政处罚法》（2021年修订）第48条第1款。

[44] 江国华、孙中原：《论行政处罚中的通报批评》，载《河北法学》2022年第6期，第47页。

[45] 例如《西藏自治区气象条例》（2023年修正）第29条规定，未汇交所获得的气象探测资料且拒不改正的，给予警告、罚款等处罚，处罚结果向社会公示。

[46] 《重庆市药品监督管理局行政处罚信息公示实施细则（试行）》第15条第1款。

[47] 《河北省水利厅水资源管理监督检查实施细则》第29条。

在榆林“毒芹菜”案中，行政相对人因违法所得 20 元，被处以 6.6 万元罚款，该处罚决定引发了社会热议。[48] 尽管部分观点认为行政机关的执法行为过罚不相当，但根据《食品安全法》第 124 条及《陕西省市场监督管理局行政处罚裁量权适用规则》，违法生产经营的食品价格低于 1 万元的，应处 6.5 万元至 8.5 万元的罚款。可见，执法人员所作出的处罚幅度完全处于法律、地方性法规所规定的合理裁量区间内。在严格执法的背景下，此类事件的根源或许不是执法问题，而属于立法问题，即法律法规的相关规定是否合理。随着风险社会和信息社会逐渐成形，此类“重典”或许不再适用于行政管理场域，行政处罚的设定应慎之又慎，才能有效保障行政相对人的权益，充分迸发社会活力。因此，为合理设定行政处罚的处罚幅度，地方性法规补充设定财产罚应科学确定处罚数额。

3. 行为罚的幅度设定

行为罚是指行政机关要求违法行为人作出或者不得作出某种行为的处罚方式。限制开展生产经营活动、责令停产停业、责令关闭、限制从业等处罚措施被归为法定的行为罚。从行政处罚的具体方式来看，行为罚又可划分为限制罚和责令罚。

就限制罚而言，限制开展生产经营活动和限制从业均为行政机关对相对人的特定行为能力予以限制，从而将其排除于某些经济或社会活动之外。限制罚不具有永久性，而是在一定阶段内对权利的限制。据此，地方性法规在补充设定限制罚时，要结合具体违法行为和制裁手段的惩戒效果，根据行为后果、社会危险性、再次违法可能性等因素来设定具体的限制期限。同时，地方立法机关应根据限制罚的实施情况，专门组织立法后评估，如果经过一段时间的限制后，评估限制行政处罚的惩戒效果已经满足，则没有必要继续限制相对人的行为，可以适当调整持续期间。

就责令罚而言，责令停产停业和责令关闭都属于瞬时性行为，可视为没有期限。但责令罚的波及范围是部分事项还是全部事项，这决定着制裁程度的轻重，也关系着经营主体的重要权益，应由立法机关予以规定。故地方性法规在补充设定责令罚时，需要具体情况具体分析，合理选择制裁事项，根

---

[48] 《榆林问题芹菜因“毒死蜱”残留超标被重罚，冤不冤?》，载微信公众号“中国市场监管报”2022 年 8 月 30 日。

据“恢复秩序、动态治理和危险预防”[49] 等目的，确定是责令停止部分活动还是全部活动，甚至是责令关闭。

（二）行政处罚幅度设定的考量依据

法治的实现首先需要所制定的法是良法，在判断地方性法规所设定的幅度是否合理时，就需要以“不抵触、有特色、可操作”这三大地方立法原则为考量依据，平衡三者之间的关系。

1. 不抵触：坚持法律位阶原则

在我国“统一而分层次”[50] 的立法体制内，地方立法机关应以“不与上位法抵触”为原则制定地方性法规。为此，地方性法规在设定处罚幅度时需要与上位法规定相匹配，其立法权限受到上位法限制。

目前，地方立法实践中对于行政处罚幅度的设定主要分为三种情形：一是上位法设定了违法行为和处罚种类，未设定处罚幅度，地方性法规对该行为设定了相应的处罚幅度[51]；二是上位法对违法行为已经设定了处罚种类和幅度，地方性法规在上位法规定的幅度范围内设定处罚幅度，即降低上限或提高下限[52]；三是上位法对违法行为已经设定了处罚种类和幅度，地方性法规在上位法规定的幅度范围外设定处罚幅度，即提高上限或降低下限。[53] 前两种情形中地方性法规所设定的处罚幅度均在上位法规定范围内，只要遵循过罚相当的根本立场，可认定为不抵触。而第三种情形则是在上位法规定范

---

[49] 解志勇、唐安然：《“责令罚”及其适用研究》，载《江汉论坛》2022 年第 7 期。

[50] 王太高：《论地方性法规行政处罚设定权的构造及适用》，载《江海学刊》2020 年第 2 期。

[51] 如《城市市容和环境卫生管理条例》对擅自设置户外广告行为设定的行政处罚为“责令其停止违法行为，限期清理、拆除或者采取其他补救措施，并可处以罚款”。而有的地方性法规则增加了处罚幅度，如《湘潭市城市市容和环境卫生管理条例》第 38 条规定为“可以处一千元以上五千元以下罚款”。

[52] 例如，对于侵犯注册商标专用权行为，《商标法》第 60 条第 2 款明确规定：“违法经营额五万元以上的，可以处违法经营额五倍以下的罚款。”而《天津市知识产权保护条例》第 45 条第 1 款规定：“违法经营额五万元以上的，处违法经营额三倍以上五倍以下的罚款。”

[53] 如《水法》第 67 条第 1 款规定：“在饮用水水源保护区内设置排污口的，由县级以上地方人民政府责令限期拆除、恢复原状。”而有的地方性法规则在该幅度外改变了对上述行为的处罚幅度。以《黑龙江省实施〈中华人民共和国水法〉条例》为例，该条例第 42 条第 1 款规定：“在饮用水水源保护区内设置排污口的，由县级以上地方人民政府责令限期拆除，处二十万元以上五十万元以下的罚款。”

围外的创设，破坏了法律秩序的一致性，应属于与上位法相抵触的情形。

此外，我国各地区之间素有相互竞争的传统，同级地方机关间的竞争事项之一便是立法竞争。《行政处罚法》授予地方的补充设定权，其立法目的或许隐含着鼓励地方之间相互“竞优”的精神，以助力我国法制的创新和优化。但如若没有正确的方向指引，地方立法竞争可能会走上恶性竞争的路径。例如在行政处罚的时限方面，对同样需处以限制开展生产经营活动处罚的同一违法行为，甲地可能规定限制时限 3 个月，乙地则可能规定时限为 1 年，行政处罚的惩戒效果并非时限越长越好，而应视具体情况而定，但地方间的恶性竞争可能会导致其盲目追求严格的立法，从而陷入“竞次”的结局。所以，中央应针对不同类型的行政处罚设定适当的幅度范围，而地方性法规则应遵循不抵触的原则，在上位法的正向引导下，于其规定的范畴内补充设定行政处罚。

2. 有特色：结合地方实际诉求

界定地方立法“有特色”，学界没有形成确定的标准和概念。有特色的地方性法规其实包括两种，一是法规的调整对象具有特殊性，使得所制定的地方性法规有特色；二是地方性法规本身的规范条文有某种特色。第一类情形中特殊的调整对象通常被称为“地方性事务”，然而地方性事务与全国性事务以及央地共同事务的边界至今没有得到有效划清，故判断地方性法规是否有特色，仅仅着眼于调整对象的特殊性无法得到答案，地方立法的特色更多需从第二类的法规本身寻找。

其实，“有特色”主要指的是相对于中央和其他地区，地方性法规应从本地区的实际情况出发，使得立法真正符合本地需要。故地方立法应充分考虑到各地区发展的差异化，因地制宜。由于我国各地区经济社会发展程度存在着较大差别，地方性法规在补充设定处罚幅度时应与经济发展水平相适应，根据本地区的特色和规律，确定更为具体的行政处罚幅度，并随着经济发展水平变化而适当调整处罚的幅度。这在某种程度上也是过罚相当原则和公平原则的动态体现。

需要指出的是，地方立法的“特色”还需置于时代的政策背景中予以讨论。2021 年修订的《行政处罚法》已明确规定，政府应对行政处罚的实施进行定期评估，修改或废止不适当的处罚事项。[54] 2022 年国务院公布了

---

[54] 《行政处罚法》第 15 条。

《关于取消和调整一批罚款事项的决定》，清理了公安、交通运输、市场监管等领域的法规规章中不合理的罚款规定。由此可见，行政处罚的谦抑性设定正是对进一步深化“放管服”改革、优化营商环境的政策回应。因此，地方性法规在设定处罚幅度时可参照以上立法和行政行为，对于轻微的违法行为，在不抵触上位法规定的情况下，缩小处罚幅度，从轻、减轻甚至不予处罚，降低相对人的经济成本从而达到实现简政放权、发展社会经济的目的。

3. 可操作：把握行政裁量空间

所谓“可操作”，是指立法应有针对性，执法主体在执法实践中可依法执行，具体实施效果好、能解决实际问题。在讨论地方性法规所设定的行政处罚是否具有可操作性时，一个关键问题就是幅度设定的细化问题。

法规条文需要有较强的可操作性，就意味着其规定应具体、明确，但立法并不是越细越好。我国的立法技术秩序正由“宜粗不宜细”走向“立法精细化”的建构趋势[55]，若法律过于精细，容易抑制社会发展；若法律过于粗放，则法律失去控制力，而“力不从心”。如何平衡好“粗放”和“精细”的关系，选择适当的立法技术，是对立法机关的一个重大考验。地方性法规补充设定行政处罚的幅度，一方面，应给予行政执法者适当的自由裁量空间，让执法主体确定具体的行政处罚幅度；另一方面，也必须提前设定幅度的范围和条件，确保自由裁量权的行使处于合理的范围内，降低执法者滥用自由裁量权的风险。

以行政处罚种类中的“罚款”为例，地方性法规在设定行政罚款时，首先应根据违法情节的轻重程度将违法行为划分为不同层次，并针对不同的违法行为设定相应罚款的数额和幅度。其次，罚款数额的设定可采多元化的方式。我国法律法规在设定罚款幅度时大多采用数距式的设定方法[56]，其实可以针对不同的情况科学运用不同的设定方式。例如，倍数式的幅度设定可用于违法行为的加重情节中，结合违法者的主观动机、违法行为引发的危害

---

[55] 王起超：《粗放和精细：论立法技术的秩序建构路径》，载《河北法学》2021年第5期。

[56] 例如《北京市水污染防治条例》第82条规定：“有关排污单位违反本条例规定，不执行市人民政府采取的更加严格的水污染防治措施，造成水环境污染的，由市或者区生态环境部门处一万元以上十万元以下的罚款。”

后果、社会危害性及执法成本等可能加重的情形以合理确定。[57] 再如，封顶式的设定方法为行政执法限定了罚款上限，控制自由裁量权的行使空间，而其为零的下限则可能适用于危害程度轻微的违法行为，体现了处罚与教育相结合原则。[58] 在立法机关采多种设定方式的背景下，执法机关的执法实践只需在法规规定的罚款范围内即可，具体数额则由执法者依法衡量。

因此，地方性法规在补充设定处罚幅度时应做到粗细适度、宽严并济，尽量避免执法过程的随意性，使得处罚幅度的确定更具有操作性，真正符合立法目的。

五、结语

在我国当前的行政处罚规范体系中，行政处罚的种类和幅度是地方性法规补充设定权的主要内容。其一，对处罚种类的设定，应在适当放权的同时予以限定，合理划分中央与地方立法的权力边界，遵循过罚相当的裁量基准，以惩戒性为行政处罚的判断标准，明确地方性法规的立法空间。其二，对处罚幅度的设定，应以处罚类型化为前提，基于申诫罚、财产罚和行为罚的结构框架，综合把握多方考量因素，始终坚持“不抵触、有特色、可操作”的立法原则。

进一步而言，作为维护社会公共秩序、保护相对人合法权益的行政惩戒方式，行政处罚具有谦抑性。在实现行政管理目的的所有手段中，行政处罚并不是首要的管理手段，而是补充性乃至最后的规制手段。因而，如何在法治框架下审慎配置行政处罚的设定、实施与介入，仍是未来我国行政管理中值得注意的关键问题。

（校对：邓文龙）

---

[57] 例如《北京市野生动物保护管理条例》第 40 条规定：“违反本条例第 23 条第 2 款、第 3 款规定，未取得人工繁育许可证或者未按照许可证载明的地点和物种从事人工繁育野生动物活动的，没收野生动物及其制品，并处野生动物及其制品价值一倍以上五倍以下罚款。”

[58] 例如《北京市土壤污染防治条例》第 46 条规定：“违反本条例第 16 条第 2 款规定，未建立农药、肥料和农用薄膜使用量以及农药包装废弃物、废旧农用薄膜产生量台账，或者未按照规定保存台账的，由农业农村、园林绿化部门责令限期改正；逾期不改正的，处二千元以下罚款。”

增设侵害民族感情罪：保护法益与罪状构造

王唯鉴*

摘　要：现行《刑法》无法对侵害民族感情的行为作出妥善规制，增设侵害民族感情罪具有立法上的合理性。民族感情作为一种社会观念，在民族发展中所形成，是共同体成员对历史事实的普遍认知的统一，是共同体成员文化认同的征表。作为集体法益，民族感情在功能论上指向个人法益，与个人利益相联系，具有保护价值和明确性。在构造上，民族感情法益需要从民族感情的形成过程中汲取资源。在罪状设置上，应当通过列举行为地点和行为手段的方式对构成要件解释予以限制，并将本罪确定为具体危险犯，明确本罪的动机犯属性，以公共性标准回应感情法益判断标准模糊的问题。

关键词：民族感情；保护法益；民族共同体；民族认同；轻罪立法

一、问题的提出

2017年8月7日有网友发文称，在国家级抗战历史遗址上海四行仓库，有四个“精日主义”分子穿着二战日式军服，公然模仿日本军官姿态合影留念，并在网络上藐视英雄烈士，引发广大网民强烈谴责，社会影响恶劣。① 2022年7月21日，吴啊萍在南京玄奘寺供奉侵华日军战犯牌位的照片被发至网上后，引发社会高度关注，吴啊萍因涉嫌寻衅滋事罪被公安机关刑事拘留。后在南京市通报玄奘寺供奉侵华日军战犯牌位事件调查处理情况

---

* **作者简介：**王唯鉴，西南政法大学法学院硕士研究生。

① 《四行仓库前穿仿制二战日本军服拍照 上海警方拘留3名涉案者》，载观察者网：https：//www. guancha. cn/society/2017_ 08_ 23_ 424118_ 1. shtml，2023年3月19日访问。

中提到，吴啊萍的行为已经“严重违背了佛教扬善惩恶的教义教规，严重破坏公共秩序，严重伤害民族感情，造成恶劣社会影响”。② 2022 年 8 月 10 日，一女子在苏州淮海街身穿和服进行摄影时，被苏州警方以涉嫌寻衅滋事带离现场进行调查。③ 近年来，类似事件频见报端，身着外国传统服饰，或使用外国语言，或传播外国民族历史的行为经过网络宣传和新闻媒体报道的加工发布，都会引起极大的争议。在巨大社会压力下，公安机关则普遍会以寻衅滋事进行行政处罚，或者以涉嫌构成寻衅滋事罪为由，对行为人予以刑事拘留。

与一般性的侮辱、闹事行为相比，此类行为具有一定的特殊性。一是针对的对象具有普遍性，即此类行为并非侵犯具体个体，而是面向某类更广义上的群体，如中华民族。二是侵害法益的独特性，其并不直接造成物理伤害，所侵害的是特定共同体成员建立在共同文化认知基础上所享有的普遍的一般情感。在实践中，上述行为往往会被认定为《刑法》第 293 条规定的“在公共场所起哄闹事，造成公共场所秩序严重混乱的”寻衅滋事行为，但类似处理措施在教义学层面却存在一定的问题：其一，尽管学界对寻衅滋事罪的保护法益存在不同见解，但可以肯定的是，不包括或至少不主要包括对某种社会观念的维护。前述行为仅对社会公众的道德情感造成冲击，并未扰乱社会秩序，以寻衅滋事罪论处往往是迫于舆论压力之下的权宜之计。特定情感理应受到保护，但就寻衅滋事罪的保护法益与构成要件而言，其不具有将个体因感情受损引起激惹而产生的行为反应纳入处罚范畴的功能与效果④，适用该罪有以口袋罪兜底之嫌疑。其二，单纯穿着外国服饰的行为难以被评价为刑法上的危害行为，也不符合“起哄闹事”的基本语义。其三，由于此类行为均是在网络上引发舆论关注，但能否根据有关司法解释将“网络空间”解释为“公共场所”亦是争讼颇多。

社会舆论的反对与规范评价的无力形成巨大反差，其背后是对社会观念之法律评价的阙如，更是刑事立法对于社会回应的缺位，致使社会生活与法

---

② 《最新丨“吴啊萍“身份公布！南京官方通报！》，载澎湃新闻：https：//www.thepaper.cn/newsDetail_ forward_ 19160821，2022 年 7 月 24 日访问。

③ 《苏州女孩和服事件：铭记历史，放下仇恨。唯有如此，方能复兴》，载腾讯新闻：https：//new.qq.com/rain/a/20220820A084FV00，2023 年 3 月 19 日访问。

④ 张梓弦：《感情法益：谱系考察、方法论审视及本土化检验》，载《比较法研究》2022 年第 1 期。

律规范之间形成了一条巨大的鸿沟。此时，刑法须在恪守罪刑法定原则的基础上，谨慎划定犯罪圈，以及时回应社会公众的合理期待，追求法益保护和人权保障的平衡。因此，在准确界定民族感情后，有必要对其法益属性展开分析，讨论仅侵害某种观念而不造成物理损害的行为应否构成犯罪，并设计相应的罪状构造，明确刑事处罚的边界，实现刑法与现实社会的良性互动。

二、民族感情及其界定

目前，学界关于民族感情犯罪的讨论主要集中于对社会热点的回应和烈士犯罪上。如对于“精日”现象，有学者曾主张新罪增设，但其并未对前实定法的法益概念作深入阐述⑤，而更多其他的论述则散见于各具体罪名的讨论中;⑥ 基于对《刑法修正案（十一)》的解读，学界对侵犯烈士名誉、荣誉罪展开了热烈讨论，但多为实现犯罪个别化而进行构成要件解释，强调对本罪的司法适用提供理论指导，在法益层面界定民族感情的研究寥寥。⑦

“民族”在古拉丁语中意为“出生与出身”之意，仅是一种地域上归属的描述，是血缘共同体概念而不带有文化或政治意义。后来这一概念逐步演化为“出身所属”，在近代通过在作为公民的政治性认同中发挥构成性意义，从“授予性的血缘特征转化为一种自觉的传统承受的诸多结果”。⑧ 从更广义的层面来看，这一概念开始具有因出生归属的人种集团、同乡集团社会的含义，以及在语义范围上更加广泛的族源、人口等意思。⑨ 对于共同体而言，民族仅是客观上的一种归属描述，如果没有民族精神将其连接起来，共同体成员就是联系松散、缺乏归属感和自我认同的，斯大林也曾强调

---

⑤ 郑洋:《信息网络时代惩治“精日“行为的刑法学分析》，载《法律适用》2020年第3期。

⑥ 我国《刑法》关于民族感情犯罪的立法散见于不同章节，且由于欠缺明确且具有涵摄功能的民族感情概念，虽然对于相关联的国家法益、社会公共法益、宗教法益，以及基于民族识别基础上的民族法益等法益概念讨论较多，但对于作为个罪保护法益的民族感情的法益属性界定却研究较少。

⑦ 《刑法》第299条之一关于针对英雄烈士犯罪的规定是对民族感情价值承载主体的内容映射的保护体现，但因该罪法益不是民族感情的全部内容，对其犯罪个别化的证成并不聚焦于对民族感情的讨论。

⑧ ［德］哈贝马斯:《在事实与规范之间：关于法律和民主法治国的商谈理论》，童世骏译，生活·读书·新知三联书店2014年版，第656－657页。

⑨ 刘新利:《基督教与德意志民族》，商务印书馆2000年版，第16页。

“表现于共同的民族文化特点上的共同心理素质”于民族的重要性。在历史法学派的学者看来，民族精神是区分各民族的中心标志⑩，而民族精神的形成与塑造，又是需要深层次的民族文化的熏陶与培育。也正是在这一意义上，使用民族指代共同体才具有实体价值，而民族感情，正是作为民族共同体成员对其他共同体成员的认同和自我归属感价值而存在，“有了文化归属的共同性，不同的族群或群体才能相互认同，从而使族群与这种整体的国家形式的共同体相嵌合。”⑪

对刑法的认同感是刑法发挥行为规范机能的重要内容，社会中的剧烈冲突，实际上是个体认同价值的破坏甚至崩溃，正是无数个体对其个体价值的不当追求行为导致了近年来法无禁止之行为屡屡成为舆论中心。在民族共同体的视野下，这种具有可归纳性的个体认同就具备了被描述为民族感情的条件。换言之，实际上并非法律与社会之间发生了撕裂，而是法律与个体认同发生了撕裂，而民族感情恰恰是以个体认同为基础而形成的社会观念。从民族感情的观念属性和形成机制来看，作为前实定法层面的民族感情，往往在“正义”概念的范畴内被描述，被作为一种公共产品的保护手段加以理解。

（一）作为正义的概念

在罗尔斯看来，正义是社会制度的首要道德，当对目的系统的合理要求对某一种共同体而言具有普适性时，这种合理要求就是该共同体的善，也就是正义。⑫ 对民族共同体的成员而言，对正义的追求过程恰是对其个人情感的追求过程，只要这一过程于其个人的目的系统而言是正当的，那么他就是在追求他的正义；当这种追求普适于民族共同体的所有成员时，就可称之为该民族的正义，而这样一种对正义的追求，必然包含了属于该民族的民族感情在内，因为民族感情正是建立在民族共同体成员的追求过程中。与正义相对，非正义的主要作用是纠正实定的正义概念，也就是法律制度，因而非正义与非法联系起来。从概念上而言，非法现象应当是指不符合法律的行为，

---

⑩ 黎四奇：《对萨维尼“民族精神”的解读与评价》，载《德国研究》2006 年第 2 期。

⑪ 韩震：《论国家认同、民族认同及文化认同》，载《北京师范大学学报（社会科学版）》2010 年第 1 期。

⑫ ［美］约翰·罗尔斯：《正义论》，何怀宏、何包钢等译，中国社会科学出版社 2009 年版，第 314 页。

但在定义现象的非法属性时，却不太依赖实定法。这是因为，作为非正义体现的非法具有强烈的道德属性，"'非法'在通常的语言中被作为一个道德范畴来使用，而不是法的范畴。"⑬ 在描述民族感情时，这一特点体现得十分明显。在讨论一种行为是否侵害了民族感情时，似乎不需要依赖法律条文，该民族共同体的绝大多数成员就会得出相近的结论，这正是民族感情作为正义概念所存在的一种体现。民族感情是正义的内涵，因为这种合理要求对民族共同体而言具有正当性，但是，调整作为非法现象或非正义现象的侵害民族感情时，需要实定的正义概念。换言之，在定义作为正义概念的民族感情时，不需要依赖于法规范，但当进行纠正和调整时，却需要法律发挥作用。

虽然大陆法系传统的唯理主义坚持将人的认识活动理解为纯粹理性和符合逻辑的运作过程⑭，但因其忽视了个人、国家、民族情感的效用，在将这样一套理论体系用以解决他们国家所存在的问题时往往难以奏效。相反，英国的情感主义则有不同的主张。在人是情感的动物这一假设的基础上，苏格兰启蒙思想家主张社会也是情感的产物，当社会成员进行个人情感的演化时，他总会不自觉地与其他共同成员情感演化的过程发生交互，而汇聚成社会成员的共同情感，进而形成该成员所在社会的基本的、正义的情感规则⑮，而上述情感演化机制为社会秩序提供了最为基础的正义标准。尽管正义是一种普遍价值，对其具体内涵的认知或因人而异，但宏观层面作为正义概念的民族感情却是相对稳定的。虽然总体的民族感情相对于个体的民族感情不具有可还原性，但其形成方式和主要功能恰恰彰显了使用总体上的民族感情去描述该民族共同体成员对共同体其他成员的认识，以及对民族的认同感与归属感的正当性。因此，建立在民族共同体成员认同本民族历史和文化基础上形成的民族感情成了可以被描述的正义概念。

1. 作为风俗文化的内核

萨维尼认为"一个民族的法律制度，像艺术和音乐一样，都是该民族

---

⑬ ［德］埃里克·希尔根多夫：《德国刑法学：从传统到现代》，江溯、黄笑岩等译，北京大学出版社 2015 年版，第 105－106 页。

⑭ 林建成：《现代知识论对传统理性主义的超越》，载《社会科学》1997 年第 6 期。

⑮ 高全喜：《苏格兰启蒙思想中的"激情、利益与正义"理论》，载《清华大学学报（哲学社会科学版）》2022 年第 3 期。

文化的自然体现，不能从外部进行强加”。[16] 当然，现代社会的法律不可能仅仅是民族自发发展过程中的土生土长而产生，其必然会受到外部力量与立法理性的规制。但是，这不是否认民族文化对法作用的理由。

回顾我国历史，民族的概念与国家的概念密不可分，二者相伴相随。一方面，没有民族的国家在我国是不可想象的，民族作为一个社会共同体，是国家成立和赖以生存的基础。另一方面，没有国家的民族是无意义的，只有从国家的角度而言，民族及其要素才能内化为共同体成员的共同因素与标志，民族精神才能成为民族成员之间的联系。从概念上讲，民族成员生活内容需要借助国家加以体系化；从内容上来看，国家又需要民族与民族成员的联系作为填充。因此，可以说民族共同体成员的民族感情正是对国家历史的认识与理解，也正是在国家历史发展的背景下形成的，同时也是民族文化对民族共同体成员发挥影响时，民族共同体成员对这种影响进行互动时的主要产物。但二者不能混同，民族共同体成员作为国家公民时，其通过国家的授予性特征表示身份，并彰显国家的主权权威；但作为民族共同体的成员时，公民这一政治身份与民族认同则相互独立，后者的概念指向与前者的形成与实现并无直接联系。

民族感情是认同问题，其本质上属于文化认同。不同于特定民族或种族认同，作为文化认同的民族感情不以民族为边界，在国家框架下，会因政治生活的影响而逐渐与国家认同相互适应、相互浸染，“中国人数最多的汉族，就是在这种向心力的推动下民族不断融合的产物。”[17] 在讨论民族感情的认同属性时，国家历史及其影响下的文化在历史进程中的发展对民族感情衍化所产生的作用与后者的关系密不可分。因此，作为政治概念存在的共同体的国家，也会因其制度反过来影响共同体成员的认识，并在这一过程中塑造民族感情。故此，不同国家的民族感情往往大相径庭，或在内容上能够相互区分。

2. 作为法规范评价的对象

法律并非完全是某种民族精神或共同情感的单纯再现，民族感情在社会

---

[16] Savigny, Vom Beruf unserer Zeit fur Gesetzgebung und Rechtswissenschaft, 1967, S. 12 - 13.

[17] 韩震：《论国家认同、民族认同及文化认同》，载《北京师范大学学报（社会科学版）》2010 年第 1 期。

共同体形成、发展的过程中被塑造，同时也会反作用于这一过程，立法者往往会通过法规范对其进行确认，以国家主权的形式为民族情感进行背书。自我国进行法治建设以来，域外法律移植对我国现代化法律规则体系的多因与我国民族情感的不适配，导致在现实问题的解决上或多或少存在“牛头不对马嘴”的情况。正因如此，我国法学界开始重视法律的民族论话语体系，将法律作为民族情感和文化精神有机发展的历史现象，关注法律制定与适用的基本背景。⑱

因此，在规范上对民族感情予以确认或预留解释空间。《民法典》第3条规定了公序良俗原则，第185条则是对蕴含民族感情的烈士名誉的保护规定。《电影产业促进法》第50条则规定“承接含有损害我国国家尊严、荣誉和利益，危害社会稳定，伤害民族感情等内容的境外电影的洗印、加工、后期制作等业务的属于违法行为。”《英雄烈士保护法》第3条也指出：“英雄烈士事迹和精神是中华民族的共同历史记忆和社会主义核心价值观的重要体现。”加强对英雄烈士事迹、精神的保护和宣传，既是对英雄烈士本人尊严和合法权益的尊重，亦是对社会公众的民族情感维护的必要性。

应当注意的是，对英雄烈士的保护不仅仅包括民族感情，还包括了其他的社会公共利益，具有社会公共利益属性。英雄烈士的身上承担着民族所崇尚的价值，他们的行为也是民族所推崇的行为，故民族共同体成员的认识可以在英雄烈士身上塑造出共同的积极感情。但是，这一感情只是依附于英雄烈士而存在，虽然在效果上，对英雄烈士的法律保护也会对民族感情发挥效果，但这毕竟不是民族感情的全部内容，对英雄烈士的法律保护不能与对民族感情的法律保护混为一谈。

（二）作为公共产品的保护手段

个人主义一直是现代刑法不可动摇的基础之一。虽然基于公共利益的需要会对个人尊严、个人价值和个人利益进行限制，但这种限制一般不被认为具有普遍性，在世俗国家里，一个人的生命拥有最高价值，且并非来自更高价值。⑲ 于个人而言，重视的不仅仅是个体完整，更追求其自我价值的实现，而这样一种实现依赖于个人之间的互动实质上是个人联系。在更为广泛

---

⑱ 赵明：《中华法系的百年历史叙事》，载《法学研究》2022年第1期。

⑲ ［英］杰瑞米·侯德：《阿什沃斯刑法原理刑法》，时延安、史蔚译，中国法制出版社2019年版，第49页。

的基础上，个人联系已经具备了公共产品的性质。个人联系在个人之间的交织绘制了基本的共同生活图景，对这一生活状态的维护，就可被称之为公共利益保护。

那么，除了客观形成的规则、切实存在的物质状态，是否存在一种可被称之为公共产品的社会观念？答案是肯定的。公共产品本身不要求实体意义的限制，对公民自由生活限制程度更高的一些道德要求也属于公共产品，法律所创造的环境，如交通规则也可称之为公共产品，现代社会公民的基本需求，如安全也是公共产品。从正义形成的范畴而言，能够作为公共产品的社会观念一定位处于共同体成员感情的交叉地带，因此对于该共同体的所有成员而言，该观念具备了公共性，在一个社会中也可谓具备了社会性，也就具备了影响共同体成员生活的实体功能和影响甚至支配共同体成员生活的实体价值。

民族感情是一种社会观念，更是一种社会利益，而社会利益的要求是所有个人利益和公共利益的总和。于个体而言，民族感情位处其对个人价值的坚持的内容之中；于社会而言，则是代表与指导共同体成员行为的准则。作为公共产品，民族感情同样包括了那些不能从单独的个体感情中所析出的部分，将这一部分作为社会利益的内容进行审视，更具有代表性。但应当注意，这只是相对于单独的个体而言，作为正义的民族感情必然是民族共同体成员感情的共性产物。因此，民族感情是一种存在于所有共同体成员中的规则，是共同体成员依据规则作出行为，并监督他人也遵守规则的一种忠诚意识，这并不是规则服从于公众意志，恰恰相反，是公众意志必须服从规则。[20]

进一步的问题是，民族感情是公共产品保护的手段还是公共产品保护的目的。公共保护是维护一切个体自我价值和社会价值及其运行的必要条件，而民族感情是作为支配目的的观念存在的。虽然民族感情在内涵上是正义的一部分，但单纯的民族感情不能成为作为目的的正义。如果民族感情成为保护目的，那么就会沦为宣泄公众意志的工具，并且当为其制定对公共的行政

---

⑳ ［美］罗斯科·庞德：《普通法的精神》，曹相见译，上海三联书店 2016 年版，第 57－59 页。

规则时导致独裁和压迫;[21] 只有维持其作为观念发挥作用的方式即规则，并确保其成为公众的行为准则，民族感情才能够具有其独立的价值和意义，而不至于丧失独立性。因此，民族感情应当是公共产品保护的手段，而非目的。

三、作为保护法益的民族感情

刑事立法的活跃化在当下的时代背景下极其突出，需要回应的问题、考量的因素都更多，但作为犯罪构成最重要内容的法益及其地位并没有发生改变。民族感情作为一种纯粹的社会观念，在肯定保护需求的基础上，必须进一步具体化。法律应当是明确的，但绝对明确的法律只存在于假设之中，只有相对明确的法律具有现实价值。因此对于民族感情的法益保护内容和属性，必须进一步讨论。

（一）民族感情的法益属性

法益即法所保护的利益，“生活利益与法的要保护性”是法益的两个构成要素。从学术史的角度来看，法益概念以费尔巴哈的权利侵害说为理论根基。费氏以社会契约论为立论基础，认为只有当某一行为直接侵犯了个人或国家的权利，该行为才能被认定为犯罪；同时，费氏还在“公罪与私罪”的分类之外，基于国家有权出于维持社会秩序的目的要求公民不得实施某些特定行为，规定了一类特殊的犯罪类型，即违警罪，如以宗教犯罪为代表的伦理违警罪。[22] 考虑到违警罪的规定与权利侵害说整个理论框架的冲突问题，为了释明宗教、伦理犯罪的正当性，比恩鲍姆提出了法益侵害说。在其理论框架下，刑法保护的并不是具体的权利，而是权利的利益内容，虽然宗教、伦理犯罪并不直接侵犯社会成员的权利，但是他们侵犯了权利背后的利益，而这些利益属于人类生存、生活的原始需求，或属于人类社会发展到一定阶段的必然结果。

从权利侵害说到法益侵害说的转变，同样意味着刑罚的根基经历了从

㉑ ［美］埃德加·博登海默：《法理学：法律哲学与法律方法》，邓正来译，中国政法大学出版社 2017 年版，第 385－388 页。

㉒ Feuerbach, Lehrbuch des gemeinen in Deutschland gültigen peinlichen Rechts (zit.: Lb), 14 Aufl., 1847, S. 17－23.

"虚构的契约关系向社会共同体的机能运转"的巨大转变㉓，亦为民族感情纳入法益范畴奠定了基础。当强调社会共同体机能运转的有效性时，不能将目光仅仅局限于国家或个人权利的保障，还应该考虑对于不特定多数人所共同享有之利益的关切。民族感情作为维系特定地区社会成员的情感纽带，对于维系该地区社会共同体的存续尤为重要，理应纳入法益的范畴，感情侵害的背后，隐含了社会结构能否平稳保护的问题。㉔

1．社会公共秩序的法益属性

我国刑法学界通说观点认为，所谓"公共秩序"是指"社会公共生活依据共同生活规则而有条不紊进行的状态"。㉕ 有论者基于"权利保障论"的立场，认为只有当公共法益可以还原成个人利益时，才具有保护的意义，提出"公共秩序"应该界定为"公众生活平稳与安宁的状态"。㉖ 但问题在于，该观点无法解决寻衅滋事罪的明显缺陷。因此，对于社会秩序法益的重新厘清就显得尤为必要。

事实上，集体法益本身并非个人法益的总和，集体法益的核心特征在于，每个社会成员都可以平等地利用它，它并非只归属于社会的部分特定社会成员。换言之，集体法益是因社会生活的共同关系、共同命运而被承认、拟制出来的，具有一定的抽象性、不确定性，通常并不具有客观可见的实害结果。一般而言，集体法益的概念可以划分为狭义与广义，前者是由社会系统所整合形成的整体性法益，需要通过国家机关、其他组织和机构来进行保护的情形；而后者则包括个人法益的集合体。㉗ 就此而言，"公共秩序"将包括两类：一类是可以还原为公民个人利益的类型，即前述论者所提出的"公众生活平稳与安宁的状态"，可称之为狭义的社会秩序；另一类则是无法还原为公民个人利益，但却实实在在影响社会公共利益的社会秩序，属于广义的社会秩序。民族情感作为维系特定地域社会共同体的纽带，虽然往往不会直接与社会个体成员的人身、财产利益发生联系，但却对于社会共同体

㉓ 黄鹏：《刑法法益的学术谱系》，载《西部法学评论》2020年第3期。

㉔ ［德］克努特·阿梅隆、姚培培：《德国刑法学中法益保护理论的现状》，载《中德法学论坛》2017年第2期。

㉕ 高铭暄：《新编中国刑法学（下册）》，中国人民大学出版社1998年版，第808页。

㉖ 卢恒飞：《网络谣言如何扰乱了公共秩序?》，载《交大法学》2015年第1期。

㉗ 姜涛：《论集体法益刑法保护的界限》，载《环球法律评论》2022年第5期。

发展的维持作用尤为关键，属于后一类型的社会秩序，具有保护的必要。但不可否认的是，不同于个体成员在社会上进行的各项活动这一类行为事实，民族感情不具有直接现实的客观构造，在事实层面的表现只是社会观念，更接近作为社会秩序组成要素的观念事实。从这一角度来看，在规范上将民族感情作为一种社会秩序法益加以界定，实际上是将作为保护法益目的的内容定义为保护法益本身，仅是立法认可感情法益的权宜之计，以防止对民族感情的保护虚化，保证其与前实定法的民族感情之间的联系。

2. 与国家法益的区别

国家法益包括因构成性规则而存在的国家符号及其所象征的价值。《宪法》是所有部门法的母法，我国《刑法》规定的侵害国家法益的犯罪所保护的法益正是源自《宪法》的规定。对于大多数国家法益，《刑法》分则第一章以专章的形式加以保障；而对于国家符号，具体而言包括国旗、国徽、国歌和英雄烈士的名誉、荣誉，则置于《刑法》第六章中。民族感情与大部分国家法益之间不存在理解上的困境，在涉及国家安全、国家秘密等内容时，民族感情不会因前者对社会公共利益之保护而混合，因为从效力上这只是前者之附属，民族感情并非直接影响国家存续的重要制度规则，其外在表现形式仅仅是社会观念。但对于国家符号，则可能存在混淆的风险。国家符号作为保护法益时应当受限于《宪法》及其他法律的明确规定，并且只有当该国家符号作为抽象的承载国家聚合功能的社会事实，且具有脱离个体人格和物质载体的外在性时，才能成为刑法视野下的保护法益。因为只有此时的国家符号在被侵害时，才能具有“提示国家运行条件可能存在阻滞的危险”[28] 的效果，才能够成为刑法介入的正当性依据。

不同于国家符号，民族感情并非一个严格的实定法概念。虽然从形成过程来看，国家符号与传统和习惯有着密切的关系，但其更侧重于具体的制度和政治组织所形成的制度性事实。当国家符号成为国家法益的保护内容时，正是源于这样的事实影响，但民族感情所描述的对象和影响的主体与国家符号完全不同。民族感情的形成不直接依赖于创设国家符号的法律规定，其具有的外在性特征虽然如同国家符号一般源自社会性事实和对个体的真实影响，但是二者的存在意义、保护价值和效用评价完全不同。民族感情的社会观念属性决定了单纯的物理性损害难以直接推定构成对法益的破坏，在行为

[28] 高巍：《国家符号的刑法保护》，载《中国法学》2022 年第 1 期。

的评价上可能会落入其他罪名的规制范围，但是对国家符号的侵害，却可以通过物理毁损的方式直接进行。在判断路径上民族感情作为纯粹的感情法益而存在，其判断的具体方式迥异于国家符号。

（二）域外国家的保护实践

不同于我国，在部分域外国家，宗教感情则属于其民族感情的一部分，并作为刑法的保护对象加以存在。如新教与清教徒在美国历史发展的过程中有着特殊的地位，其所主张和信仰的宗教观念对普通法形成了巨大的影响，波洛克将其描述为“要说普通法女神的房子被推倒重建了，这恐怕有些言过其实，但里面的家具却的确已经换了好几茬”。㉙ 在这样的社会环境和法律规范状态下的社会民众，对宗教的依赖程度过高并由此可能存在的“第二套司法系统”一直是美国法律系统早期所必须面对的问题。在宗教心理学看来，宗教的本质就是“宗教信仰者个人对信仰对象的主观感受或宗教经验”㉚，是一种信仰主体的个人体验。发展到当代，宗教生活更是深深沁入了其民族生活之中，于信仰个体而言，其日常生活包含了大量的宗教生活，并重视因其产生的体验；于民族总体而言，宗教对国家法律制度的影响更为广泛且深刻。

概言之，这些国家维护宗教感情的背后是对民族感情的保护。对于其民族共同体中的所有个体而言，对宗教或存在信仰或不信仰但敬畏，承载宗教感情的主体不仅是信徒，还包括了民族共同体中所有成员，所谓宗教认同实际上成了一种不依赖于宗教定义的文化认同。信仰宗教和维护这种信仰的趋势与环境已成为其民族的习惯与传统，国家所采取的刑法应对也只是对这样一种民族感情的维系，这些国家的宗教犯罪实质上属于民族感情犯罪。

1. 美国

《美国模范刑法典》在侵犯公共秩序和有伤风化的犯罪中，规定了“亵渎崇敬物体罪”。㉛ 该条规定，行为人亵渎特定的崇敬物体的行为构成轻罪。其中，亵渎行为包括物理破坏和“行为人使用的明知会使看到或者发现其行为的人的感情受到伤害的其他有形的不当对待”；崇敬物体则包括公共构

㉙ ［美］波洛克：《普通法的精神》，杜苏译，商务印书馆 2016 年版，第 77 页。

㉚ 吕大吉：《宗教是什么？》，载《世界宗教研究》1998 年第 2 期。

㉛ ［美］The American Law Institute：《美国模范刑法典及其评注》，刘仁文、王祎等译，法律出版社 2005 年版，第 211 页。

筑物、礼拜场所、坟墓、国旗以及公众崇敬的其他物体。该罪的行为方式的实质强调的是公众感情受到伤害，行为本身的损害或动作属性并不是主要的内容。从行为对象上来看，列举的崇敬物体都具备某种仪式性和公共性，赋予这些物体以正当价值的并不是立法规定或政府决定，而是其所代表的历史与传统。因此，作为行为对象的崇敬物体必须包括“承载崇敬感情”的“崇敬感情”，实质上就是民族感情。

2. 英国

英国普通法中规定了亵渎神教罪。最早的观点认为，凡是对基督教任何事实的否定，都构成犯罪。在19世纪，法庭开始认为，若使用合乎礼仪的温和语言进行表述且不会破坏和平的，则不构成犯罪。但该观点遭到了部分学者的反对。如斯蒂芬认为不能接受这样一种温和的法律观念，因为和平与一般的公共道德是否堕落、社会结构是否动荡不安直接联系，而类似的行为很难说会造成这样的后果，在效果上这实际上废除了本罪。㉜ 亵渎神教罪事实上可以归属于刑事法对《英国宪法》规定的反映，因为基督教由其直接规定为国教。因此，在本罪罕见的适用中㉝，侵犯基督教以外的宗教的行为都不会作为本罪所称的犯罪行为。英国的法律改革一直呼吁扩张本罪的保护范围，并将边界限制在不包括那些基于一般公众感情而应当予以贬损的宗教上。就此而言，虽然本罪的规定以《英国宪法》为前提，但对保护对象的解释的标准是更为广泛的“公共感情”概念，这一点从与亵渎神教罪关系紧密的另外一个犯罪中也能看出。

普通法中规定了伤害公众正当心理罪，虽然该罪实际上属于淫秽色情犯罪，但在对淫秽色情的解释上，裁判中实际采取的标准是只要陪审团认为该行为伤害了正当心理，普通公众会感到恶心和恼怒，即可构成犯罪。其并没有使用更高意义的道德堕落，而是从一般的公众表现上来看，只要表达出感到恶心或恼怒的情绪即可，这实际上体现了对民族感情的广泛保护㉞，两罪都直接指向某种作为可能的公众利益的公众感情。

㉜ ［英］J. C. 史密斯、B. 霍根：《英国刑法》，李贵方等译，法律出版社2000年版，第838页。

㉝ 在英国，包括亵渎神教罪在内的渎神犯罪与宗教犯罪适用的情况越来越少，但至今仍有少量的刑事起诉。

㉞ 根据莱蒙案和吉普森案的裁判规则，亵渎神教罪和伤害公众正当心理罪都是严格责任犯罪。

3. 日本

《日本刑法》第二十四章第188条至第192条规定了有关礼拜场所和坟墓的犯罪，其中以第188条的规定最为突出。《日本刑法》第188条第1款规定，对神祠、佛堂、墓地和其他礼拜场所公开不敬行为的，处6个月以下惩役或禁锢或10万日元以下罚款。该条第2款规定，妨害（干扰）传教、礼拜或葬礼的，处1年以下惩役或禁锢或者10万日元以下罚款。

该条第1款所保护的法益，是其宗教生活中的风俗和习惯，也就是其民族感情的承载实体。该罪位处的章节名称包括“有关礼拜场所的犯罪”的字样，一般而言，礼拜场所不会作为专门保护的对象，仅仅是“不敬”的行为也不会成为犯罪行为。但是，由于宗教信仰的存在和其在信徒生活感情中所处的重要地位，礼拜场所成为专门的保护对象，而“不敬行为”的内涵也被定义为“有辱礼拜场所之神圣，损害一般宗教感情”的行为，在其司法实践中也有将向墓地作出小便的样子的行为评价为不敬的案例。[35] 同时日本学界认为，即便不是特定宗教的相关设施，但只要基于一般的宗教感情而被尊崇之物，就可以认定为礼拜场所。[36] 而此处的“一般的宗教感情”，实质上即指公众的民族感情。

4. 德国

《德国刑法典》第166条规定了侮辱教派、宗教团体和世界观联合体罪，第167条规定了扰乱宗教活动罪，第167条第1款规定了扰乱葬礼罪。作为同样归属于《德国刑法典》第十一章“有关宗教和世界观的犯罪”的罪名，在保护法益的解释上，这些犯罪应当有所衔接。

从文义解释的角度出发，这些犯罪的保护法益不仅仅是宗教观，还包括了更加广义上的世界观。第166条第1款规定侮辱对象包括他人宗教教义和他人世界观，第2款则保护宗教团体和是世界观联合体的活动安排和习惯；而在第167条中，则明确将礼拜仪式、礼拜行为和宗教团体聚会场所纳入保护范围。事实上，《德国刑法典》对宗教犯罪的规定已经超越了宗教的范畴，其保护任何团体的世界观及其支配这一事实的主观感受，这一点在第

---

[35] 东京高等裁判所判决昭和27年判决，《高等裁判所刑事判例集》第5卷第8号，第1364页。

[36] ［日］西田典之：《日本刑法各论》，王昭武、刘明祥译，法律出版社2020年版，第456页。

167条第2款的规定中体现的十分明显，其规定“国内世界观联合体相应的庆典活动视同礼拜”，将礼拜场所的范围扩大至任何具有共同世界观的团体的庆典活动。这部分犯罪保护的并非道德，而是某种特定的情感，在外在表现上主要是激起有关人员的愤怒或社会公众的公愤。[37] 值得注意的是，《德国刑法典》通过对构成要件的设置，有意对处罚范围进行控制，从行为地点与行为方式的规定来看，上述犯罪都要求行为人的行为具备一定的公共性与公开性。

5. 小结

从主要域外国家的立法能够看出，虽然其均未采取类似民族感情的表述，但通过对罪名有所克制的扩大解释，都将更加广义上的民族感情纳入刑法的保护范围。基于民族感情形成过程的特有属性，受到基于国家、地域和族群概念的共同体影响，民族感情在各国立法中均受到保护，但在其实体内容的认知、具体构成要件解释上所体现的效果和保护的规范框架上均有所差异。

从规定的严格程度来看，英国的解释标准最为严格，对违法性的评价仅要求一般意义上的“公众感到恶心和恼怒”即可，且属于严格责任犯罪，具有最宽广的保护范围；但从适用的司法实践情况来看，相较于德国与日本，英国相关侵犯民族感情的罪名适用频率更低。于我国而言，照搬域外做法并不合适，我国与域外的民族感情概念不同，我国增设侵害民族感情犯罪时需从保护法益和构成要件两方面加以控制，以厘清其与宗教犯罪、民族犯罪之间的界限。

四、侵害民族感情罪的罪状构造

宗教问题并非民族问题，与部分域外国家不同，宗教在我国并没有成为民众生活和国家生活中的主要内容。将一切在社会功能上与宗教近似的现象称之为“世俗宗教”，是社会功能学派的观点，在其看来，爱国主义、民族主义、科学主义等都可称之为“世俗宗教”。但是，社会功能并非宗教的本质，二者之间不存在等价关系。[38] 在我国，宗教问题并非属于对国家公众或

---

[37] ［德］克劳斯·罗克辛：《德国刑法学总论（第1卷）》，王世洲译，法律出版社2005年版，第16页。

[38] 吕大吉：《宗教是什么？》，载《世界宗教研究》1998年第2期。

主体民族具有普适性的问题。我国古代儒家、道家和佛家在隋唐后逐渐合一，在公众中未能形成关于宗教的普遍认同和信仰，宗教并没有成为我国民众生活和国家生活中的主要内容。所以，尽管域外可能出现宗教感情会与民族感情发生重合，但在我国二者却截然不同。由于中华民族的民族感情也不包括普遍的宗教信仰，故而在我国，侵害民族感情的行为不能简单适用宗教犯罪。

作为保护法益的民族感情，在价值层面应当被肯定，但同时在实体内容上应当被限制，否则一个不受限制的民族感情概念不仅包罗万象，在与其自我形成机制相互矛盾的同时也使得法益的保护功能泛化，并模糊民族感情本身应当具有的内涵。因此，回顾我国的社会发展和民族概念形成历史，本罪所欲保护的民族感情应特指与如近代鸦片战争、抗日战争等西方国家对我国所进行的殖民侵略活动等直接相关的史实而产生的具有民族性的共同情感。在处罚范围上，以风化犯罪、宗教犯罪为代表的侵害民族感情犯罪总体上都逐渐呈现实定化和限缩化趋势，在我国讨论民族感情犯罪时亦不例外。

（一）本罪的保护客体

刑法的任务是保护法益，违法性的征表通过对构成要件的设置加以实现，但是法益仍然是评价犯罪构成的主要内容与核心内容，因为法益在发挥个罪评价功能的同时，也决定和影响着对个罪构成要件的解释。但确定法益保护也并非万能的措施，对一种法益的保护也可能构成对其他利益的威胁，新罪立法同样要遵守法益兼顾原则，并与其他相似的个罪予以区分。既然刑法上的民族感情被视作社会公共秩序法益加以保护，侵害民族感情的行为与直接伤害少数民族和少数民族感情、英雄烈士名誉和荣誉的行为就极易产生混淆。

我国《刑法》第 249 条至第 251 条分别规定了煽动民族仇恨、民族歧视罪，出版歧视、侮辱少数民族作品罪，非法剥夺公民宗教信仰自由罪和侵犯少数民族风俗习惯罪四个罪名。从文义解释的角度出发，应对首先区别上述对民族的犯罪与侵犯民族感情罪中的“民族”之间的区别。根据《宪法》第 4 条和第 122 条的规定，此处的“民族”概念应当是一种建立在民族识别基础上，根据民族特征和民族意愿对人民进行的划分，而《刑法》中的四类犯罪，也是对其民族特征中民族语言、民族生活和民族素质，以及民族意愿的保护。而侵害民族感情罪中的“民族”，并非基于上述民族识别标准中划分而出的民族概念，其语义范围已经超过了单个或数个民族，而是代指一切对我国的历史具有共同认同，传承和发扬我国优秀历史文化传统和当代优秀精神文化的共同体成员，现行《刑法》中民族犯罪的规定，与民族感情中的“民族”并不相同。对象的差异也决定了上述两种罪名所保护法益也相去甚远：前者侧重于保障少数民族的自由、平等的权利，而后者强调的是中华民族文化、历史的认同。既然如此，二者自然无法置于《刑法》的同一章节之中。

与民族犯罪相对，侵害英雄烈士名誉、荣誉罪的保护法益，则一定程度上涵盖了民族感情的内容，这是由于该罪对英雄烈士的保护体现了作为道德共同体对这一行为的推崇、赞扬和鼓励[39]，这种行为和这种情感是基本行为规范的主要内容，因此仅从保护法益上而言，侵害英雄烈士名誉、荣誉行为与侵害民族感情行为更为接近。但这不意味着二者保护法益相同。英雄烈士的认定标准虽然在规范上存在争议，但从形成历史而言，都有现实的历史基础，具备值得民族共同认同和赞扬的高尚品格。因为这一过程，英雄烈士所承载的价值会被民族感情所包含，亦即我国的民族感情必然包括了对英雄烈士的正向评价和积极认同，“英雄烈士是享有特殊称号的死者，其往往是社会共同价值观念的象征和社会集体情感的符号，故对其名誉和荣誉的维护也有社会利益的面向。”[40] 英雄烈士的规范标准有明确的评定规则，作为民族感情承载主体的也是英雄烈士个体，并非一段历史或特定的历史事件，在规范保护上对尚在世的英雄烈士名誉荣誉的侵犯由侮辱罪或诽谤罪规制[41]，对去世后的则由侵害英雄烈士名誉、荣誉罪规制，但是作为保护法益的民族感情本身却并不涉及生前死后的判断，民族感情的承载物是特定的历史或更具体的历史事件，以及由此形成的文化认知，相对于英雄烈士其属于客体；而英雄烈士在侵害英雄烈士名誉、荣誉罪中属于作为主体的承载者，民族感情随因其行为相伴相随，但并非其主要的保护法益，在构成要件的评价上不以其充足为必要。

（二）本罪的构成要件

出于限制立法权的考量，刑事立法活动应当遵循的基本要求之一就是明

---

[39] 王政勋：《论侵害英雄烈士名誉、荣誉罪的保护法益》，载《法治现代化研究》2021年第5期。

[40] 王钢：《刑法新增罪名的合宪性审查》，载《比较法研究》2021年第4期。

[41] 王爱立：《中华人民共和国刑法：条文说明、立法理由及相关规定》，北京大学出版社2021年版，第1183页。

确性。虽然构成要件类型并不等同于犯罪类型，但作为一种观念形象[42]，其所具有的类型性特征，为犯罪认定提供了基本的框架。因此，在对侵害民族感情的行为进行刑法评价时，有必要对具体的构成要件进行阐述。本罪的客观方面表现为在烈士陵园、历史纪念馆等公共空间，歪曲历史事实、历史人物，伤害公众民族感情，损害社会公共利益，情节严重的行为。而在本罪的主观方面，民族感情法益的存在对于动机具有特别的要求，行为人主观上应当具有损害民族感情的行为动机。鉴于民族感情与英雄烈士名誉、荣誉之间的紧密联系，本罪的体系位置应当置于《刑法》第 299 条之一之后，以明示本罪保护法益与英雄烈士名誉、荣誉之间的联系与区别，并提示注意本罪与寻衅滋事罪及前罪在法益和构成要件上的差异。

因此，应当在《刑法》第 299 条之一后增设《刑法》第 299 条之二，将其规定为：在烈士陵园、历史纪念馆等公共空间，歪曲历史事实、历史人物，伤害公众民族感情，损害社会公共利益，情节严重的，处 3 年以下有期徒刑、拘役、管制或者剥夺政治权利。

具体来看，本罪的行为方式应当包括两个方面：其一是歪曲历史事实，伤害公众民族感情的行为。在《现代汉语词典》中，“歪曲”的意思是指故意改变（事实或内容）[43]，行为表现上主要体现在行为人通过故意篡改历史上真实发生的事实，挑战社会公众的基本认知，冲击公众的民族认同感。其二是侮辱历史人物，伤害公众民族感情的行为。所谓历史人物，是指在历史发展进程中起较大作用且留有明显印迹的人物，可以根据其对于历史的作用，将其区分为正面历史人物和反面历史人物。[44] 歪曲历史人物的行为主要是指颠倒黑白，包括对于正面历史人物进行抹黑、丑化，也包括对反面历史人物进行洗白和美化。前者如有谣言曾声称“董存瑞牺牲的原因在于被炸

---

[42] ［德］恩施特·贝林：《构成要件理论》，王安异译，中国人民公安大学出版社 2006 年版，第 6 – 7 页。

[43] 中国社会科学院语言研究所词典编辑室：《现代汉语词典》，商务印书馆 2006 年版，第 1397 页。

[44] 熊燕华：《历史虚无主义虚无历史人物的策略、动因及危害》，载《思想教育研究》2018 年第 9 期。

药包粘住手”;[45] 后者则如将慈禧太后描述成近代楷模。[46] 历史人物作为历史记忆的重要载体，对于国家和民族的重要性不言而喻，不法分子表面上是在歪曲历史事实和历史人物，从深层次角度来讲，却是解构、伤害了社会成员所共同的历史认知和民族情感，阻碍国家和民族以史为鉴。

由于民族感情是一种社会观念，加之物质载体对社会观念折射缺乏足够的明确性，故而可以考虑以“歪曲行为是否具备一定的公然性”作为“民族情感法益受损害程度”量化的标准。换言之，即新增设的本罪作为具体危险犯，首先需要考察的就是行为人是否实施了歪曲历史事实和人物的行为，并在此基础上以行为的“公然性”为标准判断法益侵害的具体危险。关于“公然性”的理解应该从内容和效果两个方面展开。在公然的内容方面，本罪应强调的是“行为公然“而非“结果公然”，以避免将非公开情况下的议论入罪，致使本罪的危险异化为立法的抽象判断。在公然的效果方面，存在不特定及多数人能够认识的状态、多数人能够认识的状态、不特定或多数人能够认识的状态三种观点之争。[47] 如果仅考虑本罪增设的初衷是对破坏普通民众共同民族感情的行为进行打击，那么可能会得出只要是以民众可能认识的方式歪曲事实，都会造成在社会上广为传播的危险的结论。但是，作为社会观念，民族感情具有较强的自我调节性和稳定性，已经形成具备正义属性的民族感情对于所遭受的损害和冲击具有较强的自我调节能力，单纯针对少数个体感情的伤害不足以肯定其已经受损。而且，增设本罪还包括了弱化寻衅滋事罪的口袋罪效果和平衡刑罚裁量的考量，为避免犯罪圈的不当扩大，本罪的“公然性”应当解释为不特定及多数人能够认识的状态。

此外，本罪作为动机犯，行为人在行为时主观上对保护法益的侵犯动机是表明行为人违法性和对民族感情的排斥性的主要征表，应当纳入构成要件。而缺乏这一动机的行为，虽然在客观上可能造成歪曲或侮辱历史事件、人物等效果，但该客观结果不能直接代表本罪背后的民族感情法益是否受损，否则就会使得法益完全沦为客观构成要件的依附，丧失独立价值。事实

---

[45] 《董存瑞死因：炸药包粘住手》，载新浪新闻：https：//news. sina. com. cn/c/2005 – 02 – 25/10175202731s. shtml，2023 年 3 月 19 日访问。

[46] 《都怎么了？污蔑岳飞和于谦，为慈禧洗白翻案，说慈禧是近代楷模?》，载腾讯新闻：https：//new. qq. com/rain/a/20220113A0AZE500，2023 年 3 月 19 日访问。

[47] ［日］大谷实：《刑法讲义各论》，黎宏译，中国人民大学出版社 2008 年版，第 147 页。

上，缺乏行为人的犯罪动机，就无法量化民族感情的受损程度，也不能直接肯定行为人的行为已经造成了对集体意识的侵犯，“……我们不该说一种行为因为是犯罪的才会触犯集体意识，而应该说正因为它触犯了集体意识才是犯罪的。”[48] 因此，缺乏损害动机的行为不可能构成本罪，若构成犯罪则应当由其他犯罪进行规制。

五、可能的质疑与回应

可能面临的第一个质疑是，过分关注公众的道德情感，是否会陷入刑法民粹主义。民粹主义刑法观作为民粹主义的下位概念，在刑事立法环节主要表现为立法者过度看重民意在刑法立法过程中的作用，将其作为立法的“唯一参照指标和变量”，而不对民众的诉求进行甄别、筛选。[49] 在强调立法活动民主性的当下，立法机关实际上兼具“法律意识形态生产者和法律意识形态购买者、加工者”的双重身份[50]，立法活动对于民众情感、价值观的回应不仅必要，而且从权力关系的形成上而言亦是必须，外部体系的制约也离不开这一回应方向。因此，真正的问题并非民粹主义，而是立法回应的限度，以及刑法理论所发挥的控制功能。若民族感情属于应当保护的利益，那么这一自然事实的需求就必须得到规范的回应，法的正义性彰显在对民族感情的调整中，否则表现为法律和个体价值撕裂的鸿沟将真正成为一种脱离实际的规范。

可能面临的第二个质疑是，作为超个人法益的民族感情如何受到个人法益的限制。虽然学界大都认可“超个人法益必须能够还原为个人法益时，才值得保护”这一观点[51]，但在具体还原路径上存在不同观点。一是存在论意义上的还原，即认为集体法益作为个人法益的累加或集合[52]，可以直接还原为个人法益；二是价值论意义上的还原，即尽管集体法益在存在论意义上

---

[48] ［法］埃米尔·涂尔干：《社会分工论》，渠敬东译，三联书店 2017 年版，第 44 页。

[49] 吴亚可、郝乐：《我国当代刑事立法的经验思维检讨》，载《刑法论丛》2018 年第 4 期。

[50] 姜涛：《为风险刑法辩护》，载《当代法学》2021 年第 2 期。

[51] 张明楷：《刑法学》，法律出版社 2021 年版，第 81 页。

[52] 雷东生：《刑法保护法益的判断规则》，载《法制与社会发展》2015 年第 6 期。

仍旧属于超个人法益，但只要其在价值归属上是为了全体公众即可。[53] 从事实层面来看，虽然民族感情属于社会观念，但是其权利主体属于全体的民族共同体成员，在存在论意义上属于超个人法益；从价值导向层面来看，对其进行保护有助于维系民族共同体的存续，作为保护法益的民族感情的保护目的终究还是保障社会全体成员的共同认知，作为保护法益的价值指向直接与个体相联系，在更具体的判断标准上，则对于民族共同体成员的认知具有依附性，因此从指向上和标准上，民族感情都受到个人法益的直接约束。并且，民族情感中存在作为价值属性的个人法益，虽然其不是判断的内容，但从概念构造的角度上为手段选择提供了正当价值基础，因此也可以认为，个人法益的这一存在属性在修正着作为超个人法益的民族感情，将民族感情纳入刑法保护的范畴并不会违背法益理论的初衷。

（校对：宋昊原）

[53] 姜涛：《论集体法益刑法保护的界限》，载《环球法律评论》2022 年第 5 期。

超级平台自我优待的反垄断规制路径

梅珂悦*

摘　要： 超级平台凭借基础设施和市场权力实施自我优待，引发了竞争、创新和消费者福利方面的垄断顾虑。由于动态竞争和网络效应的数字经济特征，超级平台的自我优待行为在行为类型、平台属性、行为效应等方面存在模糊性和不确定性，对传统反垄断规制框架构成了理论和实践上的挑战，反垄断执法机构难以在不影响平台创新的前提下进行有效监管，易导致规制过度或规制不足的混乱景象。对此，有必要将创新效应纳入反垄断分析框架，秉持包容审慎的监管理念，对自我优待进行分类规制，通过结构型合理原则选择执法手段，而不是一刀切式全面禁止超级平台自我优待，以实现鼓励创新和避免垄断之间的平衡。

关键词： 数字经济；自我优待；反垄断治理；鼓励创新

一、背景与问题

自我优待并非新概念，指的是企业优待自营业务的行为，传统商业模式下零售商普遍优待自家竞品，例如超市优先展示其自有品牌。然而，随着数字经济的兴起，一批大型互联网平台占据了数字市场的主导地位，对市场生态系统产生了重要影响。这些平台通常会利用自身优势地位，向自营产品或有关联关系的企业提供优惠条件，从而使平台内的经营者或新进入市场的其他竞争者难以与之抗衡。此外，大数据发展所带来的“免费模式”和“算法黑箱”，使自我优待行为更加隐蔽，导致什么业务属于自营业务，什么行为构成自我优待，以及哪些平台需要特别关注等关键问题没有得到准确界

---

* **作者简介：** 梅珂悦，对外经济贸易大学法学院硕士研究生。

定。在此背景下，平台的自我优待行为更难界定、影响更难评估，从而阻碍了反垄断执法机构对平台自我优待行为的监管和干预。

作为一种潜在的滥用市场支配地位行为，超级平台自我优待在过去几年一直是全球范围内重点规制的行为。从具体反垄断实践来看，不同法域的监管态度存在差异。2017 年，欧盟委员会认定谷歌优先展示自己的比价购物网站，构成滥用市场影响力的反竞争行为。① 2019 年，欧盟委员会认定谷歌优待谷歌广告、对竞争对手发布广告实施严格审查，构成排他性交易行为。② 2021 年，韩国公平交易委员会则认定 Naver 强制实施“二选一”和操纵算法置顶自家产品的行为构成阻碍竞争的自我优待，对其罚款 280.2 亿韩元。③ 相较而言，美国司法机构的尺度则较为宽松，美国监管机构针对脸书、亚马逊、谷歌、苹果等公司，单独或联合发起多项诉讼，但都还没有具体判决。同为数字经济大国的中国，对平台经济反垄断执法肇始于“阿里巴巴案”。④ 后续包括同样实施“二选一”行为的美团案⑤，以及导致腾讯放弃音乐版权独家授权的案件。⑥ 显示了我国严厉打击平台经济领域滥用市场支配地位、破坏良好市场竞争环境行为的决心。然而，在我国这些案件中，执法机构仅将自我优待行为当作辅助性证据，并未就行为本身是否构成滥用行为进行讨论，导致自我优待的反垄断认定问题存在一定程度的法律不确定性。⑦

目前，除了对特定平台种类、特定行为类型分析外，学界对平台自我优待规制的研究大致可分为两类：一类观点认为应该降低监管力度，以促进平台经济的发展；另一类观点则主张积极监管平台的自我优待行为，维护公平稳定的市场竞争环境。对于前者，重点关注的是平台自营业务带来的好处，如增加产品的多样性、节省消费者搜索成本等。后者又可以进一步分为两

---

① Case AT. 39740 – Google Search (Shopping), 2017.

② Case AT. 40411 – Google Search (AdSense), 2019.

③ Korea Fair Trade Commission, Decision of 27 January 2021, Naver (Shopping), No. 2021 – 2027.

④ 国市监处罚〔2021〕28 号。

⑤ 国市监处罚〔2021〕74 号。

⑥ 国市监处罚〔2021〕67 号。

⑦ 邓辉：《数字广告平台的自我优待：场景、行为与反垄断执法的约束性条件》，载《政法论坛》2022 年第 4 期。

类。一类主张基于现有的反垄断框架进行规制，包括根据数字市场特性对反垄断分析方式进行完善；[⑧] 第二类强调突破现有反垄断法框架，包括基于超级平台的基础设施性质确立单独的规制机制。[⑨]

不过，既有研究存在两个问题：一是未就自我优待概念形成共识，很难说明自我优待具体囊括哪些行为类型，也很难解释为何自我优待同时具有提高消费者福利和阻碍竞争的作用；二是基本从市场结构和消费者福利角度出发，未触及数字经济的本质特征——动态创新。此外，受数字经济的网络外部性、多变市场和颠覆性创新等动态特征影响，传统静态的反垄断规制框架面临着动态效应难以分析、执法错误成本过高、信息公开不足等技术性挑战。[⑩] 因此，法院和反垄断执法机构必须深入了解和评估自我优待在特定数字经济背景下的实际影响，以宏观、全面的视角将平台自我优待纳入反垄断法体系。基于此，本文将从平台经济的动态特征和消费者福利标准入手，对自我优待进行概念明晰和行为分类，合理分析超级平台自我优待行为的创新效应和负面影响，并在此基础上建立结构型合理原则框架，辅之自我优待相关信息披露框架，以期实现保障竞争、鼓励创新及提高消费者福利的反垄断规制目标。

二、自我优待规制混乱的成因查明

对自我优待进行良好规制要求存在一个前提，即执法机构能够准确、直接地识别出超级平台的哪些行为属于自我优待，并根据效益分析采取最有利于市场竞争和消费者福利的监管措施。但当前情况下，执法机构并不能及时回应数字市场对超级平台自我优待滥用问题的关切，其根本原因在于自我优待行为的概念、平台属性及行为效果等定性问题上存在极大不确定性。

（一）自我优待概念模糊：行为类型多元性

自我优待早已有之，传统超市将自营或关联产品摆放于显眼位置、给予

⑧ 孟雁北、赵泽宇：《反垄断法下超级平台自我优待行为的合理规制》，载《中南大学学报（社会科学版）》2022 年第 1 期。

⑨ 刘晓春：《数字平台自我优待的法律规制》，载《法律科学（西北政法大学学报）》2023 年第 1 期。

⑩ 王先林、曹汇：《平台经济领域反垄断的三个关键问题》，载《探索与争鸣》2021 年第 9 期。

购物折扣等优惠措施便属其中典型方式。发展到数字经济时代，平台实施自我优待行为的类型增多、隐蔽性更强。平台经济时代的自我优待是指，相较于第三方商家，平台更加优待自营产品或服务的行为，即只要是平台以不同条件适用于自营和他营，就构成自我优待。具言之，自我优待是囊括诸多不同行为形式的概念统称，既涵盖了现行反垄断法规制范围内的搭售、拒绝交易等滥用行为，又包含平台行使自主权为提高平台竞争力而实施的创新平台模式、商品或技术的行为。随着数字平台商业模式和大数据的不断变化，自我优待的具体形式也在不断变化，操纵搜索结果、盗取商家非公开数据辅助决策等诸多与数据相关的优待行为也被纳入自我优待范畴。⑪ 如此众多不同的行为形式造成自我优待行为概念上的模糊性，缺乏明确定义和具体标准，极大影响了反垄断执法机构的监管效果与平台的创新。

在当前的学术讨论和监管实践中，自我优待普遍被当作超级平台凭借其主导地位和市场力量，在相邻市场滥用市场支配地位的行为。⑫ 在平台经济领域，与自我优待产生关联的滥用市场支配地位行为类型主要包括拒绝交易、差别待遇、搭售等三种典型方式。首先，在数字经济领域，超级平台操纵算法对竞争对手的产品实施封禁、关闭互操作的自我优待行为可能构成拒绝交易。其次，作为不涉及交易行为的自我优待形式，自我优待最常和差别待遇联系在一起，被认为是实施不公平待遇的行为。最后，在平台上预安装产品和服务的自我优待行为可能构成搭售。例如，微软在 Windows 系统中预装软件，谷歌在搜索引擎中内置谷歌地图和比价服务等平台内其他竞品的应用程序。

在新模式、新产品、新服务层出不穷的数字经济领域，平台实施的某些推广其创新技术、服务或产品的行为同样可能构成自我优待。以苹果公司为例，苹果公司通过不断推出创新的产品和服务，例如 iPad、Apple Watch 等，形成一个产品多样、内容丰富的数字生态系统来获取竞争优势。在此过程中，不可避免地存在预装、推广、设备互通联动等自我优待行为。通常情况下，此种自我优待是为了满足消费者需求和市场变化而普遍采取的积极措

---

⑪ 李鑫：《平台数据型自我优待的反垄断法分析》，载《广东财经大学学报》2023 年第 1 期。

⑫ 房佃辉：《反垄断法下平台自我优待行为的规制路径探析》，载《金融与经济》2023 年第 2 期。

施，是市场竞争的正常表现。

当然，构成滥用市场支配地位的自我优待和具有创新效益和的自我优待并不如上述那般容易区分。很多时候，平台在运营过程中交替使用不同类型自我优待，增加了执法机构认定、区分的难度和成本。此外，自我优待还夹杂着诸多既不具有创新效益也不会显著破坏公平竞争的行为，如平台为了推销自家或有关联的商品，采取广告位显著展示、列入认证清单等相比第三方产品更偏好自有品牌的一系列措施，此类措施偏好自有品牌，但只要不降低竞争对手商品的可见度，通常不会出现重大反竞争效应。

（二）平台属性模糊：市场—企业二重性

平台二重性是指平台同时具备市场和企业两种属性。⑬ 纯粹的平台只是作为交易中介或交易场所存在，其主要任务是促进用户交流、匹配交易并提供相关服务。但由于平台的双重性质，占主导地位的数字平台通常兼具多种角色：一方面，充当平台市场的运营者、监管者和决策者，第三方可以通过该平台销售产品或提供服务；另一方面，作为独立商家提供自己的商品和服务，并与平台内其他商家竞争。这种角色和结构上的模糊使得超级平台与平台内商户的利益冲突通过自我优待表现出来。⑭ 作为平台内经营者，出于盈利的动机，平台会通过利用第三方非公开数据、改变平台政策、优先展示等自我优待行为与平台内其他商家进行直接竞争，产生打击平台内其他商家的效果。与此同时，作为市场运营者，平台需要自主经营权来实现算法、产品和商业模式的创新，以提高或维持其竞争优势。

1. 平台内经营者

作为平台内经营者，超级平台的身份与平台内其他经营者无异。无论是最具代表性的电商平台，如阿里巴巴和亚马逊，还是非电商软件的微信、抖音，均经营着各自的自营品牌，与平台内商家共同抢夺消费者关注度和广告流量，自营部分在其业务收入中占据着相当大的份额。自营业务通过将原来不同企业间的交易活动转化为平台内部的交易，极大地减轻了原本不同企业

---

⑬ 许荻迪：《自治与他律：平台二重性视角下的区块链治理》，载《改革》2020年第8期。

⑭ 陈永伟：《自我优待：怎么看和怎么办》，载《经济观察报》2020年12月21日，第36版。

间交易中存在的成本和风险。[15] 且大多数情况下，平台自营通常能够在产品质量、售后保障及价格上使消费者获得更好的产品和购物体验。比如天猫超市为淘宝官方开设并提供更高质量和更具保障的物流、质保等服务。如前所示，平台借助自营优势已经获得消费者更多的青睐，若再加上自我优待行为，将加剧平台自营与他营的不平衡性。在这种情况下，平台是否能保持中立、保持多大程度的中立成为平台治理和有效竞争的关键所在。

2. 平台运营者

作为市场运营者，平台承担着运营、治理及监管在线市场的责任。[16] 一方面，平台作为“撮合者”，对用户、商家、产品等多种资源进行匹配。另一方面，平台作为“监管者”，负责引导和规范平台内商家行为。更为复杂的是，比之传统经济，平台经济中跨界竞争明显，超级平台将其在线中介服务市场的主导地位扩展到物流、视频、阅读等其他领域，平台还需要扮演直接交易者的角色，其治理行为引起人们对此正确性的疑虑。[17] 例如，亚马逊若只是单纯的电商平台，获取和分析用户数据或许不会引起太大争议，但一旦其将这些数据用于其自营店铺的决策，就会引起非议。因此，为了保持平台的创新性和竞争力，平台需要设计一整套规则和治理结构来应对滥用数据、操纵算法、打压竞争对手等市场失灵问题以及自身因“赢家通吃”效应而产生的集团化规模化倾向。[18]

（三）自我优待效果模糊：行为影响不确定性

对于行为方式简单的自我优待，可根据直观法则判断其行为影响。例如，如果平台选择将自己品质较差、价格较高的产品放在页面顶部，同时降低竞争对手品质较好商品的可见度，这一行为显然具有反竞争危害。但随着数字经济和商业模式的不断变化，传统的反垄断效益危害分析框架受到网络效应、双边市场、免费模式及颠覆性创新的巨大挑战，判断平台行为的影响

---

⑮ 李世佳：《网络平台纵向一体化的反垄断法规制》，载《商业经济与管理》2022年第2期。

⑯ 时建中、马栋：《双重身份视角下平台自治与反垄断监管的界限》，载《竞争政策研究》2020年第4期。

⑰ 叶明、贾海玲：《双重身份下互联网平台自我监管的困境及对策》，载《电子政务》2021年第5期。

⑱ Pasquale, Frank A, Platform Neutrality: Enhancing Freedom of Expression in Spheres of Private Power, 17 Theoretical Inquiries in Law, p. 487 (2016).

充满不确定性和模糊性，过去被认为限制竞争的行为将来可能就成为重大创新，监管过早或过晚均将阻碍投资和创新，对消费者福利产生实质性影响。⑲

相较于其他的平台限制竞争行为，自我优待具有更强的目的属性，而非手段属性，部分行为可能符合滥用支配地位要件，但并不产生排除、限制竞争的效果，因此平台自我优待行为的影响变得更为模糊。⑳ 某些具有限制竞争效应的自我优待行为，同时也存在客观合理性，能够对消费者利益和技术创新产生积极影响。在“谷歌购物案”中，谷歌被指控滥用其在一般搜索市场的主导地位，在搜索页面上优先展示自己的比价服务并降低竞争对手的排名，以此获取不当的竞争优势。㉑ 但美国联邦贸易委员会通过分析消费者点击谷歌显示的专有内容的数据，发现消费者可以从谷歌搜索算法的调整中获益。谷歌通过提高内容原创性权重来创新和改进算法，同时通过向用户快速提供直接相关的信息来最小化用户的搜索成本，提高了搜索效率。

三、自我优待定性模糊背景下的规制模式

当前，反垄断法关于超级平台自我优待行为的规定不够清晰，加之数字经济的快速变化和动态发展，法律和监管机构难以制定统一的标准。各经济体根据各自的数字经济结构、数字产业政策、执法理念和对平台创新的态度，采用了不同的自我优待规制模式。㉒ 严格模式认为自我优待是具有显著反竞争效益的垄断行为，应加强监管；宽松模式则主张对自我优待的规制应该更加审慎，缩小打击范围。这两种监管模式可能走向两个极端——过度执法和执法不足，都将给消费者福利和创新效益带来巨大损害。

（一）严格模式：以欧盟为代表

欧盟各国的数字经济产业结构比较分散，市场份额平衡，缺乏本土的全球性超级平台，主要依赖于美国的超级平台。在全球最有价值的上市互联网

---

⑲ John M. Newman, Antitrust in Digital Markets, 72 Vanderbilt Law Review 1497, p. 1561 (2019).

⑳ 侯利阳、贺斯迈：《互联互通视角下的平台挑战与制度因应》，载《东北师大学报（哲学社会科学版）》2022 年第 6 期。

㉑ Case T – 612/17 – Google and Alphabet v. Commission (Google Shopping), 2021, paras 162 – 163, 237 – 271.

㉒ 陈永伟：《五部法案上线，GAFA 好日子到头了吗》，载《经济观察报》2020 年 6 月 21 日。

公司榜单中，前20大互联网公司中美国有10家，中国有7家，却没有1家欧洲企业，欧洲数字市场主要被谷歌、亚马逊、脸书等美国企业占据。㉓ 针对这一市场结构，欧盟选择给予本土中小企业数字经济转型和创新大量扶持，如西班牙的“数字工具包计划”，提供30亿欧元推进中小企业和个体工商户数字转型。㉔ 在此背景下，欧洲采用限制性、预防性的反垄断执法理念，更加注重平衡各方利益，强调平台竞争的公正性以及对消费者权益保护。欧盟委员会竞争总司呼吁对主导平台的行为进行事前监管干预。该执法理念也影响了超级平台自我优待的规制模式，欧盟委员会在2018年对谷歌处以43亿欧元的巨额罚款，就是因为其利用安卓系统在移动操纵系统市场中的垄断地位，对谷歌搜索进行自我优待。㉕

自我优待损害理论在欧洲数字市场竞争执法中发挥了关键作用。欧盟《数字市场法》（DMA）禁止被指定为“守门人”的大型数字平台在排名、抓取和索引时，给予自己的产品和服务比对手更有利的待遇。㉖ 具体到各国层面，德国在《反对限制竞争法（第十修正案）》中，禁止对跨市场竞争具有重要意义的公司对自营服务进行自我优待或通过处理与竞争相关的数据，以阻止第三方公司进入市场。㉗ 同样，在英国数字市场竞争新规则中，数字市场部门（DMU）有权将数字市场中占有较大市场份额的企业指定为具有“战略市场地位”。随后，这些企业需遵循DMU指定的行为准则，DMU在必要时还有权实施如功能分离等补救措施，以消除自我优待的负面竞争影响。㉘

㉓ 公司市值排名，载全球上市公司市值排行网站：https：//companiesmarketcap.com/internet/largest－internet－companies－by－market－cap/，2023年9月8日访问。

㉔ 陈晓航、张慧中、马菲、刘刚：《多国助力中小企业加快数字化转型》，载《人民日报》2022年4月28日，第17版。

㉕ Case AT. 40099 Google Android.

㉖ European Commission，“Proposal for a Regulation of the European Parliament and of the Council on Contestable and Fair markets in the Digital Sector（Digital Markets Act）”，COM（2020）842 final，2020/0374（COD），Brussels，15 December，2020，Articles 6（5）.

㉗ 袁嘉：《数字背景下德国滥用市场力量行为反垄断规制的现代化》，载《德国研究》2021年第2期。

㉘ A new pro－competition regime for digital markets（July 2021），Presented to the UK Parliament by the Secretary of State for Digital，Culture，Media & Sport and the Secretary of State for Business，Energy and Industrial Strategy，p. 106.

上述立法实践体现出欧盟对超级平台自我优待的垄断风险担忧。根据《数字市场法》第6条，自我优待被当作单独的违法行为，平台应向第三方商家提供公平、合理和非歧视性待遇。这一法案事实上将指定的“守门人”作为公共设施进行监管，其目的是防止在位平台对其他企业和消费者施加不公平条件。然而，这一监管策略同时存在可能抑制创新的问题，即在网络效应和规模效应显著的数字经济中，严格的管控模式导致创新主要由中小企业来推动，超级平台碍于过高的合规成本和行为限制，容易出现创新疲软的后果。

（二）宽松模式：以美国为代表

美国在数字经济领域处于绝对领先地位，拥有强大的数字基础设施和深厚的技术实力。㉙ 尽管近年来美国数字经济的产业结构呈现出集中趋势，少数大型科技公司占据了市场的主导地位，但其风险投资和创新激励机制吸引着大量的投资和创业活动，为数字经济创新注入活力。正因如此，美国的自我优待监管政策更为灵活，实施以创新为导向的监管模式。2012年，谷歌因调整其搜索算法以优待自己产品而面临联邦贸易委员会的调查。在谷歌同意修正其部分商业行为的前提下，联邦贸易委员考量算法优化行为对消费者福利和竞争效果的影响后，最终认定搜索算法修改总体上有利于消费者福利。这与欧盟在Google购物案中的决策形成了鲜明对比。

近年来，大型数字平台通过各种形式的自我优待来减损消费者利益的行为日益猖獗，迫使美国重新审查以往的反垄断政策，美国立法者态度出现了从放任到管制的转变。美国众议院出台的《终止平台垄断法案》《美国创新和选择在线法案》均直指超级平台的自我优待行为，旨在通过限制少数科技巨头的模式来促进竞争和防止自我优待。《终止平台垄断法案》从结构方面入手，彻底根除主导平台进行自我优待的可能性，其要求超级平台剥离自有业务以及停止运营存在竞争关系和利益冲突的业务，例如亚马逊物流。《美国创新与选择在线法案》则是侧重于在相邻市场纵向整合的超级平台，超级平台被禁止对自营产品或服务给予比竞争对手更优惠的待遇，或使用通过平台获得、生成或收集的非公开数据与第三方竞争的行为。

㉙ 中国信息通信研究院：《全球数字经济白皮书（2022年）》，载中国信息通信研究院官网，http://www.caict.ac.cn/kxyj/qwfb/bps/202212/P020221207397428021671.pdf，2023年9月8日访问。

尽管众议院法案对超级平台提出严格规制，但并不意味着自我优待从平台经营策略中消失。美国总体上仍相信超级平台能够促进数字经济的增长、创新以及提高数字行业的竞争力。[30] 相比欧洲，其在规制对象、范围和具体监管实践等方面仍是倾向于宽松的立场。按照欧盟《数字市场法》的用户量标准，某些不具备控制某一领域市场的超级平台特征的企业，也被认定为符合"守门人"结构标准，但实际情况是市场上仍存在较多平台与其竞争。而按照美国法案规定的"涵盖平台"的标准，受该法案约束对象仅为亚马逊、苹果、谷歌等巨头，为其他大型但未达到标准的平台预留了宽松的规制空间。更为重要的是，美国司法具有极强的独立性，法院对有关科技巨头的自我优待指控依然保持高度克制态度，与欧盟动辄巨额罚款的严格监管模式存在巨大差异。[31] 此外，在法案成为正式法律文件的漫长过程中，超级平台将继续进行政治游说，其得到真正落实的前景并不乐观。

美国宽松的监管模式为数字经济提供了强大的研发投资和创新激励，催生了诸多独角兽科技企业，如苹果、谷歌和脸书等。然而，这种模式也引发行业担忧，即超级平台实施的排他性或掠夺性自我优待或将脱离规制范围之外，从而打击中小企业的创新活力、扭曲市场竞争环境及损害消费者利益，形成监管无力的局面。

四、超级平台自我优待行为的规制逻辑

相较于纵向合并、数据保护等领域常见的欧盟和美国的管制与放任模式之别，虽然各国反垄断法构造、数字经济基础、执法适用依据不尽相同，但都在全面禁止超级平台的自我优待行为方面达成共识。[32] 该规制路径选择明确了超级平台的自我优待行为具有显著反竞争效果，反映出超级平台因其特殊市场地位理应承担更多法律义务和行为限制的规制逻辑。然而，此类做法未考虑到数字经济的动态竞争特征，忽视了超级平台自我优待的整合创新潜能以及增进消费者福利的积极效应，可能导致过度干预，从而出现大量假阳

---

[30] Robert Atkinson and Michael Lind, Big is Beautiful: Debunking the Myth of Small Business, The MIT Press, p. 84 - 100 (2018).

[31] 侯利阳：《〈反垄断法〉语境中自我优待的分类规制方案》，载《社会科学辑刊》2023 年第 3 期。

[32] 孙晋：《数字平台的反垄断监管》，载《中国社会科学》2021 年第 5 期。

性错误，易使平台经营者失去获取竞争优势的积极性。㉝ 面对平台经济的不确定性，本文从自我优待的行为效应与消费者福利两个层面，解释自我优待的规制逻辑，为反垄断法适应超级平台自我优待规制铺平道路。

(一) 超级平台自我优待的效应解析

从上述欧美不同模式的规制实践可以看出，尽管标准存在差异，但均把超级平台作为自我优待监管的主要对象。反对这种做法的芝加哥学派认为反垄断关注的重心应该集中在垄断企业行为带来的经济效率上，不谴责垄断企业本身，而只谴责通过反竞争手段获得或维持的垄断权力。㉞ 换言之，超级平台即使拥有了高份额和市场支配地位，只要它没有滥用这种地位实施非法自我优待，那么就不应该受到反垄断干预。而新布兰代斯学派则认为，当前的反垄断框架主要依赖于短期价格和产量效应来衡量竞争状况，不足以识别出平台经济中主导企业对竞争的潜在危害，应更多关注市场结构和竞争过程。㉟ 具言之，即使没有伴随提高价格或减少产出或创新的反竞争效果，为了防止破坏市场结构的危害的发生，反垄断执法机构也应该谴责超级平台的自我优待行为。㊱

通过剖析超级平台自我优待的内在机理和不同规制模式，不难发现其中既包含排除竞争和打击创新的反竞争效应，同时也存在提高消费者福利和推动创新积极效应。在网络外部性和规模效应的综合影响下，超级平台与数字经济形成了紧密联结，天然倾向于维护自身优势地位，经常性通过控制关键渠道，对自营业务进行特别优待，以维持其市场力量。这种行为剥夺了消费者和平台内经营者选择最符合其需求的产品和服务的自由，从而对下游市场竞争和创新产生了排他性、限制性影响。以保护包括竞争、创新以及消费者福利为目标的反垄断法，由此具备了规制超级平台自我优待行为的正当性和合理性。但由于互联网的聚合效应和数据范围效应，超级平台具备更强的研

㉝ Bo Vesterdorf, Theories of Self – Preferencing and Duty to Deal – Two Sides of the Same Coin, 1 (1) Competition Law & Policy Debate, p. 2 (2015).

㉞ Michael S. Jacobs, An Essay on the Normative Foundations of Antitrust Economics, 74North Carolina Law Review, p. 228 – 232 (1995).

㉟ Lina M. Khan, Amazon's Antitrust Paradox, 126 Yale Law Journal, p. 716 – 717 (2017).

㊱ Tim Wu, The "Protection of the Competitive Process" Standard, Columbia Public Law Research Paper, p. 612 (2018).

发能力、创新潜力和市场抗压能力，其自我优待可能产生激励创新与改善消费者福利的积极影响。

超级平台自我优待行为带来的促进创新效应，与数字经济的动态竞争特征密切关联。数字经济背景下的市场竞争不是条件既定或模式固定的完全静态竞争，而是以创新驱动的动态竞争，是一种“创造性破坏”过程。垄断公司必须通过持续创新来维持市场力量，抵御来自现有和潜在创新者压力。[37] 在这样的竞争环境下，为了巩固在目标市场的强大影响力，超级平台需要不断创造新的方式，重塑消费者的购买习惯、物流方式、小企业的销售模式及市场业态。[38] 超级平台为维持市场力量，利用数据、资源和研发能力，通过自我优待的方式进行创新已经不可避免。

基于数字经济的动态竞争特征，笔者认为，超级平台自我优待行为需要反垄断规制，但现有规制理论往往忽视了数字经济中自我优待行为带来的积极效应，进而面临监管过度的风险。在现有实践中，主要借助杠杆理论来规范超级平台的自我优待行为。例如，谷歌控制搜索排名优待其比价服务网站，便被欧盟委员会认定为构成传导垄断力量的杠杆行为。[39] 该理论是从市场力量角度对超级平台自我优待行为进行诠释，但在跨界竞争盛行的数字经济中，杠杆理论的唯结构主义、唯规模主义遭到了严峻挑战。因为杠杆所对应的垄断力的实现，是其表现而不是对垄断力的自然加强。[40] 如果不能证明自我优待行为将带来新的垄断力量，很难直接得出平台经营自营业务便会在下游市场同样获得垄断地位的结论。上述理论还对竞争环境产生错误认识，忽略了平台层面的竞争，超级平台不仅同下游市场商家进行竞争，还需要与其他主导平台竞争。当然，通过超级平台来激励创新并不意味着允许超级平台毫无顾忌地破坏竞争，而是主张通过合理、长期、动态的原则来权衡创新利益和短期损失。

㊲ Schumpeter, Capitalism, Socialism and Democracy, London: George Allen & Unwin, 1942, p. 83.

㊳ 孔祥俊：《论互联网平台反垄断的宏观定位》，载《比较法研究》2021 年第 2 期。

㊴ Case T－612/17－Google and Alphabet v. Commission (Google Shopping), 2021, paras 162－163, 237－271.

㊵ 邓峰：《传导、杠杆与中国反垄断法的定位》，载《中国法学》2011 年第 1 期。

（二）作为消费者福利的创新效果

超级平台自我优待反垄断规制的前提，是需要明确什么样的自我优待行为属于滥用市场支配地位。在自我优待这一概念下，不同的行为方式存在差异。如搭售是滥用市场支配地位的主要表现，可以通过现有框架加以规制。而较为隐秘的使用第三方数据、改变搜索排名等行为，因其不涉及交易行为，在现有法律框架内，这种行为并没有被准确定义和明确禁止。保护消费者福利目标则为分析特定自我优待行为是否构成滥用市场支配地位提供了切实有效的路径，以是否严重损害消费者利益来判断自我优待行为的反竞争效应。

创新效应属于反垄断执法的范围，以创新效果为标准，能够相对直观地衡量自我优待对消费者福利的影响。消费者福利既包括价格因素，也包含着产量、隐私和创新等非价格因素。正如吴修铭（Tim Wu）所言，如果最大化提高消费者福利是反垄断法重点，那么保护和促进创新便应该成为反垄断执法的一个重要甚至于最重要的目标。[41] 具体到消费者福利和超级平台自我优待的关系，超级平台凭借市场力量大量实施自我优待行为，可能产生扼杀创新、限缩消费者选择以及扭曲市场生态等负面效应。但同时，超级平台凭借规模优势实施的自我优待行为能够带来更多的创新和更好的消费者体验。以搜索引擎市场为例，定期更新算法以向用户提供更好的结果是其维持竞争力的商业模式，如果禁止平台调整算法以优化搜索结果排序，将意味着平台永远无法创新和改进服务，只能一直显示同一组结果以响应相同的查询。[42] 这不符合鼓励企业创新以满足用户需求和保护消费者最大利益的反垄断法目标。

消费者福利的提高很大程度上取决于消费者效用的增加，而效用的增加又借助于创新对消费者偏好的影响。[43] 超级平台的显著网络效应（即更多用户使用该平台而增加的效益）可以通过自我优待扩大平台市场范围，为第

---

[41] Tim Wu, Taking Innovation Seriously: Antitrust Enforcement if Innovation Mattered Most, 78 Antitrust L. J, p. 313 (2012).

[42] Akman Pinar, The Theory of Abuse in Google Search: A Positive and Normative Assessment Under EU Competition Law, Journal of Law, Technology and Policy 301, p. 304 (2017).

[43] 袁嘉、梁博文：《有效创新竞争理论与数字经济时代反垄断法修订》，载《竞争政策研究》2020 年第 3 期。

三方商家创新提供更广阔的发展空间和应用场景。以谷歌的安卓生态系统为例，消费者偏好已经装有大量成熟、实用应用程序的操纵系统，如预安装谷歌地图、谷歌搜索等软件的安卓系统，消费者的喜好将增加安卓系统设备的销量，随之增长的用户规模将激发谷歌商店中其他应用程序开发商的创新热情，不断推出新的应用软件满足消费者的需求。反之，全面禁止广泛定义的自我优待的规制模式缺乏灵活性，可能阻碍产品、技术和经营方式创新，损害消费者选择自由和多样性，而消费者选择自由是消费者福利的重要构成。[44]

消费者福利标准基于创新效果的方法，取代了基于价格和结构的方法。在 FTC 诉高通一案中，法院判决明确指出，新的商业行为，尤其是在以重大技术进步为特征的数字市场中，不应该在没有详细调查相关市场造成竞争损害的前提下而认定其为垄断行为。[45] 这反映了对创新进程的充分尊重，选择考量行为的创新、效率及对竞争影响等效果因素，而不是仅以企业规模或市场份额等形式要素判断行为违法。

五、超级平台自我优待的规制路径

针对数字市场存在的自我优待问题，欧盟和美国秉持的结构型规制思路有待商榷。在动态竞争和快速变动的数字经济领域，贸然禁止超级平台一切自我优待行为的做法，既不能及时捕捉自我优待对技术创新和消费者福利的影响，也无法完整反映每个自我优待案件的具体事实。基于此，反垄断执法机构不可全面禁止或盲目支持平台自我优待行为，而应在竞争和创新之间取得平衡，以保障消费者福利和平台创新潜力。

（一）规制架构的确立：基于创新效应的分类规制模式

为了自我优待规制更加清晰，反垄断法应当对自我优待行为进行类型化。目前的反垄断框架下，市场监管总局罗列的禁止平台实施的自我优待行为类型与已有的滥用支配地位行为存在相似性[46]，无法明确区分合理的自我

---

[44] 焦海涛：《反垄断法上的竞争损害与消费者利益标准》，载《南大法学》2022年第2期。

[45] Federal Trade Commission v. Qualcomm Inc. , 969 F. 3d 974 (9th Cir. 2020).

[46] 国家市场监督管理总局网络交易监督管理司：《互联网平台“自我优待”主要表现》，载国家市场监督管理总局网站，https://www.samr.gov.cn/wljys/ptjjyj/202207/t20220718_348712.html，2023年9月8日访问。

优待行为和滥用型自我优待行为，许多平台增强自身竞争力的行为都被视为自我优待并受到监管，平台避免法律审查的唯一明确途径是停止自营业务，严重阻碍了平台创新和良性竞争。《禁止滥用市场支配地位行为规定》（以下简称《规定》）最终未对《禁止滥用市场支配地位行为规定（征求意见稿)》中的自我优待条款予以保留，可能是考量到现有自我优待行为的不确定性和模糊性，决定暂不予以专条规制。但这只是现阶段的暂时举措，为了更好维护平台竞争环境和创新机制，反垄断立法应该对自我优待进行概念界定和行为分类，借鉴科尔莫教授分类规制思路，建议区分混合的自我优待与独立的自我优待、创新性的自我优待与具有排他性行为。[47]

首先，应当将能够运用现有反垄断手段进行规制的自我优待行为排除于外。自我优待行为具有复杂多样的表现形式，有些行为存在与搭售、差别待遇等传统滥用行为混合的情况。比如，谷歌在安卓系统中内置谷歌钱包，可根据搭售的规制理论对其分析。对于现有规制框架能够解决的自我优待危害情况，如果任意进行超越，既不能有效解决问题，还可能造成法律适用混乱、公权力随意干预等损害。因此，应当注重已有规制框架的有效性，避免超越规制框架，以维护市场秩序。

其次，若在平台实施专门阻碍第三方商家竞争和创新的不公平自我优待行为，反垄断法应采取本身违法原则予以规制，以恢复良好的竞争和创新环境。[48] 浙江省《互联网平台企业竞争合规管理规范》列举的平台优先展示自身产品或弱化显示竞争对手产品、对竞争对手产品搜索降级，便具有明显的反竞争效应。[49] 这类行为通常会扼杀创新、破坏市场竞争格局，从而剥夺消费者获得更好选择或更优惠价格的权利。对于此类自我优待行为应及时采取禁止歧视性优待行为、强制互操作性等救济措施，以恢复平台产品之间的良性和有效价格竞争。需要强调的是，由于本身违法原则在平台经济动态竞争背景下的过度杀伤力，本身违法原则应严格限制适用在具有明显反竞争效果的行为类型，不能任意扩大适用范围。

---

[47] Pablo Ibáñez Colomo, Self – Preferencing: Yet Another Epithet in Need of Limiting Principles, 43 World Competition, p. 417 – 446 (2020).

[48] 周围:《规制平台封禁行为的反垄断法分析》，载《法学》2022 年第 7 期。

[49] 《互联网平台企业竞争合规管理规范》，载浙江省市场监督管理局网站：http: //zjamr. zj. gov. cn/art/2022/7/8/art_ 1229047334_ 59023165. html，2023 年 9 月 8 日访问。

最后，平台创新需要尝试各种类型的竞争策略，自我优待作为单纯的商业手段不具有反竞争性，对于具有创新可能的自我优待行为，反垄断法应适用合理原则，而不是强制干预。[50] 在没有要求搭售或捆绑销售的情况下，平台在自身和下游市场上自我优待的行为构成了合法的营销手段，它促进了新产品的采用，从而激励产品创新。同时，它还扩大了消费者的选择，并对其他供应商产生竞争压力以提高质量或降低价格。

（二）规制的适用原则：应用于数字市场的结构型合理原则

上述分析表明，在创新驱动、变动频繁的数字市场背景下，平台经济的动态性和不确定性增加了自我优待问题的处理难度，单一笼统地禁止自我优待可能掩盖个案背后的具体情况，进而误导反垄断执法。因此，合理原则应成为反垄断执法机构规制超级平台自我优待的主要分析模式，通过分析特定自我优待行为所产生的反竞争效果以及可能产生的创新效应和消费者福利，针对性地设计规制措施。[51]

当然，传统的全面分析合理原则也受到缺乏法律确定性及执法成本过高等批评，而结构型合理原则提供了明确的规制路径。[52] 结构型合理原则是指对于某种特定类型的行为，通过将案件分析拆分为确定是否符合不同要素等多个步骤，以此来评估特定行为是否合法的分析框架。[53] 在高速变动的数字市场，超级平台的自我优待行为具有极强的模糊性和不确定性，需要更加适应技术创新和跨界竞争的规制要素，以适应数字市场动态特征和执法挑战，具体包括以下三个要素。

1. 市场均衡

在数字市场中，由于数字经济的动态竞争、免费模式和多边市场等特征，主导平台的市场份额变动频繁，且不同市场具有复杂性和独特性，以市场份额或市场集中度确定平台的市场支配地位并不是合理选择。相比之下，

---

[50] Bo Vesterdorf, Theories of Self – Preferencing and Duty to Dea – Two Sides of the Same Coin, 1 (1) Competition Law&Policy Debate, p. 4 (2015).

[51] 丁茂中：《自我优待的反垄断规制问题》，载《法学论坛》2022 年第 4 期。

[52] 李剑：《制度成本与规范化的反垄断法 当然违法原则的回归》，载《中外法学》2019 年第 4 期。

[53] 兰磊：《重估合理原则的制度成本》，载《经贸法律评论》2020 年第 3 期；兰磊：《最低转售价格维持的结构型合理原则分析》，载《竞争法律与政策评论》第 2019 年第 1 期。

市场均衡可以更好地解决数字经济中的市场结构判断问题，市场均衡原指市场上产品或服务的供应与需求达到平衡状态，而在数字经济反垄断背景下，指不具有重大创新潜力和变革可能的市场，此类市场通常具备高网络效应、高转换成本及高市场进入壁垒等特征。[54] 比较典型的外卖平台，外卖平台经过多轮技术创新和商业模式变革后，已经形成了成熟稳定的市场结构，创新潜力有限，用户依存度高，较难有新的竞争对手入场。因此，如果处于市场均衡状态，由于缺乏潜在竞争对手和创新可能，超级平台更有动机也更容易实施反竞争的自我优待。在不稳定的市场中，市场结构一直处于变动状态且用户切换成本很低，主导平台随时面临着初创企业或其他领域平台的创新威胁，如果一个平台滥用自我优待行为打击其他商户，用户可以在付出较小转移成本的情况下使用其他平台，其他平台可以推出更加公平的运营规则抢夺市场份额，以此对抗平台的肆意妄为。

2. 歧视能力

如果确定自我优待行为是在市场均衡的背景下实施，接下来第二步应调查超级平台在相邻市场不公平对待平台内其他商家业务的能力，因为自我优待本质上区别对待自营和他营。歧视能力是指超级平台对平台内第三方商家实施不公平待遇，而不用担心第三方商家或用户转换平台的能力。在传统静态的反垄断规制实践中，企业的市场力量通常以企业规模的形式来评估。而在数据和创新双核驱动的平台经济领域，平台的歧视力量不同于规模大小，企业规模并不能完整反映平台的实际歧视能力，平台可能在不具有巨大市场份额的前提下，仅凭借其持有对创新过程至关重要的基础设施或者核心用户数据，便可将竞争对手完全排除在外。[55] 相反，在一个关键技术缺失的市场中，即使超级平台市场份额再大，其所拥有的歧视权力也很低。以在线视频领域为例，爱奇艺是中国互联网用户规模、黏性与活跃度最强的视频类平台。[56] 但由于缺乏关键性技术，其不仅面临着腾讯视频、芒果 TV 等长视频平台的竞争，还需要面对快手、抖音等短视频软件的冲击，市场主导地位很

---

[54] Thibault Schrepel, A New Structured Rule of Reason Approach for High - Tech Markets, Suffolk University Law Review, p. 125 (2017).

[55] 王帅：《作为必需设施的超级平台及其反垄断准入治理》，载《北方法学》2021年第5期。

[56] 《在线视频十大品牌》，载品牌网：https://www.chinapp.com/paihang/zaixian-shipin，2023年9月8日访问。

容易被取代。

3. 创新效益

如果自我优待行为是由在均衡市场具有强大歧视权力的平台所实施，第三步便是审查该自我优待的创新效益，即评估自我优待行为的创新效果。[57]具言之，如果平台通过操纵经营数据或竞价排名的方式优待自营产品，严重限制平台内第三方商家对该领域商品的开发和相关产业创新，进而减损消费者福利，这将被认定为反竞争性自我优待行为。[58] 而当主导平台出于提高消费者福利、促进经济效率或增强用户体验的目的创新产品、服务或者商业模式，不可避免地需要启用平台资源或限制第三方商家的行为时，执法机构应综合分析行为的创新收益是否超过可能对竞争造成的损害，然后根据具体情况采取相应规制措施，以实现规制行为的相称性和合理性。[59] 换言之，监管机构不应简单依据竞争损害来判断自我优待是否构成滥用市场支配地位，而是需要通过创新抗辩制度予以平衡协调。[60]《规定》第 22 条在认定滥用市场支配地位的正当理由抗辩时也考量到平台经济领域动态创新的重要性，规定应当考虑有关行为对经营者业务发展、未来投资、创新方面的影响。

（三）规制架构的补充：自我优待的信息披露机制

考虑到类型化的反垄断规制模式，在规制平台自我优待时可能存在涵盖不全面、执法时机滞后、福利效应难以量化等不足，因此，需要建立一个单独的、公开透明的信息披露机制，以确保市场摆脱超级平台的肆意操纵。[61]

1. 业务公开

在数字经济中，超级平台拥有庞大的用户群体和海量的数据集，具有强大的市场影响力和竞争优势，易滋生不透明、不公平和缺乏竞争性等问题。

---

[57] 杨建辉：《数字经济动态性特征对现行反垄断规则的挑战》，载《竞争政策研究》2018 年第 5 期。

[58] 李剑：《产品整合与反垄断法规制：创新规则的补充》，载《上海财经大学学报》2007 年第 6 期。

[59] 孟雁北：《数字经济时代反垄断法“反什么”》，载《探索与争鸣》2022 年第 7 期。

[60] Pankratzr, Duty to disclose: Amazon's e－commerce platform, Kansas Journal of Law&Public Policy, p. 162－183 (2020).

[61] 刘权：《数字经济视域下包容审慎监管的法治逻辑》，载《法学研究》2022 年第 4 期。

因此，平台必须坚守公平竞争原则，制定自营业务披露准则，以创造公平、透明和可预测的商业环境，为第三方商家提供公平的竞争机会。平台可以通过公开披露自营和关联业务的具体情况，帮助消费者和商家更好地了解平台的商业运作方式和竞争环境。同时，自营业务公开还有助于消除潜在的反竞争行为和消费者欺诈，保障消费者选择权，同时为第三方商家提供更广泛的商业机会和创新发展空间。

2. 算法公开

平台算法的透明度和公正性对于消费者和商家十分重要，超级平台能够通过操纵算法来调整搜索结果排名或平台首页的商品展示信息，从而潜在影响消费者的购买决策及商家的销售业绩。算法公开既能够保护消费者的选择权和知情权，同时也能帮助商家更好地制定其在线市场竞争策略。欧盟新规强制要求谷歌、亚马逊、脸书等科技公司披露其搜索和销售平台上的产品排名规则和用户条款。当然，算法公开也需要考虑到平台的商业保密和技术创新需求，披露条例需要保护平台的核心算法，以防止算法泄露可能导致的算法模仿或抄袭事件。

3. 数据公开

数字经济时代最重要的资源便是数据，超级平台在日常经营中广泛采集用户的浏览历史、购买记录以及商家的销售信息等重要经营数据。[62] 这些数据可能被平台用来实施辅助自营业务经营、提升产品或服务质量等不公平的自我优待行为。因此，超级平台应采取公开的方式来收集、使用和共享数据，使消费者能够了解数据的使用情况，增加平台的透明度。同时，数据公开还有助于为第三方商家公平配置数据资源，提升其竞争能力和个性化服务水平。[63] 美国的《过滤气泡透明度法案》便规定像 Meta 这样的平台公司应该提供“输入透明”算法的运行版本，该算法不会利用用户数据产生推荐结果。该法案同时要求继续使用推荐算法的平台向用户发送通知，告知用户推荐是基于其个人数据产生的算法演化结果。

六、结语

2023 年政府工作报告强调，促进平台经济健康持续发展，发挥其带动

---

[62] 张占江：《个人信息保护的反垄断法视角》，载《中外法学》2022 年第 3 期。

[63] 陈兵、林思宇：《数字经济领域数据要素优化配置的法治进路》，载《上海财经大学学报》2022 年第 3 期。

就业创业、拓展消费市场、创新生产模式等作用[64]，揭示了创新因素在规制平台经济发展中的重要地位。如何平衡行为的竞争影响和创新效应，进而有效规制超级平台的自我优待行为成为反垄断法亟须解决的问题。由于自我优待是多种行为汇集成的笼统概念，加之平台经济的规模效应、网络效应及动态竞争特性，使其看似既有推动创新发展的潜力，又存在排除竞争可能，具有动态性和模糊性，从而导致不同的执法模式和分析理论难以统一适用。此外，不同于美国科技巨头主导和欧洲分散的企业结构，我国数字经济生态中各种类型的平台均扮演着重要角色。因此，我国自我优待反垄断规制需更加务实的态度，建议从鼓励创新的角度切入，系统归纳自我优待行为类型，并借由动态竞争这一数字经济核心特征，锁定于自我优待中的市场结构、歧视权力及创新性问题，构建结构型合理原则，辅以信息披露机制，来完成对现有规制模糊性问题的破解，避免过度或不执行的风险，以包容审慎的监管方式保障有效竞争与鼓励创新，从而维护数字经济活力和消费者福利。

（校对：周媛）

[64] 《李克强总理作政府工作报告》，载中国政府网：http：//www.gov.cn/premier/2023-03/05/content_5744736.htm，2023年9月8日访问。

学术专论

论评价性要件证明体系的构建

赵佳诺*

摘　要：按照“规范说”的证明责任分配结果，民事实体法中一些显示价值较低、依靠其他间接事实佐证的评价性要件均受证明责任调控，应当由主张权利发生、变更、消灭与受制的一方负担证明责任。既有的研究已证成了“规范说”的正统地位，并指明了评价性要件并不会引起证明责任的转换。但学界对评价性要件的证明探讨并不多，仅依赖证明责任分配不但会“调控不足”，还易忽略评价性要件难以确定诉讼资料的独特属性。围绕评价性要件的证明难题，宜建立起以抽象证明责任调控与具体举证责任补充调控的双层机制，同时可从诚信原则的真实义务中解释出具体化责任的内涵，并将其作为处理“事证偏在一方”评价性要件的方法。

关键词：评价性要件；证明责任；具体举证责任；经验法则

一、问题的提出

证明责任的含义以及其分配规则，一直是我国乃至大陆法系国家法学界研究的重难点问题。其中，争论最大的当属民法“善意取得”要件中的“善意”“不当得利”要件中的“无法律上的原因”的证明责任分配问题，这一问题曾引发了我国实体法和程序法学者们的广泛争论。分歧的原因在于证明责任分配解释论上的差异。就善意取得要件而言，部分学者认为如果由受让人负担“善意”的证明责任，就会与保护交易安全的私法目的相悖。因而借助目的解释将“善意”要件的证明责任倒置给所有权

* **作者简介**：赵佳诺，华东政法大学法律学院硕士研究生。

人负担。[①] 而持相反观点的学者则恪守文义解释，将《民法典》第311条解释为“所有权人主张无权占有人返还（原则）——除非善意受让人主张自己为善意（例外）”，从而肯定受让人负担“善意”的证明责任。[②] 以上分歧在不当得利中同样存在，主张“无法律上的原因”应当由得利一方负担的观点，将这一要件理解为“消极事实”或“否定的事实”，其由权利主张一方证明实属不易。[③] 还有观点认为谁引发财产变动就应负担“无法律上的原因”的证明。[④] 事实上，上述修正“规范说”的观点一定程度上背离了法规范的文义。然而，随着学界对证明责任本质的重述，以及对反对观点的有力回击[⑤]，逐渐形成了以下共识：第一，证明责任分配属于实体法问题，不存在诉讼法上的“倒置”或“转换”。[⑥] 第二，“规范说”背后隐藏着一定时期内的立法价值，一旦确定，就只有法律适用的问题。[⑦] 第三，法官不

---

① 徐涤宇：《民事证明责任分配之解释基准》，载《法学研究》2016年第2期。

② 郑金玉：《论民事证明责任的文义解释原则》，载《法学评论》2022年第6期。

③ 杨剑、窦玉梅：《论消极要件事实的证明——以法律要件分类说为基础》，载《法律适用》2007年第7期。这一类观点认为，消极事实的证据资料一般不被权利主张一方积极占有，会产生举证不公平。但事实并非如此，即使不当得利“非统一说”中的“权益侵害性不当得利”，权利主张一方也能提出侵害的事证资料。

④ 如我国台湾地区判决观点，台上字第1219号判决：主张不当得利请求权之原告因自己行为致原由其掌控之财产发生主体变动，则本于无法律上之原因而生财产变动消极事实举证困难之危险当归诸原告。台上字第899号判决：由于受益人之受益系其侵害事实而来，受损人自不必再就不当得利无法律上之原因负举证责任，如受益人主张其有受益之法律上之原因，即应由其就此有利之事实负举证责任。我国大陆地区类似的观点见陈纬君：《类型化基础法律关系视角下不当得利“没有法律根据”要件之证明责任分配》，载《河北法学》2019年第7期。

⑤ “有力的回击与重述”认为，法律规范的文义解释是分配证明责任的起点，亦是终点。更重要的是，“规范说”之所以具有如此强大的生命力，是因为其提供了分配的结论，使得法律具有安定性。而这是批评者无法撼动的绝对理由。胡学军：《证明责任“规范说”理论重述》，载《法学家》2017年第1期；任重：《罗森贝克证明责任论的再认识》，载《法律适用》2017年第15期。

⑥ 胡学军：《证明责任制度本质重述》，载《法学研究》2020年第5期。

⑦ ［德］汉斯·普维庭：《现代证明责任问题》，吴越译，法律出版社2006年版，第379页。

能根据个案情形自由分配证明责任。⑧ 因此，上述“善意”“无法律上原因”等要件符合实体法规范的形式逻辑，也包含着立法者一定时期内的旨趣，超出文义范畴续造并转换证明责任是不适宜的。

但是，既有观点在博弈当中，主要关注的是这一类要件在证明责任分配上的问题，少有论者探讨评价性要件本身应当如何化解。⑨ 事实上，后者才是症结所在。得出严守“规范说”的分配结果并不能直接回应评价性要件应如何质证、认证，最终无法抑制实务裁判“倒置”证明责任的天然冲动。可见，正是由于评价性要件立证上的复杂性，以及其难以确定诉讼资料的独特属性，才使得这一要件成为不同观点博弈的“筹码”。在学界已基本形成适用“规范说”的当下，应将评价性要件放置于主张、抗辩或否认这一具体举证的层面上进行考量，这样才能增强法律适用的正确性，也能从反面证立“规范说”的正统地位。综上，笔者尝试从具体举证责任与具体化义务的角度，构建起弥补证明责任分配不足的阶层理论，以期化解评价性要件的具体举证难题。

二、评价与事实的形成与分离

要件事实理论的提出，旨在以具体、明确的纠纷事实作为民事举证、质证、认证的对象。这一理论衔接了民事实体和程序，成为法官裁判之标尺。但随着实体法中评价性要件的增多，逐渐形成了与事实性要件截然不同的裁判逻辑。因此，有必要揭示评价性要件的形成内因，并对其异于事实性要件的特性进行分析。

---

⑧ 《最高人民法院关于民事诉讼证据的若干规定》（法释〔2001〕33 号，以下简称 2001 年《证据规定》）第 7 条规定法官可以根据诚实信用原则自由分配证明责任。该条已于 2019 年修订（法释〔2019〕19 号，以下简称 2019 年《证据规定》）时删除。对于我国将证明责任配置裁量权授予法官的批判见霍海红：《证明责任配置裁量权之反思》，载《法学研究》2010 年第 1 期。

⑨ 论证评价性要件的具体证明问题的学者较少，较早引入评价性要件的学者为段文波与许可，二者在博士论文中对日本要件事实进行了引入与介绍，论述了评价性要件的概念以及比较法上的具体举证难题。段文波：《规范出发型民事判决构造论》，法律出版社 2012 年版，第 86 页；许可：《民事审判方法》，法律出版社 2009 年版，第 35 页。之后有学者在“善意取得”与“不当得利”专论中亦有所涉及。邬砚：《不当得利“没有合法根据”证明责任的分配》，载《国家检察官学院学报》2015 年第 2 期；袁琳：《不当得利“没有法律根据”要件的证明》，载《国家检察官学学院报》2020 年第 3 期。

（一）评价性要件的形成

抽象的法律与具象的事实并非天然契合，它们之间横亘着一条鸿沟。⑩无论是注重“静态价值研究”的民法还是关注“动态事实判断研究”的诉讼法⑪，具象的生活事实都未能成为法学家重点研究的对象。其原因在于生活事实外延宽泛，将丰富而具体的生活事实作为裁判基准难度极大。滥觞于德国刑法学界，“构成要件”（Tatbestand）一词进入了德日学者的研究视野。随着部门法学科的融通，构成要件打破了部门法学的“壁垒”，为民事法学研究注入了强大的动力。民法学者开始聚焦于引起权利得丧变更的生活事实，并对事实进行抽象化提纯。程序法学者也极力推崇要件事实的审理方式，按照实体法构成要件将审理的对象划定为主要事实、间接事实与辅助事实。此即保持了法秩序的统一。在实体规范中，绝大多数引发权利得丧变更的要件均是事实性的，其通常以某一特定的生活事实为原型，在诉讼中可以直接进行举证。如“已交付”或“办理登记”。法官只需依社会一般大众观念裁判，即可获得这一要件所涵摄的要件事实，原被告亦能形成对方攻击防御事实的合理期待。如已办理过户登记的要件事实应当是对方主张/抗辩不动产登记簿是否完成过户登记的文书资料。一旦判决得出与内容相悖的结论，当事人就会以法律适用错误而上诉。然而，要完成生活事实到抽象规范的提纯绝非易事。不同生活事实具有不同的显示价值。换言之，社会成员并不能对所有的生活纠纷形成相同或类似的主观印象。⑫ 评价性要件的引入，正是整合了显示价值较低的生活事实。所谓评价性，指的是法律适用方法，从生活事实（小前提）该当构成要件（大前提）的过程，因其评价的结论具有不确定性而可能涵摄出多种生活事实。这一现象与立法技术相关，立法者并非有意制造“不确定概念”，相反则是借助“不确定概念”来扩大规范的生命力与适用范围。⑬

（二）评价与事实在证据调查中的分离

评价与事实截然不同，事实可以寻找到客观世界的具体参照，而评价则

---

⑩ 黄泽敏：《案件事实的归属论证》，载《法学研究》2017 年第 5 期。

⑪ 许可：《民事审判方法》，法律出版社 2009 年版，第 35 页。

⑫ ［日］伊藤滋夫：《要件事实的基础：民事司法裁判结构》，许可、［日］小林正弘译，法律出版社 2022 年版，第 291 页。

⑬ 张明楷：《规范的构成要件要素》，载《法学研究》2007 年第 6 期。

是对某一事实的主观判定。因此，二者在证据调查中天然就具有不同的品性。具言之，在通常证据调查中，我们并不会质疑“构成要件（实体法）—主要事实（本案的争议焦点）—要件事实（程序法）”这一命题，这是因为显示价值较高的“事实性要件”易于确定诉讼资料。而本文探讨的“评价性要件”则不会给人一种“事实”印象，而需要当事人尽可能多地解明评价性要件，提出支撑（或妨碍）要件成立（或消灭）的根据事实，来让法官评判取舍。基于上述逻辑，笔者认为评价性要件至少在以下两点与事实性要件发生了分离，并因此挑战了传统证据调查的基本理论。

第一，评价性要件在举证范围上不受限制。与事实性要件不同，法律无法预先设想“特定类型化事实的经过”而使其外延相对明确。⑭ 从程序利用者角度而言，当事人很难完全举证。易言之，评价性要件难以将具体事实与抽象法律一一照应，因而诉讼主体无法明确诉讼资料与证据材料的明确提出范围。而在事实性要件中，当事人总是以“该当法律要件”作为举证完成的基准。若未能满足，就会受到“主张不足”裁判而败诉。若超出法律要件射程范围，则会出现“过剩主张”受到法官的诉讼指挥。⑮ 在评价性要件场合，“过剩主张”这一概念则不复存在。如在“受让人善意”这一评价性要件的证明中，原告一方举证支撑被告存在非善意的生活事实越多，往往越有利于法官形成有利于其的心证。⑯ 可见，评价性要件对具体意义上的主张责任有着更为急迫的需求。当事人无论提供多少根据事实都是合乎逻辑的。

第二，评价性要件的证明高度依赖对方当事人的真实完整陈述。现行法一般通过“拟制自认”要求对方负担最低限度的争辩。有学者指出，涉及自己的行为或者个人感知范围内的事实，无论在比较法还是中国法上，都要求争辩人积极的说明，否则就成立拟制自认。⑰ 笔者认为，2019 年《证据

---

⑭ 段文波：《规范出发型民事判决构造论》，法律出版社 2012 年版，第 86 页。

⑮ ［日］伊藤滋夫：《要件事实的基础：民事司法裁判结构》，许可、［日］小林正弘译，法律出版社 2022 年版，第 315 页。

⑯ 如在证明购房人唐某是否为善意的案件中，法官围绕当事人提出的以下事实进行认定善意，如“唐某对学校名称不能陈述清楚”“子女年纪较小”“唐某买房之日起从未实地考察房屋，未起到谨慎注意的义务”等推定其非善意的受让人（购房人）。上海市第一中级人民法院民事判决书（2016）沪 01 民终 10371 号、上海市闵行区人民法院民事判决书（2015）闵民五（民）重字第 13 号。

⑰ 周翠：《民事诉讼中具体化责任的转移：法理、条件与程度》，载《法学研究》2021 年第 5 期。

规定》中的“拟制自认”确定了不负证明责任一方消极争辩的不利后果，若对方当事人仅以不知、沉默答辩时，就会产生诉讼法上的不利益。从积极方面讲，评价性要件同样适用“请求原因—抗辩—再抗辩”的审理方式。特别是证据偏在于不负证明责任的一方时，更需要对方进行事案解明、间接反证、否认、间接否认或抗辩进行防御。因难以确定攻防的主要事实，将评价性要件认为是“主要事实”还是“间接事实”⑱，对方当事人均需要提出更多的事证，用以协助法院寻找或评价要件事实是否成立。

三、我国疑难评价性要件之整理

在沿用“请求权基础分析法”与“要件事实裁判方法”的审理中，司法实务工作者不可避免地面临“评价”与“事实”二元分离的现象。特别是在《民法典》实施过程中，需要审慎对待请求权所解构出的要件事实。通过检索发现，各地法院均有了一定的探索，并意识到评价性要件（事实）是真正区分于事实要件的新概念：评价性要件并非以某一特定的事实为原型，而是基于各种事实的一种价值判断，在具体的证明活动中，并非将其作为证明对象，而是对其所根据的基础事实进行举证。⑲ 有鉴于此，笔者总结提炼了《民法典》“物权编”“合同编”“婚姻家庭编”“侵权责任编”中最为疑难的几类评价性要件⑳，并结合当前司法裁判的审理逻辑进行了如下

⑱ 在日本理论界，存在着对评价性要件的要件事实的争论学说。其一为间接事实说，支持者为松本博之，其认为评价性要件本身是主要事实，而作为判断对象的具体事实仅仅为间接事实。其二为主要事实说，支持者为青山善充，其认为评价要件本身不是主要事实，因其不够具体化，而只能将评价的根据事实作为主要事实。目前，第二种学说占据了支配性的地位。

⑲ 威海市中级人民法院民事判决书（2022）鲁10民终2275号，山东省诸城市人民法院民事判决书（2021）鲁0782民初8333号等。可见，地方法院已经开始区分评价性要件与事实性要件的不同含义。

⑳ 笔者的研究思路主要是根据请求权基础的“辅助规范”和“主要规范”进行分类。部分实体法律规范虽为评价性要件，但因为其属于“辅助规范”（如《民法典》第1条之合法权益，系宣导规范），其本身不会成为司法适用的难题。而对于“主要规范”不仅可能成为诉讼中的主要事实、要件事实，甚或成为争点。因此，根据笔者的总结提炼，选择了“善意取得”“无法律上的原因”“感情确已破裂”以及“过错要件”作为论证说理的对象。至于其余的且隶属于主要规范的评价性要件，只余有“过失（与过错等同）”“正当（不可归责）的理由（存在法律的明确事项）”。因而毋宁称本文所选的为当前我国评价性要件的主要矛盾。

分类：

（一）具有典型事实经过的评价性要件

【案例一】 在杨某与某网咖关于生命权、身体权、健康权纠纷一案中，原告杨某父母主张其子杨某A在网吧工作期间，网咖负责人存在过错。具体事实理由为：网咖负责人安排杨某A长期夜班工作。此外，负责人在杨某A未办理健康合格证的情况下仍安排其上岗工作，说明其对杨某A身体健康存在一定疏忽。法院审理认为：虽然杨某A患有先天性冠状动脉畸形，与死亡结果存在联系，但某网咖负责人安排杨某A长期夜班工作亦系诱因之一，综上认定某网咖具有过错。

上述案件法院在审理一般侵权中的“过错”要件时，参照了典型的日常经验，并将其作为证立评价性要件的论证理由。“长期安排夜班”以及“对员工身体健康之过失/疏忽”两个方面进行推定：长期夜班工作与可能明知员工身体存在问题的情况下，仍然安排工作，显然具有过失/过错。可见，上述两项生活事实均可被评价为过错要件的典型事实之经过。综上，此类评价性要件是依靠法官个人的生活经验、经验法则进行判断。经验法则是人们从生活经验中归纳概括的，并具有一定因果关系或属性状态的法则或知识。[21] 质言之，经验法则实际上描述了事物发生的盖然性。德国学者汉斯·普维庭按照一般生活经验与个案主要事实对应的盖然性大小，将经验法则分为“生活规律”“经验基本原则”“简单的检验规则”和“纯粹的偏见”。[22] 并将经验法则的适用限定在第二和第三种情形。[23] 借助这一简捷的证明方式，法官即可完成对事实真伪之判定。

（二）具有明确法规范参照的评价性要件

【案例二】 在李某权诉曹某珠离婚纠纷一案中，二审上诉人李某权因不服海口市秀英区人民法院民事判决而上诉，争议的

㉑ 张卫平：《认识经验法则》，载《清华法学》2008年第6期。

㉒ ［德］汉斯·普维庭：《现代证明责任论》，吴越译，法律出版社2006年版，第147页。

㉓ ［德］汉斯·普维庭：《现代证明责任论》，吴越译，法律出版社2006年版，第152页。

焦点为夫妻感情是否破裂。二审法院审理如下，因在共同生活期间感情不和，且李某权性格粗暴，以致殴打曹某珠……分居至今，已诉请判决离婚两次；且李某权患有精神疾病，多年久治不愈。符合1989年最高人民法院颁布施行的《关于人民法院审理离婚案件如何认定夫妻感情确已破裂的若干具体意见》（以下简称《离婚意见》现已失效）第3条㉔，因此，判决二者感情确已破裂。㉕

该类评价性要件多体现在婚姻诉讼案件中，尤以“感情确已破裂”这一评价性要件最为显著。在既往的裁判说理中较多援引上述《离婚意见》。该意见采取“非封闭式列举＋兜底条款”的方式，规定了感情确已破裂的根据事实，如患有疾病、未同居且无和好的可能等具体情形。虽然该要件事实仍属评价之范畴，但因最高人民法院已发布了具有明确参引规范作为依据，实务裁判中逐渐消除了裁判分歧，甚至在《民法典》实施后废除了该意见。这似乎昭示着各地法院已经形成了感情确已破裂的审判共识。易言之，法院基本可以识别具体感情不和的生活事实，并且将该评价性要件上升为一般社会公众之共识，甚或将感情确已破裂的评价也适用于军人离婚中一方存在“重大过错”的判断。㉖ 因其不再会引发证明的不确定，毋宁称此种具备明确法规范参引的要件为“准事实性要件”。

（三）事实和证据偏在一方的评价性要件

【案例三】 在徐某良与王某海的不当得利纠纷案中，原告徐某骑三轮车前往商店，并将价值不菲的女式提包放在车上，待到达商店之后，发现提包丢失，便返回顺路寻找。事后发现王某儿子捡到提包，原告徐某多次向王某讨要提包，但是王某拒不返还。徐某

㉔ 《离婚意见》（法民发〔1989〕号）第3条：“婚前隐瞒了精神病，婚后经治不愈，或者婚前知道对方患有精神病而与其结婚，或一方在夫妻共同生活期间患精神病，久治不愈的。”虽然目前已经失效，但是其已经成为法院审理婚姻“感情确已破裂”的基本参照。

㉕ 海南省海口市中级人民法院民事判决书（2000）海中法民终字第153号。

㉖ 详见《最高人民法院关于适用〈中华人民共和国民法典〉婚姻家庭编的解释（一）》（法释〔2020〕22号）。

诉至法院后，法院审理认为王某属于不当得利，应当将提包返还徐某。㉗

事实和证据偏在一方主要指的是权利主张一方不控制证据，无法提出证据材料的情形。权利主张一方举证能力偏低，多表现在非因受损人行为的非给付型不当得利中。既有的研究已经完成了不当得利的类型化归纳，主要包括：（1）受益人的事实行为、法律行为获取利益；（2）因案外第三人行为致使受益人获益；（3）因法律规定（如添附）致使他人获益；（4）因自然事实致使受益人获益。㉘ 与给付型不当得利以及因受损人自己原因的非给付型不当得利㉙不同的是，此种情形之下，受损人（原告）几乎没有可能主张案件的直接事实或直接证据，事实和证据均偏在受益一方或第三人。此外，事证偏在性的评价性要件也竞合体现在现代型诉讼的“过错要件”上，如医疗纠纷、环境纠纷等。医疗机构拒绝提供或毁灭病历材料就会构成举证妨碍，进而推定证据资料或待证事实为真实。㉚ 可见，事证偏在型的评价性要件多与当事人控制证据的远近、能力以及举证的水平密切相关，此类要件已成为实务不可回避的重要主题。

四、评价性要件证明的主要困境

通过对评价性要件司法裁判与理论的分析，发现评价性要件在“举证范围上的不受限性”会让主张责任的对象事实在确定时含混不清，当事人可以截取任意关联的事证资料佐证要件事实。这直接影响到究竟何时才能评价是否出现“真伪不明”。因此，有必要分析证明责任和主张责任的不足，

㉗ 《最高人民法院公报》1996 年第 2 期。类似的案例如他人运输货物，货物被受益人窃取、拾得、善意取得等。因第三人的行为致使受益人取得他人财产，详见重庆市荣昌县人民法院（2011）荣法民初字第 474 – 475 号民事判决书。

㉘ 如因比邻鱼塘之鱼游向他人鱼塘之事实。陈维君：《类型化基础法律关系视角下不当得利“没有法律根据”要件之证明责任分配》，载《河北法学》2019 年第 7 期。但我们通常不会认为给付型不当得利中原告无法提出事实和证据，因为原告通常可以对其给付的原因：意思不自由、误传、误载等进行主张陈述。

㉙ 如受损人错把汇款汇给受益人，实则不具有汇给受益人的意思（错误汇款案）。详见上海市金山区人民法院民事判决书（2019）沪 0116 民初 4814 号。

㉚ 2019 年《证据规定》删除了 2001 年《证据规定》第 48 条：“控制书证的当事人无正当理由拒不提交书证的，人民法院可以认定对方当事人所主张的书证内容为真实。”

进而阐明评价性要件在证明中的主要困境。

（一）证明责任抽象调控的有限性

大陆法系的证明责任理论是法律适用理论的一部分，它并非事实认定问题。将证明责任视为事实认定问题，并以此解决疑难案件是我国理论上最流行的误解。[31] 在探讨评价性要件时，仅关注证明责任的抽象分配，就会忽视评价性要件的举证规律。由于评价性要件根据事实外延的不确定性，主张权利发生、消灭、妨害和受制的一方当事人难以提出全部涵摄构成要件的要件事实[32]，使得案件事实的原委难以得到充分解明。然而，抽象证明责任的调控是以事实认定存在真伪不明（non liquet）为前提的，而真伪不明的出现一般以法官心证模糊、原被告提出有说服力和实质性反主张、用尽程序上许可的证明手段为必要。[33] 如果法官并未对评价的根据事实进行全部的调查，甚至极易出现突袭当事人攻击防御的话，证明责任的功能就被削弱了。

这一结果与证明责任抽象调控的功能有关。罗氏证明责任理论重在揭示法官裁判的总体思路、推动事实认定的源动力以及由此形塑的诉讼模式。[34] 该理论很少对复杂的事实认定着墨。尽管这一抽象调控预先性地指示着当事人应当如何主张事实、提出证据。但这始终是有限的，特别是在评价性要件的证明中，若只从证明责任探讨评价性要件，会存在证明责任分配形式正义与个案实质不公的诘问。此时若不对评价性要件的具体举证问题进行深度分析，直接适用证明责任裁判，还会引发“案件事实是否真伪不明”的质疑。因此，要解决个案评价性要件的证明难题，仅借助形式理性的抽象证明责任远远不足。

（二）主张责任对象事实确定的模糊性

更为尖锐的问题是，如何确定主张责任的对象事实，主张责任指的是当

---

[31] 胡学军：《在“生活事实”与“法律要件”之间：证明责任分配对象的误识与回归》，载《中国法学》2019 年第 2 期。

[32] 采用要件事实这一词语实则是将其理解为法律构成要件事实，这一事实一定是法规范类型化后形成的事实。学者们一般将其与“生活事实”一同理解为事实。值得注意的是，评价性要件（如“过失”）就很难将其称为要件事实，因为它本身并非事实。

[33] ［德］莱奥·罗森贝克：《证明责任论》，庄敬华译，中国法制出版社 2018 年版，第 78 页。

[34] 胡学军：《具体举证责任论》，法律出版社 2014 年版，第 33 页。

事人在口头辩论中没有主张对自己有利的“案件事实”[35]“确切具体的事实主张”[36]“要件事实”[37]，法院则不得认定该事实存在，也不能准用该事实所产生的法律效果。当事人为避免诉请被驳回应积极主张，此即为主张责任。在主张责任的对象事实上，虽然学者们采用了不同的概念，但都共同限定在具体事实层面。可见，诉讼活动是按照“构成要件—主张责任—主要事实—要件事实”逐次解构。一旦进入辩论阶段，证明对象就是具体的要件事实。事实性要件在“要件—事实”的法律适用中也就不会增加举证的不确定性，因此，主要事实与间接事实有着清晰明确的界别。[38] 但评价性要件却无法得以适用。问题在于：究竟是将评价性要件本身作为主要事实，还是将根据事实作为主要事实。按照通说，实体规范的构成要件经过庭前争点整理后，即成了诉讼法上的主要事实。而佐证主要事实存在的则为间接事实。但若采取通说，就会引发裁判上的突袭。以交通肇事案件中“驾驶员存在过失”的评价性要件证明为例：若当事人举证“驾驶员系因饮酒而发生车祸”，而法官裁判时却将当事人未提及的“驾驶员不当接打电话”作为审理的对象，不仅会对当事人造成裁判上的突袭，还会引起主张责任对象事实的确定困难。[39]

五、评价性要件证明的多阶层构造

上文阐明了评价性要件在主张责任以及证明责任中的困境，需回应评价性要件的具体证明方法。需要肯定的是，评价性要件仍属于要件事实范畴，自然处于证明责任机理之中。即结果意义上的证明责任总是先于主张责任、

---

[35] 江伟、肖建国：《民事诉讼法》，法律出版社2018年，第213页。

[36] 普维庭将“确切具体的事实主张”定义为当事人必须提出以说服法官承认当事人所期望的法律后果的小前提。

[37] 伊藤滋夫明确将主张责任中的事实定义为要件事实，关于要件事实的理解，其定义为该当于裁判规范的民法诸要件的具体事实，就是要件事实。

[38] 王亚新：《对抗与判定：日本民事诉讼的基本结构》，清华大学出版社2002年版，第83页。

[39] 比较法也有类似的讨论。第一种观点允许当事人对所有重要的事实进行主张，即“允许当事人尽可能多的主张事实”。第二种观点则改变了传统认定主要事实的理论，即在确定评价性要件的对象事实时，把根据事实作为了主要事实，比如上述机动车肇事案件中，法官将“驾驶员饮酒”等根据事实作为主要事实，而无需当事人再对“过失”进行举证。

举证责任而存在。多阶层构造的提出也正是遵循着以上机理，先对结果意义上证明责任的调控范围进行厘清，再探讨具体举证的方法，并将其作为证明责任调控不足的补充。

（一）阶层一：抽象证明责任的有限调控

证明责任的抽象调控是静态的、有限且模糊的。在举证成本为零的情形下，抽象责任对案件事实的查明微乎其微。充其量只解决了证明的内生动力。[40] 评价性要件的出现是抽象责任调控机制上的一处“裂痕”，透过这一“裂痕”不难发现，抽象的证明责任调控机制出现了“动力不足”。要真正化解评价性要件的证明难题，仅关注法律适用问题而忽略评价性要件本身的特性，往往无法真正解决疑问，甚或出现与“规范说”大相径庭的结论。这并非“规范说”的缺陷，相反是过分扩大证明责任调控范围带来的不相适宜。有必要重新明确抽象证明责任的调控范围。

案件事实一般包括具体的生活事实和法律构成要件事实。二者构成证明的一体两面，当事人负责主张具体的生活事实，法官则完成“事实”到“法律要件”的转译。作为内隐性的、抽象的责任机制，其解决的是诉讼风险中如何确定裁判的问题。“规范说”的分配本质则是借助立法解释权挤压司法裁量的恣意[41]，从而增强法治国家中法的安定性与可预测性。[42] 因此，证明责任的抽象调控动力是一种预设的风险负担，这一负担会内在地驱使当事人积极举证，包括在诉讼中提供证据并解明案件。[43] 不过证明责任的抽象调控范围应就此止步，不宜将其放置于事实判断的具体场合上过度拓展，更不宜将其视为化解具体要件事实举证难题的“灵丹妙药”。证明责任并不能具体地补足证据，其对生活事实的查明也极为有限，因而称其是实体法概念，而非依据特定诉讼情景因素进行转换的诉讼问题。那些借助“实质因素考量”修正“规范说”的观点，不仅无法真正地解决证明责任抽象调控的不足，还可能偏离证明责任的原义。要想使抽象调控的作用发

---

[40] 胡学军：《从“抽象证明责任”到“具体举证责任”》，载《法学家》2012 年第 2 期。

[41] 详见 2019 年《证据规定》删除了原 2001 年“证据规定”法释第 7 条的“……人民法院可以根据公平原则和诚实信用原则，综合当事人举证能力等因素确定举证责任的承担”。此即是限制司法自由裁量权的结果，体现了对证明责任法律适用本质的回归。

[42] 胡学军：《证明责任制度本质重述》，载《法学研究》2020 年第 5 期。

[43] 胡学军：《论证明责任作为民事裁判的基本方法》，载《政法论坛》2017 年第 3 期。

挥到极点，就需要发掘法律规范所隐藏的立法原意，尽量倚重文义解释的方法，像立法者一样思考，避免过度地自由裁量以及对证明责任裁判的误用。㊹ 至此，抽象证明责任对评价性要件的调控作用便“消耗殆尽”。尽管作为“民事诉讼之脊梁”的证明责任也无法深入评价性要件的具体举证当中。

（二）阶层二：具体举证责任的补充调控

对抽象责任的调控范围的阐释，并非要抛弃结果上的证明责任。通过反思评价性要件的证明责任分配结论，仅能回答哪一方最终负担证明责任，不能解决具体要件事实证明的疑惑。对评价性要件的证明，似乎成了一个不可避而不谈的难题。㊺ 经过对我国司法实务的裁判的梳理发现，尽管人民法院在审理中意识到评价性要件的存在，也摸索出多种事实认定方法，包括但不限于：经验法则裁判、举证妨碍、不负证明责任一方的陈述义务等。㊻ 但对各种机制的关系不甚明了。法官还无法系统地处理涉及评价性要件这一“疑难杂症”。鉴于此，下文将实务中摸索出的多种事实认定方法统称为具体举证责任㊼，不但肯定这一做法的正确性，还将进一步揭示其与抽象证明责任之间的关系，以及自身的作用机理。

具体举证责任概念的提出，延续与推进主观证明责任的，但并不会如主观证明责任一样，受到客观证明责任的“投射”。相反，可以作为抽象（客观）证明责任调控的有益补充。当要件事实在具体举证过程中无法推进时，借助法官临时心证之移转，减轻某一方或加重某一方举证之负担。这一过程并非证明责任的转换，而是具体举证责任的转换。因此，我们可

㊹ 胡学军：《证明责任泛化理论批判》，载《河北法学》2021年第3期。

㊺ 吴泽勇：《论善意取得制度中的善意要件的证明》，载《中国法学》2012年第4期。

㊻ 关于司法实务中的“举证妨碍”可见广东省高级人民法院民事判决书（2018）粤民终1132号、最高人民法院民事判决书（2022）最高法知民终789号等。关于“事案解明义务”可见北京市第一中级人民法院民事判决书（2020）京01民终4248号等。

㊼ “具体举证责任”一词来自胡学军教授的学术洞见。其并非传统意义上的“主观证明责任”的同类产品。而是对主观证明责任的一次提炼表达。“具体”与“抽象”相对，指的是具体举证的行为，与抽象责任相互区分。具体举证责任不会受到抽象责任的投射，德日理论中的“投射理论”应理解为：抽象的主观证明责任受到抽象的客观证明责任投射，与本文所称的具体举证责任无关。胡学军：《具体举证责任论》，法律出版社2014年版，第64页。

以将具体举证责理解为补充证明责任调控的“第二位责任”。[48] 它更加符合评价性要件的发展进路，有助于提高裁判说理的信服度。另一方面也完成了对评价性要件客观证明责任的功能分离，使得证明责任和证明评价泾渭分明。

在证成具体举证责任可作为分析评价性要件的前提后，下文拟对我国实务与理论上极具争议的评价性要件进行类型化的构建。按照“具有典型事实经过”（Ⅰ类）、“具有明确法规范规定”（Ⅱ类）以及“事证明显偏在一方”（Ⅲ类）这三个标准进行分类。对于第Ⅰ类评价性要件，它既无直接事实反映要件事实，又缺乏直接证据。仅能依靠社会一般人的常识进行裁判。但在构建上应当审慎对待证明盖然性的问题，对于明显不具备盖然性以及属于自然规律的应排除在外。第Ⅱ类评价性要件相较于其他两种较易证明，因为法律规定已作出了明确的指示。如司法解释在一定时期内，归纳总结案件后，将某一类常见情形作为涵射该类评价性要件的根据事实。因此其通常可借助法律推定的方法，或者直接将其视为“准事实性要件”。第Ⅲ类的评价性要件的证明难度最大、争议最多。大陆法系通过加重对方协助义务，提出事案解明义务、引入举证妨碍等进行化解。笔者认为，对于该类评价性要件的证明可以通过诚信原则以及“拟制自认”规则进行补足。

第Ⅰ类评价性要件应当运用事实上的推论规则。其解释论的展开可以从《最高人民法院关于适用〈中华人民共和国民事诉讼法〉的解释》（以下简称《民诉法解释》）中展开。根据《民诉法解释》第93条第1款第（4）项中以及《民诉法解释》第105条[49]可作为评价性要件的法律依据。适用的关键在于解构“日常经验法则”，按照盖然性大小，可以总结出以下评价性要件的证明谱系图（见图1）。

---

[48] 胡学军：《从“证明责任分配”到“证明责任减轻”》，载《南昌大学学报（人文社会科学版）》2013年第2期。

[49] 详见《民诉法解释》第105条人民法院应当按照法定程序，全面、客观地审核证据，依照法律规定，运用逻辑推理和日常生活经验法则，对证据有无证明力和证明力大小进行判断，并公开判断的理由和结果。该条文在表述上与我国台湾地区“民事诉讼法”第222条第1款第3项类似：……法院依自由心證判斷事實之真偽，不得違背論理及經驗法則。得心證之理由，應記明於判決。《民事诉讼法中英文对照表》法务部法规资料库 http：//mojlaw. moj. gov. tw. 我国台湾地区将该条作为“表见证明”之法律依据。此点具有参考价值。

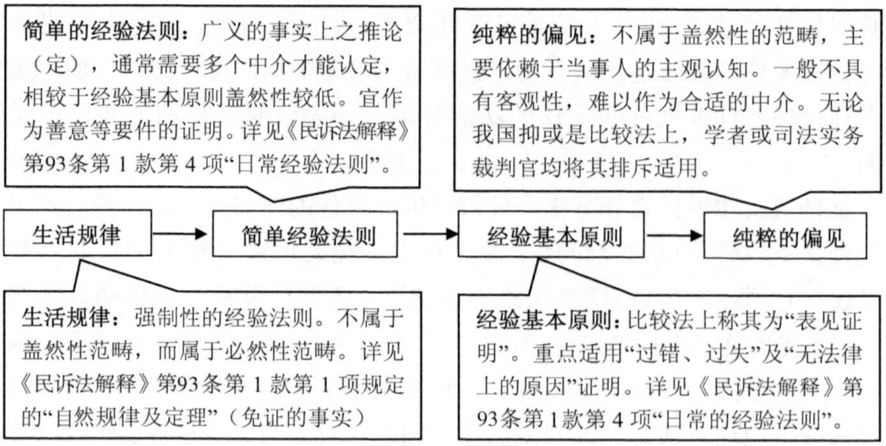

图1　经验法则运用过程中盖然性谱系图

首先，处于谱系图两端的中介均不能作为适格的经验法则。详言之，生活规律虽然与待证事实关联性十分密切，但因其在推定结果上实属必然，社会成员得以形成一致的事实认知，因此不能作为适格的经验法则。处于另一端的概念是“纯粹的偏见”，因为极具主观性亦被排除在外。其次，应当谨慎适用简单的经验法则，虽然其推定的结果具有一定的盖然性，但却属于一种弱化的经验法则。司法实务在适用时应当尽可能多地增加推定的中介事证，在裁判推理中要形成一定的“证据链条”。最后，“典型的事实经过”（表见证明）因具有较高的盖然性，可以适用于侵权的“过错”要件证明。在操作上，可以通过推定作为侵权结果的基础事实进行证明。这源自古罗马法上的“事故本身足堪证明原则”，也就是说，当存在侵权事故的结果，且通常由被告一方支配事故的危险，且并无原告自愿或过失行为时。我们就可以认定加害人的过错要件成立。[50] 也可以直接通过典型的事实发生证明“过错”要件的成就。这一中介同样也可适用于权益侵害型不当得利中“无法律上的原因”的证明。[51]

第Ⅱ类的评价性要件（准事实性要件），应当借助法律上的推定完成证明。在前述列举的要件中，如自然人选取姓氏的“正当事由”以及“感情确已破裂”均存在法律的明确规定，实际上是转换了证明对象。推定受益

---

[50] 潘维大：《英美侵权行为法案例解析》，高等教育出版社2005年版，第121页。

[51] 袁琳：《不当得利“没有法律根据”要件的证明》，载《国家检察官学院学报》2020年第3期。

方仅需围绕着具体的要件事实进行主张并提供证据即可。而受推定不利一方可采取动摇上述基础事实、直接反驳推定事实或证明能够认定推定事实不存在或使推定事实处于真伪不明状态的事实等手段进行反驳。[52] 具有启发性的一点是，《离婚意见》中的“感情确已破裂”已成为各地法院判断该类评价性要件的通识。《离婚意见》在过往几十年的实践中已经将“感情确已破裂”之要件事实转化为“准事实性要件”。换言之，“感情确已破裂”要件似乎使得社会成员形成了一般共识。这一本土实践完全可以成为其他评价性要件完善路径的有益参照。

（三）阶层三：具体化责任的反向调控

与证明责任、具体举证责任的双阶层调控不同，具体化责任指的是为了消弭双方当事人的信息差，通常由掌握案件事实与证据的当事人对事实作具体化的陈述。其在法律基础上可以从“诚实信用原则”的真实陈述义务展开。[53] 尽管这一概念在中国法视阈下比较陌生，且学者们多通过考察比较法进行初步构建[54]，但笔者认为可以从《民诉法解释》中寻得具体化义务的教义学解释的路径。即可以对2019年《证据规定》第8条进行解释。[55] 当对方当事人“既不承认也不否认”且“经过审判人员询问后”仍然“不明确表示”，则发生“对该事实的承认”的诉讼法上的效果。当发生事实和证据偏在一方当事人的评价性要件场合。如非因受损人的非给付型不当得利中，对“无法律上的原因”的证明可以先由负有证明责任一方的当事人主张得利结果、受损之事实。并尽可能地对损害结果的原因等具体生活事实进行举证，此时依照具体举证责任的风险调控机制，应当由对方当事人对案件所涉要件事实进行争辩（举出评价妨碍的事实）。若对方无法具体说明其获利的法律上的原因，就可以启用对其不利的评价后果。这一过程并未引发证明责

---

[52] 张海燕：《民事推定法律效果之再思考》，载《法学家》2014年第5期。

[53] 根据《民事诉讼法》第13条第1款：民事诉讼应当遵循诚信原则。学界一般认为诚信原则内容：(1) 当事人事实诉讼行为的诚实信用义务；(2) 当事人的真实义务。洪冬英：《民事诉讼法学通论》，北京大学出版社2020年版，第69页。

[54] 胡亚球：《论民事诉讼当事人具体化义务的中国路径》，载《清华法学》2013年第4期。

[55] 2019年《证据规定》第8条：“一方当事人对于另一方当事人主张的于己不利的事实既不承认也不否认，经审判人员说明并询问后，其仍然不明确表示肯定或者否定的，视为对该事实的承认。”

任之转换，受益人的证明标准只需达到动摇法官内心确信即可。即可以通过举证说明对方当事人所提出的线索有误，系其他事实。在当前的法律体系下，我国可以尝试将《证据规定》第4条规定的拟制自认解释为违反具体化义务的消极后果。虽然未来制度的完善，可以建立起具体化义务的反向保障机制，特别对“事证偏在的评价性要件”课以对方当事人更多的说明义务。

（四）图示暨小结

上述三项评价性要件证明策略的阶层构造在关系上是紧密的。其中证明责任宜作为第一阶层，其调控的正当性是基于实体法的形式正义，暗含着立法者的价值取向。尽管在指示具体证明的作用较为有限，但仍需要肯定其具绝对的“统治”地位，并能够为绝大部分事实性要件以及“准事实性要件”提供指引。而从证明责任减轻中进行纠偏、主观证明责任中还原出的具体举证责任，而是基于程序法上的利益考量，作为抽象证明责任的补充。缘于具体化责任的构建在我国尚未形成气候，当前可从诚实信用原则以及2019年《证据规定》的拟制自认中进行解释，并结合其推定不负证明责任一方自认的反面效果，将其作为“事证偏在型评价性要件”的应对方法。

六、结语

历经几十年的继受与改造，证明责任概念以及“规范说”逐渐深入人心。[56] 理论界与实务界均自觉地从文义解释出发，适用客观证明责任的分配结果。即使是内涵与外延不确定的评价性要件，亦不会转换客观证明责任。不过，现有的理论共识充其量解决了评价性要件的诉讼风险负担，要增加法律论证的科学性，就不得不解决评价性要件的具体举证难题。本文剖析了几类评价性要件的核心争议，应明确以下内容：

（1）仅依靠抽象的客观证明责任调控是不足以化解评价性要件的证明难题。这与证明责任重在揭示法官裁判的总体思路、推动事实认定的源动力以及由此形塑的诉讼模式的特性有关。[57] 换言之，证明责任不解决具体事实

---

[56] 任重：《罗森贝克证明责任的再认识》，载《法律适用》2017年第15期。我国审判实务中的法官已经自觉地按罗氏“规范说”进行裁判。李浩：《民事判决书的举证责任分配》，载《清华法学》2008年第6期。

[57] 胡学军：《具体举证责任论》，法律出版社2014年版，第33页。

的认定问题，在肯定评价性要件受抽象责任调控后，应转向其具体举证问题的研究。

（2）评价性要件的证明需要具体举证责任的补充。对于具有典型经过的评价性要件（Ⅰ类）可以采用经验法则裁判；具有明确法律规范的评价性要件（Ⅱ类）可将其采取法律上的推定，甚或直接将其视为“准事实性要件”；对于事证偏在一方的评价性要件应积极探索不负证明责任一方的阐明义务。现阶段可以从 2019 年《证据规定》中解释出“具体化责任”，并将其作为化解上述要件的方法。

（3）应建立起抽象证明责任与具体举证责任的双重调控机制，并以具体化责任作为诚实信用原则的具体体现。这一阶层证明体系旨在破解评价性要件难以确定诉讼资料的独特属性。抽象调控解决真伪不明后的法律适用问题，具体举证责任负责诉讼资料的解明，二者相得益彰。

评价性要件问题的形成，不仅促成了证明责任的学说走向正统，同时也预示着证据法研究已经站在了主张责任、具体举证责任的新起点。笔者不揣浅陋，对如何化解评价性要件的主张责任与如何具体举证进行了思考与构建。评价性要件不仅不是罗氏“规范说”的终点，反而推动了证明责任理论的深度继受。这需要实体法和诉讼法学者进行更加深入的研究。

（校对：谭婉静）

论中国法上遗赠的物权变动效力

——以《民法典》第230条为中心

王天琦*

摘　要：《物权法》第29条规定遗赠同遗嘱均具有物权变动效力，但《民法典》第230条删除了“遗赠”，引发争论。我国立法仅以受益人身份区分遗嘱继承与遗赠，在承认受遗赠人承担遗产债务的前提下，我国遗赠的概念与比较法中遗嘱继承和概括遗赠类似，无需否定遗赠本身的物权变动效力。反之，若采遗赠仅具有债权请求效力的解释，将与继承法律关系中现有制度体系互生龃龉。考虑到我国遗产所有权的立法目的、继承关系各方主体利益平衡等因素，可通过体系解释将“遗赠”纳入立法表述的“继承”一词中，复归遗赠引起物权变动的效力。

关键词：遗赠；物权效力；债权效力；遗产债务

一、问题的提出

《物权法》第29条规定：“因继承或者受遗赠取得物权的，自继承或者受遗赠开始时发生效力。”因此，受遗赠开始时，受遗赠人无需物权变动公示即可取得遗赠物所有权，这赋予了遗赠直接导致物权变动的效力。《民法典》对该条进行了调整，删除了原表述中受遗赠人直接获得物权的情形。①看似细微的变化，却引发了对遗赠法律效果和受遗赠人法律地位的巨大争论。以全国人大常委会主编的《民法典物权编解读》为代表的部分观点认为，《民法典》将遗赠的物权变动效力从一般继承中剔除，意味着遗赠仅可以发生债的效力，受遗赠人只能请求遗赠义务人交付遗赠物（下简称“遗

---

* **作者简介**：王天琦，中央财经大学法学院硕士研究生。

① 《民法典》第230条：“因继承取得物权的，自继承开始时发生效力。”

赠请求模式”)。② 另有以最高人民法院为代表的部分观点认为，此次修法仅是避免语言表述上的重复，并未实质否认遗赠所引发的物权变动效力（下简称“遗赠物权模式”)。③

关于遗赠应否及能否具有物权变动效力，学理上历来争论不休，而《民法典》的颁布似对这些争论起到一锤定音的效果。然而，以不同的视角考察遗赠所具有的效力、以不同的解释方法所得出的结论将会产生逻辑与价值的区别，此种区别及其影响均值得进一步探讨和研究。具体而言，有五个问题。第一，遗赠如何具有一定的物权效力或债权效力？第二，若承认遗赠在《民法典》第230条中的物权效力，其引发物权变动的具体表现为何？第三，我国应当采取遗赠物权模式还是遗赠请求模式？第四，在前一问题的基础上，应采何种解释方法以使遗赠产生效力？第五，如何评价《民法典》对《物权法》立法表述之修改？

围绕这五问，本文先对遗赠的界定与效力及二者的关系进行检视，以明晰遗赠物权效力的实现路径。然后从制度逻辑与制度功能角度对遗赠请求模式进行分析与批驳，并以此为基础对遗赠物权模式被批判之处进行辩护。最后，提出采用该模式可能的解释路径。

二、遗赠的界定与效力

目前学界争议主要聚焦于遗赠的界定，此种见解不一影响了我国遗赠效力模式的选择。域外立法虽难觅与我国类似的遗赠界定方式④，但其中所体现出的遗赠的效力与遗赠标的内容间的紧密联系，却具有一定借鉴性。

（一）域外法上遗赠的界定及效力

域外主要以两种模式界定遗赠：第一种是以法国、日本等国为代表的单

② 黄薇：《中华人民共和国民法典物权编解读》，中国法制出版社2020年版，第62页；孙宪忠、朱广新：《民法典评注物权编1》，中国法制出版社2020年版，第193页；房绍坤：《论民法典继承编与物权编的立法协调》，载《法学家》2019年第5期。

③ 最高人民法院民法典贯彻实施工作领导小组：《中华人民共和国民法典物权编理解与适用（上）》，人民法院出版社2020年版，第166－167页；汪洋：《中国法上基于遗赠发生的物权变动》，载《法学杂志》2020年第9期。

④ 张玉敏：《继承法律制度研究》，华中科技大学出版社2016年版，第184页。

一模式⑤，第二种是以德国、瑞士等国为代表的区分模式。⑥ 单一模式不进行遗嘱继承与遗赠的区分，被继承人以遗嘱方式将遗产指定给他人承受的均称为遗赠，受遗赠人既可以是法定继承人，也可是以外之人。⑦ 区分模式则以遗产承受人是否承担遗产债务来区分遗赠与遗嘱继承，其不因受益人的身份而影响。即遗嘱中规定的遗产承受人既享有遗产利益又承受遗产债务，则属遗嘱继承；遗嘱中规定的遗产承受人仅享有遗产利益而不承受遗产债务，则属遗赠。⑧

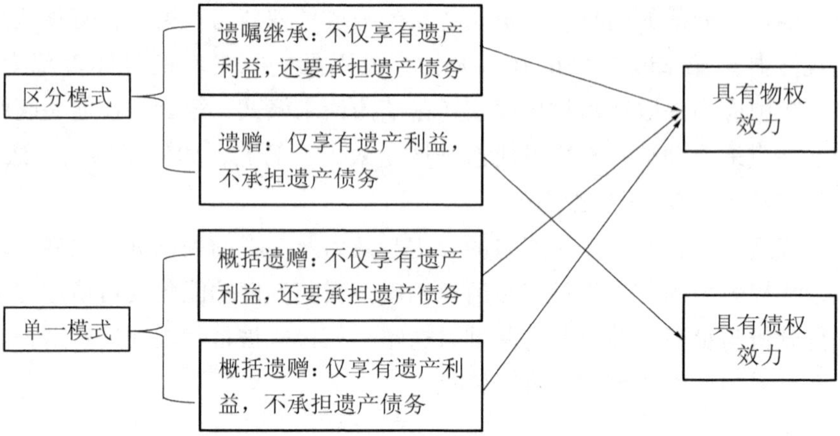

图1　比较法上遗赠模式与物权变动关系之归纳

遗赠效力上，单一模式区分概括遗赠和特定遗赠而分别处理。概括遗赠，指遗嘱人将全部或部分遗产为遗赠之内容，遗嘱人的债务（消极利益）亦包括于内；特定遗赠，指被继承人仅将遗产利益指定由他人承受，受遗赠人并不承担遗产债务。⑨ 立法上概括遗赠的受遗赠人与继承人具有相同地

---

⑤ 《法国民法典》第 871 条、第 1010 条、第 2012 条，《意大利民法典》第 588 条，《日本民法典》第 990 条，《韩国民法典》第 1078 条。

⑥ 《德国民法典》第 1939 条、第 1967 条，《瑞士民法典》第 484 条、第 562 条，《智利民法典》第 1097 条。

⑦ 房绍坤：《遗赠能够引起物权变动吗》，载《当代法学》2012 年第 6 期。

⑧ 此模式下，法定继承人以外之人成为遗嘱继承人，则其具有继承人之地位。参见［德］雷纳·弗兰克、托比亚斯·海尔姆斯：《德国继承法》，王葆莳、林佳业译，中国政法大学出版社 2015 年版，第 95 页。

⑨ 周枏：《罗马法原论（下册）》，商务印书馆 2014 年版，第 625－626 页。

位，因而概括遗赠与继承相同，具有非基于法律行为的物权变动的效力。⑩针对特定遗赠，由于单一模式国家的物权变动模式往往采意思主义，因而特定遗赠可基于法律行为（遗产债权）直接导致物权变动。⑪ 综上，单一模式下，概括遗赠与特定遗赠均具有物权效力。

区分模式依遗嘱继承与遗赠的分类而特殊安排。遗嘱继承概括性地将包含遗产利益与遗产义务的全部或部分遗产给予他人，遗嘱继承人自被继承人死亡即当然成为遗产的所有权人，遗嘱继承具有物权变动的效力。⑫ 遗赠下，受遗赠人地位与遗产债权人类似，其债权于继承开始后产生，受遗赠人仅可请求继承人交付遗赠物遗赠，因而遗赠仅具有债权效力。⑬

我国台湾地区因修法之故，使得其较上述两模式产生一定偏离。遗赠界定上，修法删除了袭自德国的指定继承人制度，从而封锁了非法定继承人可视为继承人而寻求遗嘱继承之进路。因此，法定继承人以外之人最多只能为受遗赠人。遗赠效力上，由于我国台湾地区民法中并未如日本民法般明定概括受遗赠人与继承人具有同等地位，亦无法解释出概括遗赠的内容包含遗产债务，因而不问概括遗赠还是特定遗赠均只能发生债的效力。⑭ 因此，概括遗赠于我国台湾地区仅具有理论上的拓展意义，实践中并无其存在与应用。⑮ 综上，我国台湾地区形成了关于遗赠界定的“双重标准”，即受遗赠人不仅须为法定继承人以外之人，且其仅享有遗产利益而不承担遗产债务。由于遗赠不包含遗产债务，因而效力上又与区分模式下的遗赠一致。因此，从某种意义上，我国台湾地区模式属于区分模式的一个亚种。

经对比可见，除我国台湾地区外，比较法中对遗赠的界定基本无涉及受益人与被继承人的特定关系，主要以遗嘱内容进行区分。效力上，无论单一模式还是区分模式，遗赠引发物权变动的内在逻辑相同：概括受遗赠人/遗嘱继承人的遗赠标的中不仅包含遗产利益还包含遗产债务，其权利义务与继

---

⑩ 房绍坤：《遗赠能够引起物权变动吗》，载《当代法学》2012 年第 6 期。

⑪ 刘耀东：《论基于继承与遗赠发生的不动产物权变动》，载《现代法学》2015 年第 1 期。

⑫ 《德国民法典》第 1922 条，《瑞士民法典》第 56 条，《法国民法典》第 711 条等。

⑬ 《德国民法典》第 1976 条，《瑞士民法典》第 562 条。

⑭ 陈棋炎、黄宗乐、郭振恭：《民法继承新论》，三民书局 2010 年版，第 349 页。

⑮ 林秀雄：《继承法讲义》，元照出版社 2017 年版，第 300－301 页。

承人相同，二者实质相当。因此，在当然继承主义的制度安排下⑯，由于一般意义上的继承具有非基于法律行为的物权变动效力，因而概括遗赠/遗嘱继承（无关受益人的身份）与继承具有相同的物权变动效力。

（二）我国法上遗赠的梳理

1. 我国法上遗赠的界定

我国立法以受益人身份是否为法定继承人来区分遗嘱继承与遗赠⑰，而学界对遗赠标的应否也作为界定标准存有较大争议。尽管立法表述未见对遗赠标的之要求，但不乏观点认为，我国对遗嘱继承和遗赠的区分标准除遗产承受人身份不同外，还暗含另一标准——遗赠标的仅包括遗产权利而不包括遗产义务。⑱ 此论断始自《继承法》时代，理由在于：原《继承法》第34条规定受遗赠人执行遗赠只能在清偿遗产债务之后，若遗产不足以对外清偿税款及债务，那么受遗赠人便不能取得遗赠标的物，因而遗赠实际上并不包含遗产债务，遗赠必须也只能给予他人财产利益。⑲

笔者认为我国法上遗赠标的应包含遗产债务，受遗赠人之地位应与继承人等同。

首先，我国法文义上未明定遗赠标的不包含遗产债务。立法表述上，《民法典》第1133条相较《继承法》第16条未作实质性变更，一般认为《民法典》第1133条第3款规定者即为遗赠，该款并未明定遗赠标的之内容。⑳ 从文义解释角度，《民法典》对遗赠标的并未限于仅包含特定遗产利益。根据私法领域“法无禁止即自由”的一般理念，只要不违背公序良俗且受遗赠人未反对，遗赠人自然可将包含遗产利益与遗产债务的遗产全部或部分赠与他人。㉑ 因此，文义上无理由认为《民法典》中所规定的遗赠标的仅为遗产利益。

---

⑯ 我国与世界上大多数国家在遗产处理上均采当然继承主义，即继承开始后、遗产分割前，遗产为共同继承人合有，各共同继承人虽对整体遗产独具一定份额，但该份额是潜在、不确定的，对个别应继财产并无物权的、确定的应有部分。参见张平华、刘耀东：《继承法原理》，中国法制出版社2009年版，第405-406页。

⑰ 李昊：《民法典继承编草案的反思与重构》，载《当代法学》2019年第4期。

⑱ 房绍坤：《〈民法典〉中受遗赠人探析》，载《当代法学》2022年第3期。

⑲ 马俊驹、余延满：《民法原论》，法律出版社2007年版，第951页。

⑳ 江平：《民法学》，中国政法大学2011年版，第750页。

㉑ 彭诚信：《继承法》，吉林大学出版社2007年版，第139页。

其次，体系上应解释出遗赠标的包含遗产债务。《最高人民法院关于贯彻执行〈中华人民共和国继承法〉若干问题的意见》第62条规定遗产已经分割却存在未清偿债务时，受遗赠人可能要以所得遗产清偿债务，但《民法典》第1163条却删除了“遗产已被分割而未清偿债务时”这一表述。该转变意味着，受遗赠人在遗产分割前也要承担相应义务，可见立法者并未将其排除出遗产义务人。㉒ 如若认为受遗赠人在遗产分割完毕前仅享有债权，则其以“所得遗产清偿”便只得解释为遗产分割完毕后的返还责任。但此种事后找补的解释方法，不仅明显与立法进程相悖，还产生了以结果解释原因的目的论错误。因此，体系上应认为遗赠标的包含遗产债务。

最后，我国台湾地区的比较法经验不足以支撑遗赠标的不包含遗产债务的观点。有观点认为，可借鉴我国台湾地区的制度安排以完善我国大陆地区遗赠制度。㉓ 然而，我国台湾地区所形成的遗赠界定“双重标准”具有立法论与解释论上的专属原因。我国大陆地区并不存在此等理由，遗赠标的包含遗产债务可通过体系解释得出。因此，我国大陆地区实际形成了有别于我国台湾地区的遗赠界定“双重标准”。这一起点上的不同意味着我国大陆地区与我国台湾地区的区分标准特殊于域外，但二者又同以受益人身份为区分之一部。笔者认为，这一有趣“巧合”的主要原因是，以受益人身份区分遗嘱继承与遗赠具有强烈的中国本土色彩，是传统社会观念所认可的区分方法，在其他法域不存在此种社会传统。正是由于此种做法却极符合我国的继承实际㉔，因而虽有学者主张破除受益人身份为界定标准㉕，但此标准在我国却始终历久弥坚。㉖

综上，我国法采“双重标准”对遗赠进行界定。即受遗赠人须为法定继承人以外之人，既享有遗产利益又承担遗产债务。因此，受遗赠人具有与继承人相同的权利义务，二者应具有同等地位。

㉒ 汪洋：《中国法上基于遗赠发生的物权变动》，载《法学杂志》2020年第9期。

㉓ 吴国平：《海峡两岸遗赠制度比较及大陆地区遗赠立法之完善构想》，载《广西大学学报（哲学社会科学版）》2013年第3期。

㉔ 张玉敏：《继承法律制度研究（第二版）》，华中科技大学出版社2016年版，第177页。

㉕ 李昊：《民法典继承编草案的反思与重构》，载《当代法学》2019年第4期。

㉖ 黄薇：《中华人民共和国民法典继承编释义》，法律出版社2020年版，第74页。

2. 我国法上遗赠的效力

我国对于遗赠效力的讨论自《物权法》时代始，至今日仍未消弭。然而，激烈讨论的背后，却一定程度上存在因共识缺失而产生的“鸡同鸭讲”。若认为遗赠具有债权效力，其法律效果在学界尚可达成共识㉗，但若认为遗赠具有物权效力，学者所指向的具体内容则有不同。有观点认为遗赠的物权效力是指遗赠物在受遗赠开始时直接归受遗赠人所有㉘，也有观点认为受遗赠人与继承人在继承开始时的共同共有状态即为物权效力的体现。㉙

如前所述，我国法上受遗赠人具有与继承人相同的权利义务，二者地位等同。因此，若欲分析遗赠所具有的效力，应先考察继承的效力。因此，有必要从《民法典》第230条的立法目入手厘清我国遗赠的效力。

（1）《民法典》第230条立法目的

从事实状态而言，继承系持续的过程，自被继承人死亡事实发生之时起，至遗产分割完毕时止。整个继承期间可能还伴随着放弃继承、放弃受遗赠、清偿债务等可能导致遗产所有权归属上不确定的情况发生。因此，在遗产清算程序完毕后，继承人等方可对遗产进行分割并具体取得遗产的所有权。问题在于：被继承人死亡后，法律上人格消灭，其并不具有权利能力继续享有遗产所有权，在继承开始后至遗产分割完毕这一时间内（下称“过渡期”），遗产的所有权归属何人？这不仅会制造“无主物”的理论困境，而且会引发谁纳税偿债，以及如何纳税偿债等实际问题。因此，法律上有必要确定这一期间遗产的所有权主体。㉚ 对此，罗马法认为遗产是一项具有一定独立性的财产，其可不归任何人所有而独立存在，可将其拟制为财团法人从而获得法律上的主体资格。㉛ 此做法为英国所部分吸收，形成了剩余财产交付主义。即继承开始后，遗产并不归任何主体所有，其被委诸于遗产管理

㉗ 代表性研究有房绍坤：《遗赠能够引起物权变动吗》，载《当代法学》2012年第6期；庄加园：《试论遗赠的债物两分效力》，载《法学家》2015年第5期。

㉘ 江平：《民法学》，中国政法大学2011年版，第753页。

㉙ 房绍坤：《遗赠能够引起物权变动吗》，载《当代法学》2012年第6期。

㉚ 全国人大常委会法制工作委员会民法室：《中华人民共和国物权法解读》，中国法制出版社2007年版，第67页。

㉛ 丘汉平：《罗马法》，中国方正出版社2004年版，第77页。

人代管以完成纳税偿债等活动，活动完成后再将剩余遗产分配。[32]

然而，将遗产构造为财团法人的做法在我国难以实现。原因主要有二：其一，民法典对法人制度采营利法人与非营利法人的分类，学理上财团法人的概念在一定程度上被捐助法人所替代[33]，将遗产构造为财团法人缺乏法律依据；其二，赋予遗产以法人资格会涉及法人登记等一系列法人制度适用问题，会对我国遗产管理制度产生巨大冲击。[34]

妥善做法是采取当然继承主义。即被继承人死亡后，被继承人的所有遗产直接概括移转至继承人处。此种概括物权变动的本意不在于解决被继承人各项遗产具体归属，而仅暂时地使各继承人取得对遗产的共有权，待分割完毕后再确定遗产最终归属。综上，《民法典》第230条赋予继承直接引发物权变动的目的在于确定一个主体暂时性地享有遗产所有权，以解决物权法与继承法间法律逻辑上的问题。

（2）继承中的两阶段物权变动

单纯从效果视角观察，将继承所导致的物权变动设计成在被继承人死亡一瞬间至最终分割完毕的状态最有助于明确所有权状态。然而，继承不仅是一个持续的事实状态，亦是持续的法律状态，其内部包含两项法律事实：①法律事件的被继承人死亡；②法律行为的遗产分配。前者的法律效果为将遗产所有权概括转移至继承人处，后者的法律效果为依照法律规定或遗嘱安排分割遗产以确定最终权利人。[35] 这一“事实与法律的持续状态”要求我们破除继承物权变动理想化的单线思维，重新观察其构造。

以遗嘱继承为例，其物权变动并非单纯基于遗嘱行为发生。[36] 遗嘱本身并非《民法典》第230条所规定物权变动的直接原因，其仅限制遗产分配以决定遗产所有权的具体归属，被继承人死亡才是导致物权直接变动的原

---

[32] 刘耀东：《论基于继承与遗赠发生的不动产物权变动》，载《现代法学》2015年第1期。

[33] 许晓岑、王利民：《我国捐助法人民事法律制度构建》，载《广西社会科学》2020年第10期。

[34] 江平：《民法学》，中国政法大学2011年版，第728页。

[35] 肖立梅：《从比较法角度解析和构建遗产的物权变动过程》，载《法学论坛》2015年第3期。

[36] 房绍坤：《论继承导致的物权变动》，载《政法论丛》2018年第6期。

因[37]，此亦是当然继承主义的结果。因此，《民法典》第230条所规定“因继承取得物权”指继承人因被继承人死亡这一事实而取得对遗产概括、暂时的共同共有，其指向的是第一阶段的物权变动。此种情形下，《民法典》第230条“因继承取得物权”中的“继承”当然包含“遗嘱继承”。

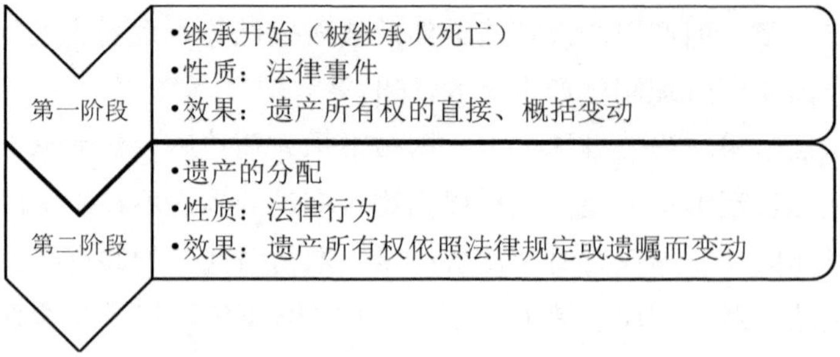

图2　继承法律关系中两阶段物权变动示意

有学者认为上述两项法律事实结合而生的“遗嘱继承”在性质上属于单方法律行为，其导致基于法律行为的物权变动。理由在于，遗嘱继承相较法定继承更直接体现被继承人意志，不能将遗嘱继承理解为对法定继承的限定与调整，应当重视意思表示在遗嘱继承引发物权变动中的作用和地位，遗嘱继承在《民法典》第230条语境下属于“因法律行为的物权变动”。[38]笔者认为，上述观点有混淆继承过程中两阶段物权变动之嫌。意思表示在遗嘱中固然重要，但遗嘱的主要作用是决定最终的遗产分配，即在第二阶段物权变动中触发明确的、最终的物权变动。[39]因此，第一阶段物权变动必然属于非因法律行为的物权变动，至于具体分配是“法定”还是“意定”则无关第一阶段，对第二阶段的重视不应否定第一阶段的存在。

《民法典》新增的遗产管理人制度亦可佐证。《民法典》规定，遗产管理人负责对遗产进行债务清偿、分割等管理行为。由于遗产管理人的存在，尽管第一阶段物权变动因被继承人死亡这一法律事实而触发，但“过渡期”内继承人所享有的概括性的、过渡性的所有权并非“完美”的所有权，仅

---

[37] 尹田：《物权法理论评析与思考》，中国人民大学出版社2008年版，第291页。
[38] 翟远见、关华鹏：《论遗赠的效力》，载《云南社会科学》2021年第2期。
[39] 马俊驹、余延满：《民法原论》，法律出版社2007年版，第966－967页。

是一种名义上的所有权。[40] 从所有权权能角度分析，首先，对遗产进行占有、使用以及处分之权能的权利由遗产管理人行使，而非由该段时间内的遗产所有权人实际行权；其次，若继承人放弃继承，该放弃行为溯及至继承开始之时，其自始对遗产无所有权。纵使认为遗产分割行为不具有追溯效力，未放弃继承的继承人之所有权也仅具有一定“收益”权能。可见，此种“名义上的所有权”本质上不存在进入交易流通的可能，并无过多物权法上实际意义，其仅是法律上基于逻辑考量的构造。

（3）我国遗赠的效力——继承中的第一阶段物权变动

由于受遗赠人与继承人具有相同的地位，其二者理应一同开启并完成相应继承程序。因此，若采遗赠物权模式，则遗赠引发物权变动的具体表现或具体进程应置于《民法典》第 230 条实现物权变动的两阶段中进行分析与明确。然而，仍有学者频频从其他角度质疑遗赠引发物权变动的性质与效力。如有学者认为，由于遗赠系法律行为，因而不宜将其规定在非因法律行为引发的物权变动中[41]；甚至有学者认为，遗赠引发物权变动的路径与赠与类似。[42] 可见，学界对于遗赠具体地如何引发物权变动存有疑问。

此外，尽管遗赠单方法律行为的定性已为共识，但《民法典》继承编第三章将“遗嘱继承”与“遗赠”并列于标题中，且国内多数学者均将“遗嘱继承”与“遗赠”从法律效果上进行对比[43]，这不禁令人生疑，为何内含法律事件与法律行为的“遗嘱继承”会与作为法律行为的“遗赠”相提并论？笔者认为，上述问题可归结于遗赠语义的双重性，在使用“遗赠”一词时，不止有作为法律行为的遗赠一重语义，还隐含着作为方式或手段的另一重语义。有观点“提取公因式”认为，遗嘱继承与遗赠都属于遗嘱人以

---

[40] 此所谓“完美”须借助美国物权法予以说明。美国法上，财产是一束法律关系之组合，复数之财产关系依其效力、束之厚薄不同，可分四种典型情形。遗产所有权人与遗产管理人似处于第三种关系中，其所有权仅具有限的排他效力，因而其并非“完美”之所有权。张永健：《物权法之经济分析：所有权》，北京大学出版社 2019 年版，第 88 – 89 页。

[41] 孙宪忠：《中国物权法总论》，法律出版社 2018 年版，第 366 页。

[42] 汪志刚、王小兵：《也论遗赠能否直接引起物权变动》，载《江西财经大学学报》2019 年第 1 期。

[43] 杨立新：《中国民法典释评继承编》，中国人民大学出版社 2020 年版，第 122 页；巫昌祯主编：《婚姻与继承法学》，中国政法大学出版社 2017 年版书，第 332 页。

遗嘱处分自己财产的方式。[44] 这一观点从功能的角度进行对比，虽忽略了二者性质上的部分差异，但可以表明遗赠的另一语义。

当立法与学理将“遗嘱继承”与“遗赠”进行对比时，其实所讨论的是遗嘱继承与遗赠继承，二者均是以遗嘱方式进行遗产处分的一种组合式法律事实。以遗嘱方式将遗产给予法定继承人所对应的继承过程存在专有的“遗嘱继承”一词，但汉语却不见一词用以描述以遗嘱方式将遗产给予法定继承人以外之人所对应的继承过程。这就导致了遗赠一词存在双重含义，一方面指遗赠这一单方法律行为本身，另一方面指由前述法律行为所引起的“遗赠继承”方式。遗赠的语义双重性亦可于德国法上一窥端倪。德国法上，以遗嘱为典型形态的死因处分，其既可以被视作是一种对遗产归属进行指示性分配的具体手段，又可为一种指示性处分行为本身。[45] 遗嘱的指示性处分行为指，被继承人通过立遗嘱这一单方法律行为使他人被指定为继承人。[46] 遗嘱的指示性分配手段指，遗嘱主导的按份额分配遗产的过程。我国法上受遗赠人与继承人权利义务相同，因而我国的受遗赠人与德国的身份属法定继承人以外的指定继承人在性质上一致。因此，我国法上遗赠的“单方法律行为本身”指，被继承人通过遗嘱的方式将“继承权”授予受遗赠人，使其权利义务与继承人一致。遗赠引起的“遗赠继承”方式指，继承人与受遗赠人先对遗产共同共有，待清算完毕后，依遗嘱进行具体遗产分配的继承过程。当讨论遗赠所具有的效力时，其指向的是在“遗赠继承”这一过程中所发生的物权效力抑或债权效力，对遗赠效力的分析与明确也应在继承的两层物权变动中进行。

综合上文，无论单一模式下的概括遗赠抑或区分模式下的遗嘱继承，其所具有的物权效力不过是继承开始时受遗赠人/指定继承人对遗产之共有，即继承中的第一阶段物权变动。因此，大部分攻击“遗赠具有物权效力”的观点，其意在否定遗赠标的物在遗赠开始一瞬间即转移至受遗赠人且其可直接行权的效果，其并未否定受遗赠人与继承人的共有，而对遗赠效力错误理解的根源在于单纯以法律行为的含义来理解遗赠。事实上，无论是《物权

---

[44] 郭明瑞、房绍坤、关涛：《继承法研究》，中国人民大学出版社2003年版，第138页。

[45] 王强：《继承法处分行为初探》，载《中国政法大学学报》2017年第2期。

[46] ［德］维尔纳·弗卢梅：《法律行为论》，迟颖译，法律出版社2013年版，第160页。

法》第29条还是继承编的小标题，均是在第二重语义上使用“遗赠”一词，这便不难解释遗赠与遗嘱继承并列的这一问题。因此，我国法上遗赠导致物权变动的原因是被继承人死亡，而不是作为法律行为的遗赠本身。遗赠具有的物权效力是指被继承人死亡后，遗产所有权归受遗赠人与继承人共有。一方面，此解释符合中国语境下遗赠标的包含遗产债务的特性；另一方面，顺应遗赠与遗嘱继承并列所采纳的第二重语义。

综上，本文认为遗赠具有物权效力，其特指继承中的第一阶段物权变动。即，受遗赠人于继承开始时，其与继承人共同为“过渡期”的所有权主体而形成对遗产的共有，非指受遗赠人直接取得特定物所有权。

三、遗赠请求模式之质疑与遗赠物权模式之辩护

不乏学者认为在《民法典》第230条背景下，遗赠所具有的效力应体现为债权的请求效力，甚至认为遗赠人与受遗赠人实质上是“赠与关系”。[47]应肯定，遗赠标的是否包含遗产债务决定了受遗赠人法律地位的不同，而对受遗赠人地位的认识差异则使遗赠效力产生不同解释。因此，本部分将以受遗赠人法律地位为主线，先对遗赠请求模式下制度层面的不合理提出质疑，后回应部分学者的批判以对遗赠物权模式辩护。

（一）遗赠请求模式之质疑

遗赠请求模式下，受遗赠人无法在继承开始时取得遗产所有权（共有），仅可请求遗赠义务人在清偿遗产债务后交付遗赠标的。[48]此模式将受遗赠人从特殊“继承人”中剔除，其系劣后债权人。实际上，无论采取遗赠请求模式还是遗赠物权模式，受遗赠人相较一般债权人永远是劣后的，只是实现路径不同：前者是清偿了优先债务后交付遗产给受遗赠人；而后者是受遗赠人概括取得遗赠标的物后一并参与债务清偿程序。《民法典》新设遗产管理人制度后，遗产管理人负责完成相应的清算工作，因而两种模式的偿债程序在正常情况下不会存在实质上差异。某种程度上，赋予受遗赠人何种法律地位是价值中立的。然而，遗赠请求模式有违反体系一致性的致命缺点。

---

[47] 黄薇：《中华人民共和国民法典物权编解读》，中国法制出版社2020年版，第62页。

[48] 房绍坤：《遗赠能够引起物权变动吗》，载《当代法学》2012年第6期。

首先，请求对象空位。依遗赠请求模式，受遗赠人可向遗产管理人请求移转遗赠标的物所有权，遗赠义务主体及标的物所有权主体为继承人。若法定继承人均放弃继承，受遗赠人接受遗赠，尽管遗产管理人仍可确定，但依《民法典》第1160条规定，无人继承的遗产因有受遗赠人，遗产不归国家或集体所有制组织所有。此时，遗产管理人的委托人是谁？受遗赠人所得请求之义务主体是谁？纵使遗产管理人为义务之主体，标的物所有权人是谁？

其次，特定情境下遗产分配结果有失公允。预设被继承人为甲（遗产现金100万元），法定继承人为儿子乙和女儿丙，受遗赠人为好友丁，债权人为A与B（债权额各10万元）。甲立下遗嘱："我死后，遗产将分给儿子乙50万，好友丁50万。"此时，债权人A、B主张权利后遗产剩余80万元的情况下，乙、丁将如何分配？若采遗赠请求模式，遗产在被继承人甲死亡时概括转移于继承人乙、丙，受遗赠人丁劣后于债权人A、B而向遗赠义务人请求给付遗赠标的。具体而言，依《民法典》第1163条规定清偿遗产债务后，乙、丙对80万共有，此时乙、丙应对受遗赠人丁履行遗赠义务。最终，受遗赠人丁可以请求遗赠义务人支付全额50万元的遗赠款，但继承人乙只能分取剩余的30万元。以一般社会观念理解被继承人甲所立遗嘱，其本意并非将乙、丙的法律地位区别对待，而是暗含乙、丙各分取遗产一半之意味。那么，遗赠请求模式此种强行区分遗嘱继承与遗赠法律效力的做法，难免导致遗产分配结果失之偏颇。

再次，产生遗产管理人侵害受遗赠人利益之理论障碍。从《民法典》第1147条与第1148条可知，遗产管理人属代理人，其以无偿受托人身份承担相应责任。因此，遗产管理人是内部关系为委托的代理人。依遗赠请求模式，受遗赠人与遗赠义务人为债之关系。问题是，若遗产管理人并非遗赠义务人，其重大过失侵害受遗赠人利益时，受遗赠人如何救济？依侵权法通说，受侵害方仅在加害人故意侵害债权时，方可请求损害赔偿救济。[49] 如此，若遗产管理人重大过失侵害受遗赠人遗赠债权时，如何救济？可能的途径是《民法典》第1148条。但问题的症结是：此种情况下，为何加害方非故意时亦要对侵害债权负责？此时，侵权法与继承法之矛盾昭然若揭。此外，既然《民法典》第1148条将继承人与受遗赠人并列，也可证明继承人与受遗赠人二者地位相同是"有法可依"。

---

[49] 程啸：《侵权责任法》，法律出版社2015年版，第191－196页。

最后，与物权法上的居住权制度难以衔接。《民法典》起草过程中，考虑到法定继承情况下，法定继承人与需要被继承人照顾之人间的利益冲突较为明显，[50] 因而吸收了罗马法的家长制精神，允许通过遗嘱方式将不动产的使用收益权遗赠给需要照顾的人，保障其生活利益。[51] 一般认为，此处的遗嘱意指广义遗嘱，包含遗赠的情形。以遗赠方式设立居住权的意图是赋予受遗赠人具有对抗效力的用益物权，但依遗赠请求模式，受遗赠人仅能请求继承人为其设立居住权，难免有无法保护受遗赠人利益与维护遗嘱自由的问题。有学者对此指出，在基于遗嘱、遗赠设立居住权的情形，登记的必要与否还需按照遗嘱、遗赠的特殊性予以变通处理。[52] 然而，即便允许受遗赠人可依遗嘱直接申请居住权登记，恐也无法解决受遗赠人取得居住权的前手系继承人而非被继承人的逻辑障碍。

（二）遗赠物权模式之辩护

有学者指出若赋予遗赠物权效力会产生三个逻辑冲突：第一，受遗赠人取得受遗赠物以清偿遗产债务为前提，若允许遗赠同继承一样发生物权效力，相当于用受遗赠人财产清偿债务，破坏了遗产清算的逻辑顺序；第二，我国并未采纳遗产债权属于优先权的做法，如果允许遗赠直接触发物权变动则相当于遗产债权人的债权优先于受遗赠人的物权，有违物权优先效力；第三，遗嘱一般在秘密情形下作出，不具有公示性。因此，遗赠导致的物权变动需经相应公示手段才能完成，以保证交易安全。[53]

笔者认为，上述理由不具有充分说服力。第一，针对“受遗赠人不负担义务”的反对意见笔者前已详述。《民法典》第 1162 条虽体现了遗产债务的优先性，但并不能推导出受遗赠人是以自己既得之财产清偿遗产债务的结论。受遗赠人与继承人在地位上无区别，仅在清偿遗产债务上有顺位差异。作为佐证的《民法典》第 1163 条明确了清偿遗产债务的顺位，其规定的顺位差异不仅体现了对被继承人的尊重，亦彰显了立法者对遗产利益之“经济价值”的重视，是立法者“事前观点”勇敢且成功的尝试。法经济学

[50] 马新彦：《居住权立法与继承编的制度创新》，载《清华法学》2018 年第 2 期。

[51] 鲁晓明：《居住权之定位与规则设计》，载《中国法学》2019 年第 3 期。

[52] 申卫星、杨旭：《中国民法典应如何规定居住权?》，载《比较法研究》2019 年第 6 期。

[53] 房绍坤：《遗赠能够引起物权变动吗》，载《当代法学》2012 年第 6 期。

强调，不同于事后观点的善后功能，事前观点重视“激励”，即通过法规促使行为人践行立法者的期待。[54] 对“经济价值”的重视就是对被继承人—遗嘱继承人与遗赠人—受遗赠人间“情感纽带”的重视。可以肯定，遗嘱中确定的遗产利益饱含被继承人（遗赠人）的主观情感，通常遗嘱继承人（遗赠人）亦有强烈主观期待。因此，尊重“经济价值”会促使遗嘱人更倾向于以遗嘱来安排其死后之利益归属，这会减少无遗嘱下遗产无序分配的争端。

第二个反对观点没有厘清继承发生后债之变化。在限定继承的安排下，无论是继承人还是受遗赠人，均是在所获遗产范围内承担债务。由于我国责任承担上的限定继承主义与遗产范围上的概括继承主义[55]，继承发生后债务的处理系债务之继承，对于债权人而言仅是债务人主体发生变更，责任财产范围和债务标的本身没有变化。无论在继承发生之前，抑或继承发生之后，债权人都仅享有向特定人请求履行债务的请求权，自然也不存在债权优先于物权的谬误。

第三个反对观点忽略了《民法典》第230条之立法目的。该条的目的是为避免法律上的逻辑障碍，无论继承还是遗赠都系基于法律的直接规定而取得所有权。遗产分割完毕前，遗产利益无法被“所有权人”处分而进入交易流通环节，所有权的这种拟制其实只有逻辑、孳息归属与责任承担上的意义。换言之，在处分之前要求必须具有物权变动的公示意义并不大。

此外，有学者认为受遗赠人为共有人的观点经不起推敲。法理上，若承认种类物遗赠或选择遗赠的受遗赠人为遗产的共同共有人，会导致在遗产债务清偿阶段，违背特定化或者选择的遗赠物被全部或部分地用于遗产债务清偿，受遗赠人权利会因此受损；情理上，将受遗赠人确定为共有人会导致外

---

[54] “事前观点”下，经济分析强调物之“经济价值”（economic value），即物之市价加上所有权人自己之“主观价值”（subject value）。事后观点下，强调物之“公平市价”（fair market value），或称市价。参见张永健：《物权法之经济分析：所有权》，北京大学出版社2019年版，第23－25页。

[55] 限定继承，指继承人仅以因继承所得遗产危险，偿还被继承人的债务。概括继承，指继承人概括承受被继承人财产上的一切权利与义务。参见林秀雄：《继承法讲义》，元照出版社2017年版，第13页；张平华、刘耀东：《继承法原理》，中国法制出版社2009年版，第13页。

人参与到遗产事务管理过程中，与中国民众在实践中所采取的习惯做法不符。[56] 笔者认为，此观点看似具有合理性，却难以立足。法理上，种类物遗赠和选择遗赠难以在现行法语境下实施，其症结并非在于赋予受遗赠人共有人身份，而是尚未建立统一、规范的种类物遗赠和选择遗赠制度。即使承认受遗赠人的债权请求效力，遗嘱继承语境下仍要面临遗嘱人如何将特定物给予遗嘱继承人或遗嘱继承人如何行使选择权的难题，而遗嘱继承所面临的此种困境恰恰比遗赠更常见、更具一般性。因此，欲在中国法语境下承认种类物遗嘱继承/遗赠和选择遗嘱继承/遗赠，当务之急是完善相关权利的行使程序与救济规则，以改变遗赠法律效力的方式代行“制度破冰”无异于隔靴搔痒。情理上，赋予受遗赠人共有人身份的本意并非使其参与遗产管理活动，特别在引入遗产管理人制度后，更无需担忧“外人”将参与继承管理事务而否认遗赠的物权效力。

采遗赠物权模式将受遗赠人纳入“过渡期”的所有权主体中，受遗赠人与继承人一并在遗产分割程序（第二阶段物权变动）中获得遗产所有权，既无理论障碍，亦有助于厘清遗产分配程序。此外，由于我国遗嘱继承人和受遗赠人仅存在身份上的区别，其内容往往体现在同一份遗嘱当中，在同一环节中处理遗嘱继承和遗赠也更符合社会大众对于遗产分割的传统认识。此时若另起炉灶对遗赠新设独立的实现程序，只会徒增社会学习与利用法律的成本。

四、遗赠物权变动效力的解释路径

经前文分析，笔者认为应尽可能保持《物权法》第 29 条的规范内容，将遗赠同一般继承归入直接引发物权变动的法律事实中。依《民法典》的表述，通过一定的法律解释技术可实现这一目标，不需要进行法律表述的修改。本部分将围绕着文义解释、体系解释及目的解释三个维度对《民法典》第 230 条予以分析，以赋予遗赠物权效力。

从文义上来看，我国《继承法》及《民法典》中并无《物权法》第 29 条“受遗赠开始后”的法律表述，而统一使用“继承开始时/后”的语言表述。在文义理解上，“继承”一词有广义和狭义两种含义。前者以《现代汉

---

[56] 翟远见、关华鹏：《论遗赠的效力》，载《云南社会科学》2021 年第 2 期。

语词典》的释义为代表，认为“继承”是指“依法承受（死者的遗产）[57]”，此种广义解释囊括了继受遗产的所有活动。后者以中国法学会民法典编纂领导小组的定义为代表，其认为“继承”是指依法律规定或者遗嘱指定，将自然人死亡时遗留的个人财产，转移给其近亲属承受的法律制度。[58] 此见解采取了狭义的“继承”概念，未将遗赠与遗赠扶养协议纳入“继承”的概念之中。可见，在文义上，对于“继承”广义和狭义的理解是两可的，立法者并未明确采取狭义的“继承”概念，这为遗赠被纳入“继承”的广义解释预留了空间。

表1　民法典继承编第一章中涉及“继承”的条文表述

序号	条文序号	条文表述
1	第1119条	本编调整因继承产生的民事关系
2	第1121条	继承从被继承人死亡时开始
3	第1121条	……辈分相同的，推定同时死亡，相互不发生继承
4	第1122条	依照法律规定或者根据其性质不得继承的遗产，不得继承
5	第1123条	继承开始后，按照法定继承办理；有遗嘱的，按照遗嘱继承或者遗赠办理；有遗赠扶养协议的，按照协议办理
6	第1124条	继承开始后，继承人放弃继承的，应当在遗产处理前，以书面形式作出放弃继承的表示；没有表示的，视为接受继承。 受遗赠人应当在知道受遗赠后六十日内，作出接受或者放弃受遗赠的表示；到期没有表示的，视为放弃受遗赠

在体系上，通览民法典继承编中“第一章一般规定”的七条规范，共有十处独立出现“继承”一词（见表1）。在表中序号1－4的表述中，均以“继承”作为动词或名词表示“依法承受（死者的遗产）”的内涵，没有将“继承”视为“法定继承”及“遗嘱继承”之公因式，避免产生遗赠无法受民法典继承编调整、依照法律或其性质不能继承的遗产反而可以被遗赠的体系性谬误。在序号5的表述中，以“继承开始后”作为时间状语统筹后续继承活动，很明显将遗嘱与遗赠扶养协议纳入“继承”活动的范围中。值得注意的是序号6的条文虽然看似将“继承”与“遗赠”区分为两款进

[57] 中国社会科学院语言研究所词典编辑室：《现代汉语词典》第5版，商务印书馆2011年版，第648页。

[58] 杨立新：《民法分则继承编立法研究》，载《中国法学》2017年第2期。

行规定，但其本意在于对继承人与受遗赠人法律地位的得失规定不同约束规则。此外，尽管在特指遗赠的情形下，使用“受遗赠”“放弃遗赠”的表述能更清晰、准确地传达立法意图，但无法否认“遗赠”的法律概念可以被“继承”这一大概念所涵盖。

就立法目的而言，《民法典》第230条旨在为被继承人死亡导致的财产权利找到新的权利归属，避免某一阶段财产属于无主物。[59] 若采狭义的“继承”理解，势必导致受遗赠人被排除出“过渡期”内遗产共同共有主体。那么，如前所述，当仅存在受遗赠人而不存在继承人时，将无法寻觅“过渡期”遗产的主体，导致《民法典》第230条立法目的无法实现。而采广义的“继承”解释，则可完美地避开这一可能出现的法律漏洞。

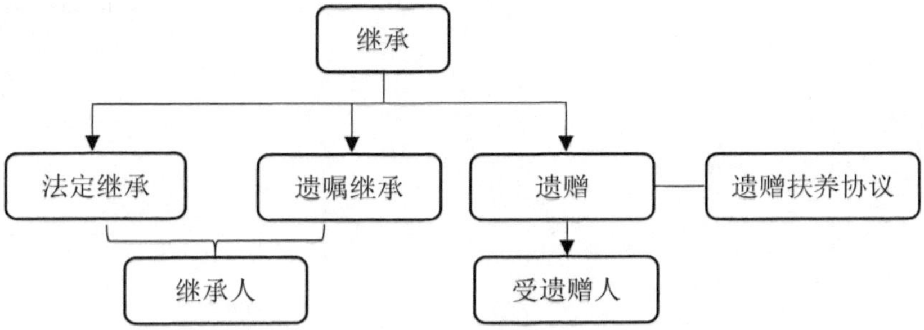

图3　《民法典》中继承语义范围示意图

回归《民法典》第230条，立法原文仅涉“继承”这一概念，这在法律解释层面为法律适用者将其解释为继承编中的大“继承”留下空间。最高人民法院在其编写的《民法典物权编理解与适用》也采纳了类似解释观点，其指出《继承法》的立法表述只有“继承开始”而未体现“受遗赠开始”一词，应当认为遗赠也适用继承的规定，遗赠标的物之所有权自继承开始便发生变动。此种解释方式可以有效规避法律概念适用的混乱，同时尊重了《物权法》第29条的立法惯性，切实保护受遗赠人的利益，在立法意旨上正本清源，厘清了遗赠引发物权效力，不失为一大进步。

五、结语

我国法上遗赠是根据受益人与遗嘱人之特定关系进行的区分。概括的遗产所有权转移在分类上属于非因法律行为的物权变动，其立法意旨在于构造

---

[59] 王利明：《物权法研究（上卷）》，中国人民大学出版社2013年版，第290页。

自继承开始至遗产分割完毕的所有权归属状态，不会产生此前学者曾质疑的“与遗赠的法律性质相冲突”“债权优先于物权”“缺乏足够公示手段”等问题。

遗赠有物权变动效力。主要原因为：若在中国特色的“遗赠”语义下强行变更受遗赠人法律地位，易造成受遗赠人法律定位模糊与制度体系混乱。相较而言，遗嘱物权模式更有利于简化和厘清遗产分割程序，易于社会大众与司法工作者理解该条并加以适用。现行制度体系下，采取保留遗赠引发物权效力的解释方法，将受遗赠人视为特殊的继承人，既尊重我国遗赠制度的特点又不会造成执行成本的不当增加。

（校对：高帆）

《民法典》第524条(第三人代为履行)评注

钟瑞禄*

摘　要:《民法典》第524条系新增条款，从体系安排及该条文义表达上考察，该条规定的是“第三人代为履行”制度。该制度突破债的相对性原则，以求达到保护第三人合法利益的目的。《民法典》第524条规定的第三人代为履行制度只包括法定代位，不宜扩张至意定代位的情形。第三人代为履行与债务转移、由第三人履行、债务履行承担和第三人替代履行等制度有所差别，其系第三人单方面主动代为履行。第三人代为履行规则的适用须严格把握“合法利益”要件，第三人对“合法利益”的证明承担责任。第三人代为履行后产生法定的债权转让的效果，因此该条的适用须结合债权转让的规则。

关键词: 第三人代为履行；法定代位；合法利益；债权转让

一、规范定位

(一) 不同表达

债的相对性被奉为债法的基本原则，与物权的绝对性一道奠定了划分近代民法中财产法的理论基础。[①] 根据债的相对性，债权人和债务人都是特定的，只有特定的债权人或债务人才能享有债权或负担债务。[②] 然而，诚如法谚所言：举凡原则乃皆有例外。民法调整的社会关系本身就是相互联系、纷繁复杂的，严格遵守债的相对性原则面临诸多问题。例如，倘若第三人有代

---

* **作者简介:** 钟瑞禄，中央财经大学法学院硕士研究生。

① 谭启平:《中国民法学》，法律出版社2021年版，第418页。

② 王泽鉴:《民法概要》，中国政法大学出版社2003年版，第162页。

债务人履约之意愿，法律是否应赋予其相应的权利？纵观世界各国和地区民法立法概况，对于这一问题，大多突破了债的相对性的限制，承认第三人有权代替债务人履行债务，只是表达各异。

所谓“表达各异”，首先体现在各国和地区立法表述不同。《法国民法典》第 1342 – 1 条规定：“除非债权人的拒绝是合理的，清偿可由非债务人完成。”③；《德国民法典》第 267 条规定：“债务人无须亲自给付的，第三人也可以履行给付。”④；《日本民法》第 474 条规定：“债务之清偿，第三人亦得作出。”⑤；台湾地区“民法”第 311 条规定：“债之清偿，得由第三人为之。”；我国民法亦有类似规定，依据《民法典》第 524 条，对履行债务具有合法利益的第三人有权代不履行债务的债务人履行。

除此之外，“表达各异”还体现在这一规定概念不一。对于这一制度的概念选择诸多，如代为清偿⑥、代位清偿⑦、履行承担⑧、第三人单方自愿履行⑨、第三人清偿⑩、第三人清偿代位⑪、第三人单方自愿代为履行⑫、第三人代为履行⑬、第三人代为清偿⑭。以上概念中，本文认为“第三人代为履行”最为恰当，原因如下：一是“第三人”和“代为履行”均节选于

---

③ 李世刚：《法国新债法：债之渊源（准合同）》，人民日报出版社 2017 年版，第 167 页。

④ 陈卫佐译注：《德国民法典》，法律出版社 2020 年版，第 97 页。

⑤ 李昊：《日本民法修正：回顾与反思》，北京大学出版社 2020 年版，第 169 页。

⑥ 王轶：《代为清偿制度论纲》，载《法学评论》1995 年第 1 期。

⑦ 李矩枫：《代位清偿的规范解释与体系联动》，载《行政与法》2021 年第 5 期。代位清偿也可称为“清偿代位”，前者着眼于清偿而论，后者着眼于代位而论，郑玉波：《民法债编总论》，陈荣隆修订，中国政法大学出版社 2004 年版，第 476 页。

⑧ 王利明：《论第三人代为履行》，载《法学杂志》2021 年第 8 期。

⑨ 程宏：《第三人单方自愿履行的法律后果》，载《广西大学学报（哲学社会科学版）》2007 年第 4 期。

⑩ 冉克平：《民法典编纂视野中的第三人清偿制度》，载《法商研究》2015 年第 2 期。

⑪ 陆家豪：《民法典第三人清偿代位制度的解释论》，载《华东政法大学学报》2021 年第 3 期。

⑫ 最高人民法院民法典贯彻实施领导小组：《中华人民共和国民法典合同编理解与适用（一）》，人民法院出版社 2020 年版，第 420 页。

⑬ 王利明：《论第三人代为履行》，载《法学杂志》2021 年第 8 期。

⑭《关于适用〈中华人民共和国民法典〉合同编通则部分的解释（征求意见稿）》第 31 条。

法条本身所用词汇，二者搭配构成主谓结构句式，表述简短完整，不会曲解原文；二是“第三人代为履行”能够与其他同样规定第三人可作为合同履行主体的条文称谓相区别，如《民法典》第 523 条规定的“由第三人履行的合同”，且用“代为”二字可限制其外延，而“第三人清偿”则易引起歧义，不知其指代的是“由第三人履行”抑或“第三人代为履行”；三是与其他概念相比，“第三人代为履行”更好地概括了条文要义，而“代为清偿”过于简短，“第三人单方自愿代为履行”过于冗长。综上，本文认为可采用“第三人代为履行”来代指《民法典》第 524 条，避免因表达各异造成对该条文理解和适用上的偏差。

（二）规范意旨

倘若严守债的相对性原则，当涉及第三人利益的债的履行陷入困难时将产生两大问题。一个问题是影响债务履行，尤其是在没有担保的情况下，而且若第三人愿替债务人履行，债务人亦同意第三人代为履行，但受制于债的相对性，第三人不能直接向债权人履行，纵使可以通过其他制度达到“替代”第三人履行的效果，例如债务人可将债务转移给第三人，但这不仅将降低合同履行效率，理论上还面临债权人拒绝债务转移的风险。另一问题是第三人的合法权益将受到损害，纵使第三人能够通过其他制度得到救济，例如第三人可以向法院起诉请求债务人赔偿损失，但需付出大量时间和经济成本，还需承担败诉风险，加重了第三人的负担。

为妥善解决上述问题，第三人代为履行制度应时而生。从整体上把握《民法典》第 524 条，第三人代为履行制度的设立是为了维护第三人的合法利益，这也是该条款突破债的相对性原则的正当性所在。根据《民法典》第 524 条，第三人有代为履行的主动权，无需考虑是否违反债务人意思，且债权人不能拒绝债务人的履行，除非存在不得由第三人代为履行或损害债权人利益的情形。[15] 更重要的是，债权人接受第三人履行后，债权人对债务人的债权及相关从权利将自动转让给第三人，第三人可以向债务人追偿。

（三）规范射程

第三人代为履行在法国法中被称为代位清偿，《法国民法典》第 1346

[15] 黄薇：《中华人民共和国民法典合同编解读（上册）》，中国法制出版社 2020 年版，第 212 页。

条规定了法定代位清偿制度（法定代位），第 1346 - 1 条和第 1346 - 2 条规定了约定代位清偿制度（意定代位）。意定代位与法定代位相比原则上无须第三人具有合法利益，第三人经债权人或债务人承诺即可代为履行。⑯ 有论者认为《民法典》第 524 条存在立法漏洞，应采取个别类推方式进行填补，该条除了适用于法定代位之外，亦适用于意定代位，理由是意定代位与法定代位在价值理念上一致，均彰显了第三人为了追求自利而产生的他利性，而且意定代位有利于提升交易效率。⑰

本文认为，无论法定代位或意定代位都突破了债的相对性，因而需检验其正当性与必要性。债之履行本与第三人无关，但若债务人不履行债务将损害第三人的合法利益，使第三人陷入不安状态，此时维护第三人合法利益应优于严守债的相对性，规定法定代位允许第三人代为履行有其正当性；况且，若第三人本愿主动代为履行以保全自身利益，因无法定代位规范只能借助债务转移或由第三人履行等制度，逻辑上有被拒绝之可能，因此规定法定代位保障第三人单方主动代为履行实有必要。意定代位无“合法利益”之限，其正当性为意思自治，因为允许无合法利益之第三人代为履行乃出于其与债务人或债权人之合意。问题是无合法利益之第三人代为履行须债务人或债权人一方抑或须双方均同意？因为债务履行人的能力和信用与债权能否实现密切相关，若仅须债务人同意，对债权人实为不利，并不合理，因此本文认为即使承认意定代位亦应尊重债权人的意思。而若仅须债权人同意，通过债权让与亦可达到类似代为履行的效果，若债权人与债务人均同意，则选择债务移转或债权转让均可达到类似效果，既有同意也不存在被拒绝的问题，如此则意定代位之必要性存疑。

此外，该论者还试图从条文结构编排的角度说明立法者将《民法典》第 524 条分款规定是在为意定代位制造空间，理由是《民法典》第 524 条第 2 款之规定与意定代位之效果如出一辙。⑱ 如此解释也不合理，不能因为效果一致就认为该分款规定为意定代位留有空间。《民法典》第 524 条分款

---

⑯ 韩京京：《论法国代位清偿制度及对我国的启示》，载《福州大学学报（哲学社会科学版）》2022 年第 5 期。

⑰ 陆家豪：《民法典第三人清偿代位制度的解释论》，载《华东政法大学学报》2021 年第 3 期。

⑱ 陆家豪：《民法典第三人清偿代位制度的解释论》，载《华东政法大学学报》2021 年第 3 期。

规定系为了分别规定第三人代为履行的条件与效果，其中第2款仅规定对债的履行具有合法利益的第三人代为履行的法律效果⑲，与第1款紧密衔接，而不宜割裂前后两款的联系。而且从条文文义来看，《民法典》第524条的射程只包括了法定代位，在文义明确的情况下应尊重条文本意。况且，从立法过程上考察，在民法典编纂过程中，徐国栋教授主编的《绿色民法典草案》第7分编第292条就规定了意定代位制度，没有利害关系的人依债权人或债务人的同意可以享有代位权⑳，但是此建议未被采纳，从中可以看出立法者对意定代位的否定态度。

二、体系关联

在《民法典》实施以前，因第三人代为履行产生的纠纷客观存在，但因我国民事立法中无相关规范，法官主要依据法理审理有关案件，关于第三人代为履行的性质与效果等问题观点纷呈。㉑ 有鉴于此，有必要从债的履行体系上比较第三人代为履行、由第三人履行以及债务转移等制度，以免法律适用错误，造成争议。另外，《民法典》第581条还新增了第三人替代履行条款，与第三人代为履行名称相近，二者有何联系和区别？

（一）第三人代为履行与由第三人履行

《民法典》第523条规定了由第三人履行的合同。由第三人履行与第三

---

⑲ 黄薇：《中华人民共和国民法典合同编解读（上册）》，中国法制出版社2020年版，第215页。

⑳ 徐国栋：《绿色民法典草案》，社会科学文献出版社2004年版，第495页。

㉑ 陆家豪：《民法典第三人清偿代位制度的解释论》，载《华东政法大学学报》2021年第3期。相关案例如在“谈凯与康斌等民间借贷纠纷上诉案”中，原审法院认为谈凯承诺代为清偿的行为系债务承担，被告王波因此脱离债务关系，二审法院则认为谈凯承诺的是替代而非取代债务人履行债务，其只是履行辅助人，参见安徽省合肥市中级人民法院民事判决书（2014）合民一终字第01279号。又如在“温际江等诉温春红等追偿权纠纷案”中，法院肯定第三人代为履行得以清偿债务的效力，法院认为“第三人清偿是指由第三人代为消灭债务，以自己的名义向债权人清偿。当第三人的给付能够使债权人得到满足，同时又对债务人并无不利的，原则上第三人的清偿行为应为有效”。参见黑龙江省尚志市人民法院民事判决书（2016）黑0183民初第2098号。再如在“崔维洋、王晓升不当得利纠纷案”中，法院认为原告替被告偿还借款的行为系无法律上利害关系的第三人代为清偿，原债权债务关系因原告清偿消灭，故原告可以向被告追偿，参见山东省德州市中级人民法院民事判决书（2020）鲁14民终264号。

人代为履行的共同之处在于两者都打破了合同相对性的限制，根据由第三人履行的合同的规则，合同当事人可以约定为第三人设定义务，由第三人向债权人履行债务。[22] 另外，无论是由第三人履行，还是第三人代为履行，第三人均没有成为债的关系的当事人，当第三人不履行债务或者履行债务不符合约定，债权人应当向债务人而非第三人主张违约责任。[23]

第三人代为履行与由第三人履行也存在诸多不同，主要体现在以下几点。一是第三人代为履行具有主动性，只要其符合代为履行的条件，即可单方替代债务人履行；而由第三人履行的第三人是被动履行，只有当事人之间约定第三人可代债务人履行，第三人才能成为履行主体。[24] 二是第三人代为履行的债务通常受到限制，不宜由第三人代为履行的债务第三人不能代为履行；而由第三人履行则不受此限制，因为由第三人履行需有当事人之间的约定，根据意思自治原则，如果当事人同意由第三人履行本应由债务人亲自履行的债务，应从其约定。[25] 三是第三人代为履行后债权人的债权自动转让给第三人，第三人可以向债务人追偿；而由第三人履行的第三人履行完毕后，是否取得对债务人的返还请求权取决于第三人与债务人之间的约定。[26]

（二）第三人代为履行与债务转移

《民法典》第551条规定了债务转移制度，债务转移又称为债务承担，可分为免责的债务承担与并存的债务承担。[27] 第三人代为履行与债务转移都有第三人履行债务的客观事实，然二者的区别亦显而易见。首先，债务转移需债的当事人与第三人达成合意，尤其是需征得债权人同意，实践中一般表现为债务转移合同；而第三人代为履行无需事先协议，第三人可单方主动履行债务。[28] 其次，第三人通过债务转移取得了债务人的地位，成为债的当事

㉒ 龙卫球：《中华人民共和国民法典合同编释义（上册）》，中国法制出版社2020年版，第183页。

㉓ 谭启平：《中国民法学》，法律出版社2021年版，第464页。

㉔ 龙卫球：《中华人民共和国民法典合同编释义（上册）》，中国法制出版社2020年版，第183页。

㉕ 王利明：《论第三人代为履行》，载《法学杂志》2021年第8期。

㉖ 谭启平：《中国民法学》，法律出版社2021年版，第464页。

㉗ 韩世远：《合同法总论（第四版）》，法律出版社2018年版，第626页。

㉘ 黄薇：《中华人民共和国民法典合同编解读（上册）》，中国法制出版社2020年版，第187页、第249页。

人[29]；而代为履行的第三人是以自己的名义替代债务人履行，并非债的当事人。再次，在债务转移的情形下，如果第三人不履行债务或履行债务不符合约定，那么债权人可以请求其承担违约责任，特别是在免责的债务承担下，第三人完全取代了债务人的地位，债权人无权要求原债务人履行合同或承担责任[30]；而代为履行的第三人如果不履行或者不按要求履行，债权人只能请求债务人履行债务或承担违约责任。

（三）第三人代为履行与债务履行承担

有学者提出过一个与第三人代为履行类似的概念——第三人代为清偿，第三人代为清偿包括第三人单方自愿履行和债务履行承担，前者即本文所指的第三人代为履行，而债务履行承担是指第三人与债务人约定第三人负有履行债务人债务的义务。[31] 按其定义，债务履行承担与第三人代为履行的共同之处在于第三人都是替代债务人履行债务，但都不加入债的关系；不同之处在于债务履行承担情形下第三人替代债务人履行系基于其与债务人的约定。实践中，还存在一种与第三人代为履行相似的制度，即履行辅助人制度。履行辅助人是指债务人指定的替代债务人完成给付的人。履行辅助人基于债务人的指示以债务人的名义履行债务。[32] 本文认为履行辅助人与债务履行承担的第三人相比，虽然一个基于指示履行，一个基于约定履行，但均以债务人的名义履行债务，都不承担债务不履行的责任，都不是自愿履行，二者实际所指一致。

（四）第三人代为履行与第三人替代履行

根据《民法典》第 581 条，若当事人一方不履行债务或履行债务不符合约定，且该债务不适于强制履行，对方可请求其支付费用，由第三人替代履行。第三人替代履行和第三人代为履行都涉及债务人不履行债务与第三人履行的问题，但二者也存在明显区别，最主要的区别就是，第三人代为履行系关于债的履行主体的问题，即具有合法利益的第三人能否成为债的履行主体，而第三人替代履行系关于债的违约救济的问题，即在一方违约的情况

---

[29] 韩世远：《合同法总论（第四版）》，法律出版社 2018 年版，第 626 页。

[30] 龚兵：《免责的债务承担》，载《法学杂志》2006 年第 2 期。

[31] 程宏：《第三人单方自愿履行的法律后果》，载《广西大学学报（哲学社会科学版）》2007 年第 4 期。

[32] 王利明：《论第三人代为履行》，载《法学杂志》2021 年第 8 期。

下，守约方能否请求违约方支付费用，以第三人替代履行的方式实现合同目的。不难看出，第三人提出代为履行具有主动性，而在第三人替代履行中，系守约方具有主动性，因为前者是为了保护第三人的权益，而后者是为了保护守约方的利益。[33] 另外，代为履行的第三人需对债务履行具有合法利益，而替代履行的第三人无此要求。并且，只要不是只能由债务人履行的债务，具有合法利益的第三人均可代为履行，而第三人替代履行则要求该债务不得强制履行但可替代履行，一般认为此种债务即种类行为之债或“种类行为因素”占据重要地位的“混合给付”。[34] 除此以外，第三人代为履行产生债的清偿和债权转让的效果，第三人有权向债务人追偿，而第三人替代履行的法律效果为债权人有权向第三人支付费用约定替代履行，并请求债务人向其支付相关费用[35]，而不是由第三人向债务人追偿。当然，债权人也可向债务人请求预付替代履行的费用。[36] 最后，若代为履行的第三人不履行债务或履行债务不符合约定，债权人只能向债务人主张违约责任，而若替代履行的第三人在履行过程中违约，债权人只能要求第三人承担违约责任，因为债权人和第三人建立了新的债权债务关系。

三、构成要件

在《民法典》颁布之前，相关规范阙如，关于第三人代为履行的构成要件有不同观点，如王轶教授曾总结“代为清偿”的四个有效要件，主要讨论的是该债务可以由第三人履行，特别强调第三人还须有为债务人履行的意思。[37] 也有观点认为债务人对第三人代为履行的行为具有提出异议的权利。[38] 而今《民法典》第524条明确了第三人代为履行的构成要件，具体如下：

---

[33] 最高人民法院民法典贯彻实施领导小组：《中华人民共和国民法典合同编理解与适用（一）》，人民法院出版社2020年版，第745页。

[34] 邱国威：《论第三人替代履行费用请求权》，载《河北法学》2022年第1期。

[35] 朱广新、谢鸿飞：《民法典评注：合同编通则（第二册）》，中国法制出版社2020年版，第365页。

[36] 邱国威：《论第三人替代履行费用请求权》，载《河北法学》2022年第1期。

[37] 王轶：《代为清偿制度论纲》，载《法学评论》1995年第1期。

[38] 施建辉：《第三人代为清偿研究》，载《法学评论》2007年第6期；最高人民法院民法典贯彻实施领导小组：《中华人民共和国民法典合同编理解与适用（一）》，人民法院出版社2020年版，第425页。

（一）第三人无直接向债权人履行债务的义务

根据债的相对性，直接向债权人履行债务的一般是债务人。需注意，此处的债务人应作广义理解，即包括连带债务人、不可分债务人以及债务人之代理人。[39] 再者，可突破债的相对性原则，根据当事人的约定由第三人直接向债权人履行。[40] 据此，若为以上两种情形，履行主体或为合同当事人，而非“第三人”，向债权人履行债务系其应有义务；或根据当事人约定向债权人履行债务，应适用由第三人履行规则，不可谓“代为履行”。

（二）债务人不履行债务

倘若债务人愿意履约，实无打破债的相对性原则之必要，否则将严重影响债的关系的稳定性。因此第三人欲提出代为履行，前提是债务人不履行债务。关于“债务人不履行债务”，需注意两个问题。一是债务人不履行债务既包括不履行主给付义务，也包括不履行从给付义务。债务人不履行主给付义务将严重影响债务的履行，第三人可代为履行自不待言。问题是债务人不履行从给付义务，第三人能否代为履行？本文认为若从给付义务之履行系实现合同目的之必要，一方不履行从给付义务将不利于债的全面履行，阻碍债权的充分实现，相对方可行使履行中的抗辩权甚至解除权[41]，进而影响第三人的合法利益，且《民法典》第524条也未限制为“债务人不履行合同主要债务”，因此不宜限缩解释为仅在债务人不履行主给付义务时，第三人方可代为履行。二是此处的“不履行债务”是一个动态的过程。“不履行债务”应包括债务人拒绝履行，也包括债务人丧失或可能丧失履约能力以及委托他人履行已不可能的情形。[42] 其中拒绝履行包括债务人明示拒绝履行和默示拒绝履行，“债务人丧失或可能丧失履约能力”的情形则可参考《民法典》第527条规定的“不安事由”，如债务人的经营状况严重恶化。扩大解释“不履行债务”的情形，赋予第三人代为履行的更大空间，使第三人的

[39] 史尚宽：《债法总论》，中国政法大学出版社2000年版，第776页；邱聪智：《新订民法债编通则（下）》，中国人民大学出版社2004年版，第446页。

[40] 江必新：《民法典重点修改及新条文解读（上册）》，中国法制出版社2020年版，第184页。

[41] 谭启平：《中国民法学》，法律出版社2021年版，第415页。

[42] 江必新：《民法典重点修改及新条文解读（上册）》，中国法制出版社2020年版，第184页。

利益得到更加周全的保护，契合规范意旨。当然，参考《民法典》第528条，若债务人能及时恢复履约能力或提供担保，第三人代为履行则失去了必要条件。

（三）第三人对债务履行具有合法利益

《民法典》第524条没有区分有合法利益第三人与无合法利益第三人，仅规定第三人对履行债务具有合法利益才有权代为履行。且第524条系采概括主义立法例，即使后来立法者在《关于适用〈中华人民共和国民法典〉合同编通则部分的解释（征求意见稿）》［以下简称《合同编通则解释（征求意见稿）》］第31条中列举了6类民事主体，但该条也赋予法官对认定第三人是否有合法利益的自由裁量权。实际上，“合法利益”系不确定概念，具有解释空间。因此，有必要明确“合法利益”的外延。㊸

表1　对债务履行具有“合法利益”的第三人的外延

论者	范围
我妻荣㊹	物上保证人、担保不动产的受让人、同一不动产的后顺位抵押权人、其他
邱聪智㊺	物上保证人、保证人、合伙人
郑玉波㊻	连带债务人、不可分债务人、保证人、物上保证人、担保物之第三取得人、后次序之担保权人、无担保权之债权人、共有人、有亲属关系之人
冉克平㊼	合伙人及连带债务人、保证人、物上保证人、抵押财产的受让人、后顺位的抵押权人
王利明㊽	与债务人有一定的人身关系或就债务清偿可获一定财产利益的第三人。如抵押物的受让人、转租中的次承租人、代子公司偿债的母公司、其他

㊸ 比较法上，“合法利益”还有不同表述，如“利害关系”（台湾地区“民法”第311条）、“正当利益”（《法国民法典》第1346条、《日本民法》第474条）。

㊹ ［日］我妻荣：《新订债权总论》，王燚译，中国法制出版社2008年版，第218页。

㊺ 邱聪智：《新订民法债编通则（下）》，中国人民大学出版社2004年版，第446页。

㊻ 郑玉波：《民法债编总论》，陈荣隆修订，中国政法大学出版社2004年版，第478页。

㊼ 冉克平：《民法典编纂视野中的第三人清偿制度》，载《法商研究》2015年第2期。

㊽ 王利明：《〈民法典〉抵押物转让规则新解》，载《法律科学（西北政法大学学报）》2021第1期；王利明：《论第三人代为履行》，载《法学杂志》2021年第8期。

续表

论者	范围
王洪㊾	抵押物转让中的受让人、担保人、代子公司清偿债务的母公司、代出租人偿还房贷的承租人、代为支付租金的次承租人、其他
最高人民法院㊿	保证人或者提供物的担保的第三人；担保财产的受让人、用益物权人、合法占有人；担保财产上的后顺位担保权人；对债务人的财产享有合法权益且该权益将因财产被强制执行而丧失的第三人；股东或者合伙人；近亲属；其他

如表1所示，具有“合法利益”的第三人的外延，有若干代表性观点。比较以上各种观点，不难看出司法解释的起草者和诸学者之间的看法基本一致，略有差异。因为司法解释系有权解释，而且该解释的列举较为宽泛，所以下文以此为例，进一步说明各类“第三人”对债务履行具有合法利益的具体内容。

1. 保证人或者提供物的担保的第三人

对于提供物的担保的第三人而言，当债务人不履行债务时，债权人可将第三人提供的担保物折价或者拍卖、变卖以优先受偿，因此其确有因债务人不履行债务而丧失对物的所有权之可能，尤其是若第三人提供的担保物有特殊意义，则对其更为不利。另外，若债权人提起诉讼，第三人还可能陷入诉讼泥潭。因此，允许提供物的担保人代为清偿并无不可。而对于保证人而言，本文认为《合同编通则解释（征求意见稿）》将其纳入“第三人”的范围值得商榷。因为保证人系人的担保，而无需提供特定物作为担保，因此在债务人不履行债务时并无丧失特定物的所有权的风险。且根据《民法典》第700条，保证人承担保证责任后不仅拥有追偿权，还拥有代位权，与对债务履行具有合法利益的第三人无异，不必舍近求远适用第524条主动履行债务。[51] 即使将保证人视为对债务履行具有合法利益，也需注意连带责任保证系保证人与债务人对债务承担连带责任，保证人在其保证范围内实为连带债

㊾ 谭启平：《中国民法学》，法律出版社2021年版，第468页。

㊿ 《关于适用〈中华人民共和国民法典〉合同编通则部分的解释（征求意见稿）》第31条。

[51] 胡梦杰：《〈民法典〉第三人清偿规则的解释论》，载《仲裁研究》2020年第4期。

务人，而非“第三人”。因此，这里的保证人应当限缩解释为一般保证的保证人。

2. 担保财产的受让人、用益物权人、合法占有人

原《物权法》第191条便规定抵押财产的受让人可以替代抵押人清偿债务，其余则未有“代为履行”的明确规定，《合同编通则解释（征求意见稿）》再次确认该类主体可代债务人履行债务，可见其典型性。之所以将担保财产的受让人归为对债务履行具有合法利益的第三人，主要是为了保护担保财产的受让人对担保财产的所有权。可转让的担保财产主要为抵押物，但抵押物的转让不影响抵押权。[52] 因此，若甲向乙借款，并以其所有的一台电脑作为抵押，而后甲将该电脑出售给丙，当甲到期不偿还借款时，乙仍可就该电脑向丙主张抵押权。此时，丙作为该电脑的所有人，为避免电脑被折价或拍卖、变卖，可代甲履行债务。同理，担保财产的用益物权人，如设置了抵押权的住宅的居住权人，为保全自己对该住宅占有、使用的利益，可以代债务人履行债务；担保财产的合法占有人，如物之借用或租用人占有某抵押物，为排除债权人为实现抵押权而妨碍其使用该物的行为，可代债务人履行债务，消灭抵押权。

3. 担保财产上的后顺位担保权人

若同一财产向两个以上债权人抵押，或同一财产既设立抵押权又设立质权，或设立了抵押权或质权的动产又被留置的，在债务人不履行债务，担保财产依法折价或者拍卖、变卖后，将产生清偿顺序的冲突，《民法典》第414条、第415条、第416条和第456条确立了包括留置权恒优先在内的担保权顺位规则，若担保财产折价或者拍卖、变卖的价款不足以清偿所有担保权人的债务那么顺位在后的担保权人将失去担保，以至于债权有不能受偿之虞。因此，为了保障担保财产上的后顺位担保权人顺利实现债权，在不损害先顺位担保权人利益的前提下，可允许其代债务人清偿债务。

4. 对债务人的财产享有合法权益且该权益将因财产被强制执行而丧失的第三人

在强制执行过程中，法院有权查封、扣押、冻结、拍卖、变卖被执行人名下的不动产（甚至唯一住房）、机动车、股票、存款等各类财产。以上财

---

[52] 程啸：《我国民法典中的抵押财产转让》，载《检察日报》2020年11月16日，第3版。

产不限于债务人提供的担保财产，因此若第三人对债务人财产享有合法权益，该财产又不属于担保财产，那么其也可依据此项代为履行。然而，“合法权益”也是一个模糊概念，在解释上，一方面为保持上下文的统一，可以参照《合同编通则解释（征求意见稿）》第31条第1款第2项，即所谓对债务人的财产具有合法权益的人包括该财产的用益物权人、合法占有人；另一方面，结合第三人代为履行的规范意旨，可以适当扩张，例如被执行人的共同居住人（没有居住权），为避免唯一住宅被强制执行而流离失所，亦可视为对债务人的财产享有合法利益代债务人履行债务。

5. 债务人的股东或者合伙人

若公司不履行债务，轻则影响日常经营，重则可能破产，均有损股东的经济收益。因此，允许股东代公司履行债务未尝不可。同理，合伙企业作为非法人组织也能以自己的名义对外从事民事活动，承担合同债务，并且合伙企业可以有自己的财产，在承担债务时，应先由自己履行。因此，若合伙企业有财产而不履行债务，合伙人本无义务履行，但为避免影响企业经营，进而影响自身收益，可代为履行。不过，需要区分的是，当合伙财产不足以履行债务时，合伙人须对合伙债务承担连带责任，此时合伙人系连带债务人，而非第三人。

6. 债务人的近亲属

债务人亲属能否视为对债务履行具有合法利益的第三人，尚存分歧。例如我妻荣和孙森焱均主张仅有亲属关系不能认定为有利害关系[53]；而郑玉波认为有亲属关系之人应解释为对债务履行有利害关系。[54]《合同编通则解释（征求意见稿）》对此持肯定意见，但限定为近亲属。[55] 究其原因，主要是近亲属大都共同生活居住，或关系甚密，债务人不履行债务，可能扰近亲属生活之安宁；或感情颇深，债务人不履行债务而被催债、起诉、强制执行，其近亲属难免过意不去，尤其父母对负债之未成年子女。因此，许近亲属代为履行符合常理人情。但需讨论的是，夫妻之间仅个人债务可代为履行，而

---

[53] ［日］我妻荣：《新订债权总论》，王燚译，中国法制出版社2008年版，第218页；孙森焱：《民法债编总论（下册）》，法律出版社2006年版，第838页。

[54] 郑玉波：《民法债编总论》，陈荣隆修订，中国政法大学出版社2004年版，第478－479页。

[55] 《关于适用〈中华人民共和国民法典〉合同编通则部分的解释（征求意见稿）》第31条第1款第6项。

共同债务系连带债务[56]，若一方愿履行债务，而债权人无正当理由拒绝受领，可以依法提存以使债务消灭。

7. 其他

社会生活异常丰富，对履行债务具有合法利益的第三人不胜枚举。其他典型的第三人会因债务人不履行合同而遭受利益损失的情况，也可视其为对债务履行具有“合法利益”的第三人，如债务人为子公司的，其母公司[57]；又如次承租人[58]；又如代客户偿还欠款的信贷员[59]等。总之，“合法利益”的界定需要立法者与司法者的共同努力。在立法者通过司法解释以“列举+兜底条款”的形式明确何种民事主体属于对债务履行具有合法利益的第三人的基础上，司法者在裁判过程中应善用兜底条款，根据具体情况判断当事人所主张的情形是否属于“合法利益”。

（四）不存在不得由第三人代为履行的情形

《民法典》524条第1款规定了三种只能由债务人履行的情形，债权人可据此拒绝第三人代为履行。

1. 根据债务的性质只能由债务人履行

判断债务是否只能由债务人亲自履行的关键在于看该债务是否具有人身专属性。具有人身专属性的债务包括两类：基于信赖关系形成的债务和依赖于债务人的专属技能才能完成的债务，前者如雇佣合同、委托合同等，后者如演出合同、承揽合同等，债务人的个人品质特质在上述合同履行中发挥重大作用，如果非由债务人亲自完成，订立合同欲达之效果可能无法实现。当然，从促进债的履行的角度出发，倘若债务不具有绝对的人身专属性，第三人的履行也能实现同等效果，如劳务、委托、保管等债务，亦当认可第三人

---

[56] 也有学者对夫妻共同债务做了进一步区分，认为夫妻共同意思表示与共同侵权所负共同债务属于无限连带债务；而夫或妻单方行为形成的共同债务属于有限连带债务，应先以债务人的个人财产清偿，不足部分再由共同财产清偿。冉克平：《论夫妻债务的清偿与执行规则》，载《法学杂志》2021年第8期。

[57] 谭启平：《中国民法学》，法律出版社2021年版，第468页。

[58] 詹艳、虞澍德：《第三人代为履行的解释论》，载《湖南工业大学学报（社会科学版）》2023年第1期。

[59] 例如在“罗某某诉杜某某追偿权纠纷”一案中，杜某某到期未向银行还利导致信贷员罗某某无法完成贷款收回率100%的任务，罗某某利益可能因此受损，罗某某代杜某某履行债务并要求其偿还垫付款得到法院支持，参见河南省信阳市平桥区人民法院民事判决书（2022）豫1503民初5296号。

代为履行的权利，不过这必须经过债权人同意。[60]

2. 按照当事人约定只能由债务人履行

当事人可以在合同中约定该债务只能由债务人履行，对于该约定应当予以尊重，否则违反意思自治原则。因此，如果合同约定履行主体只能是债务人，自然不得由第三人代为履行。[61] 不过，当事人之间的约定能否绝对限制第三人代为履行的权利不应一概而论，应注意审查当事人约定的目的与效力。即一方面要看当事人双方如此约定是为哪一方的利益，如果是为了保护债务人一方或者当事人双方之利益，则该约定可以构成对第三人代为履行的排除；如果是为了保护债权人利益，而债权人抛弃该利益愿接受第三人代为履行且对债务人无不利时，则该约定不应对第三人构成限制[62]；另一方面要看当事人约定的效力，如果当事人滥用权利，恶意串通，损害第三人合法权益，则该约定无效，不能成为限制第三人代为履行的理由。[63]

3. 依照法律规定只能由债务人履行

出于保障社会公共利益、贯彻诚实信用原则、维护缔约和交易秩序、防止债务人规避等考虑，法律强制规定了某些债务必须由债务人亲自履行。据此，第三人不能违反法律规定代为履行。典型的法律规定如《民法典》第 791 条，该条规定“建设工程主体结构的施工必须由承包人自行完成”，因此即使发包人或承包人同意，第三人也不能代承包人完成主体结构的施工。

（五）不得损害债权人利益

《民法典》第 524 条并未规定“不得损害债权人利益”这一要件，但比照《民法典》第 519 条和第 700 条，该两条规定连带债务人、保证人在代位追偿时不得损害债权人的利益。第三人代为履行后也有权代位债权人向债务人追偿，因此，可以类推第三人代为履行亦不得损害债权人利益，否则债权人有权拒绝。这也符合权利让与不得损害让与人的原则。[64] 实际上，《合

[60] 孙森焱：《民法债编总论（下册）》，法律出版社 2006 年版，第 837 页。

[61] 王利明：《中国民法典释评·合同编·通则》，中国人民大学出版社 2020 年版，第 432 页。

[62] 史尚宽：《债法总论》，中国政法大学出版社 2000 年版，第 778 页。

[63] 胡梦杰：《〈民法典〉第三人清偿规则的解释论》，载《仲裁研究》2020 年第 4 期。

[64] 陆家豪：《民法典第三人清偿代位制度的解释论》，载《华东政法大学学报》2021 年第 3 期。

同编通则解释（征求意见稿）》第 31 条第 2 款也补充了这一要件，规定“第三人在其已代为履行的范围内取得对债务人的债权，但是不得损害债权人的利益”。

四、法律效果

第三人代为履行将产生两大法律效果，一是债的清偿，二是债权转让。

（一）债的清偿

第三人虽然不是债的当事人，但其代替债务人履行也可以产生债的清偿的效果。如果债权人无故拒绝受领，第三人可以依法提存标的物。债权人能否拒绝第三人部分履行？本文认为既然《民法典》第 524 条没有限制第三人不能部分履行，那么应当允许第三人部分履行，但应符合部分履行的规定，如果第三人部分履行将损害债权人的利益，债权人有权拒绝。如果第三人履行债务不符合约定，债务无法清偿，此时债权人应请求债务人而非第三人承担违约责任，因为第三人并非债的当事人。[65]

（二）债权转让

在《民法典》出台之前，关于第三人代为履行后第三人将基于何种法律关系向债务人追偿这一问题，有四种观点：不当得利说、追偿权发生说、求偿代位说以及债权让与说。不当得利说认为第三人替代债务人偿还债务，第三人可以基于不当得利请求债务人返还其得利。[66] 追偿权发生说认为第三人代为履行享有向债务人追偿的权利，但这一观点未说明第三人向债务人追偿的具体依据。[67] 求偿代位说认为第三人代为履行后发生求偿代位的法律效果，求偿的依据是第三人与债务人之间的关系，第三人应未放弃对债务人的求偿权，代位系指第三人代债权人之位，与债的保全中的代位权不同。[68] 债权让与说认为第三人代为履行后债权人将其债权转让给第三人，系法定的债权转让，《民法典》采取了此说。根据《民法典》第 524 条第 2 款，第三人

---

[65] 江必新：《民法典重点修改及新条文解读（上册）》，中国法制出版社 2020 年版，第 185 页。

[66] 崔维洋、王晓升不当得利纠纷案，参见山东省德州市中级人民法院民事判决书（2020）鲁 14 民终 264 号。

[67] 王利明：《论第三人代为履行》，载《法学杂志》2021 年第 8 期。

[68] 王利明：《论第三人代为履行》，载《法学杂志》2021 年第 8 期。

代为履行后即受让债权人对债务人的债权，除非债务人与第三人另有约定。不过，为避免“排除约定”与第三人代为履行规范意旨相冲突，宜将其适用范围限于“该约定导致第三人求偿权消灭”的情形[69]，例如第三人基于赠与的意思代债务人履行，则其履行后不得向债务人追偿，一般也不会因此产生纠纷。[70]

既然第三人代为履行将产生债权转让的效果，那么《民法典》第 524 条的适用应结合债权转让的规则。[71] 例如，其一，与债权有关且非专属于债权人自身的从权利如抵押权、利息债权、定金债权等应一并转让给第三人。[72] 值得一提的是，《合同编通则解释（征求意见稿）》第 31 条第 3 款强调，担保人代为履行取得债权后，向其他担保人主张担保权利的，应当适用《最高人民法院关于适用〈中华人民共和国民法典〉有关担保制度的解释》第 13 条、第 14 条和第 18 条第 2 款的规定，即共同担保中提供担保的第三人相互追偿规则、担保人受让债权规则和担保人向债务人追偿规则。其二，债权人和第三人应遵守通知规则，当债权人接受第三人代为履行，债权将依法转让给第三人时，应通知债务人。有学者认为如果第三人未履行通知义务导致债务人仍向债权人履行债务，则第三人无权向债务人追偿，只能请求债权人返还不当得利。特别地，《民法典》第 696 条还规定债权人转让债权，应通知保证人，否则该转让对保证人无效。如果保证人与债权人约定禁止转让，债权人还需取得保证人同意，否则保证人对受让人（第三人）不再承担保证责任。其三，债务人对债权人的抗辩仍可向第三人主张，债务人亦可根据《民法典》第 549 条向第三人行使抵销权等。

需注意，在第三人代为部分履行的情况下，债权并未全部转让给第三人，而是第三人按其履行的部分享有相应债权，债权人享有未履行的债权。如此便会产生一系列问题，例如对于未代为履行的债务，债务人若仍不向债

---

[69] 李炬枫：《代位清偿的规范解释与体系联动》，载《行政与法》2021 年第 5 期。

[70] 张晓梅：《第三人主动履行债务的性质及效力》，载《法律适用》2003 年第 12 期。

[71] 相关条文参见《民法典》第 545－550 条。

[72] 当提供物的担保的第三人或担保财产的受让人代为履行，会造成所有权与担保权同归于一人的情况，而《民法典》第 393 条规定的担保物权消灭的事由不包括与所有权混同，因此此时担保权并不因混同而消灭。陈华彬：《论所有人抵押权》，载《现代法学》2014 年第 5 期。

权人履行，债权人能否解除合同？又如当第三人和债权人同时向债务人或担保人行使权利，该让谁优先受偿？上述问题的本质是该如何协调第三人与债权人的利益冲突。按照“债权让与不得损害债权人利益”原则并参考比较法的规定[73]，第三人部分履行的，应当优先照顾债权人利益。因此，解除权、撤销权等与债权人地位相关的从权利不随债权移转，第三人代为部分履行的，债务人若仍不履行剩余债务，债权人可以解除合同[74]，但应向第三人返还其已代为履行的部分。[75] 当第三人部分履行的，债权人就其剩余债权优先于第三人受让债权受偿，且此优先权为债权人专属权，若有若干第三人分别为部分履行，则彼此之间应按其履行数额平等行使受让债权与担保权，而无先后之分。[76]

五、证明责任

按照民事诉讼证明责任的一般分配原则，当事人对自己提出的主张，应当承担举证证明责任，否则将承担由此带来的不利后果。[77] 第三人代为履行中，主要有两个场景：一是第三人向债权人提出代为履行，二是第三人向债务人追偿。下面将按两个不同场景分别讨论第三人代为履行的证明责任问题。

在第一个场景中，第三人向债权人提出代为履行，应当证明符合第三人代为履行的要件。具言之，第三人应证明自己不是债务人，也未与债务人约定由其向债权人履行；还应证明债务人不履行债务，特别是债务人默示拒绝履行以及丧失或可能丧失履约能力的情况较难证明，第三人应特别加以证明；此外，第三人应证明自己对履行该债务具有合法利益。而不存在不得由第三人代为履行的情形以及不损害债权人的合法利益，第三人无须证明，因

---

[73] 例如《法国民法典》第1346－3条规定：“如果债权人仅得到部分清偿，代位不得侵害债权人；在此情况下，债权人就其剩余部分可行使其权利，且对剩余部分的权利优先于使其接收部分清偿的人。”又如《德国民法典》第268条第3款规定：“以第三人使债权人受清偿为限，债权转移给该第三人。不得使债权人受不利益而主张该项转移。”

[74] 郑玉波：《民法债编总论》，陈荣隆修订，中国政法大学出版社2004年版，第481页。

[75] 李炬枫：《代位清偿的规范解释与体系联动》，载《行政与法》2021年第5期。

[76] 史尚宽：《债法总论》，中国政法大学出版社2000年版，第808页。

[77] 张卫平：《民事诉讼法（第五版）》，法律出版社2019年版，第251页。

为这通常是债权人拒绝第三人代为履行的理由，且债权人通常比第三人更了解债务的性质、合同的特别约定、利益得损等情况，因此由债权人证明更加公平合理。

在第二个场景中，第三人向债务人追偿，应证明自己已替债务人实际履行债务，因为第三人代为履行后产生法定的债权转让的效果，因此第三人无须证明债权人与其达成债权转让的协议，但应证明其履行了通知义务，否则若债务人因未收到第三人代为履行和债权转让的通知，仍向债权人有效清偿，债务人有权拒绝第三人的追偿请求。

（校对：李心如）

刑事一体化视野下高空抛物罪的出罪机制研究

张文雅*

摘　要：高空抛物罪在司法实践中存在不当认定的现象，有必要构建出罪机制进而降低该罪不当归责的刑事风险。在讨论现有出罪路径之前，应明确高空抛物罪的保护法益与犯罪属性，前者是不特定人在公共空间中的人身安全，后者是抽象危险犯。现有出罪路径之不足包括“但书”条款适用标准模糊、“允许反证”实践效用薄弱以及实质解释依赖自由裁量权。需在刑事一体化语境下建构高空抛物罪的出罪机制。具言之，在刑事诉讼活动中，酌定不起诉使情节轻微的高空抛物行为脱离诉讼流程、侦鉴分离确保鉴定意见客观公正，以及刑事推定规则使得举证责任合理分配；在刑事实体法判定中，以实质解释为基准，优先考虑违法有责层面的实质出罪，“但书”条款起到兜底作用。

关键词：高空抛物罪；刑事一体化；出罪机制；出罪路径

一、问题的提出

近年来，高空抛物事件不断发生，侵害人民合法权益，不利社会和谐稳定。《刑法修正案（十一）》增设高空抛物罪，旨在完善刑法规制体系，填补刑罚处罚空白，处罚具有抽象危险性，且尚未构成其他犯罪的高空抛物行为。① 然而，立法层面的罪名新增并不能一劳永逸地解决问题。审视当前高空抛物罪司法实践情况，仍存在“不当认定”“罪责随意”等诸多争议，下

---

* **作者简介：**张文雅，苏州大学王健法学院刑法学硕士研究生。

① 曹波：《高空抛物“入刑”的正当根据及其体系性诠释》，载《河北法学》2021年第2期。

述两案例即示例。

【案例一】 李某某高空抛物不起诉案。[②] 行为人李某某于某日13时许，酒后在某小区4楼至5楼的楼道内，将数个种植有绿色植物的陶瓷花盆抛掷楼下，未造成损害结果。检察院认为李某某的行为符合高空抛罪构成要件，但犯罪情节轻微，无需判处刑罚，作出不起诉决定。

【案例二】 王某某高空抛物罪案。[③] 被告人王某某于某日20时许，酒后在居民楼8楼将一个花盆与一个带有玻璃的广告框抛掷楼下，未造成损害结果。法院认为王某某有坦白情节，自愿认罪认罚。最终认定王某某犯高空抛物罪，判处有期徒刑六个月，并处罚金二千元。

在上述案件中，两位行为人的抛物行为在客观上具有相似性，然而非难结果却迥然不同。申言之，在行为主体方面，两行为人实施抛掷行为时同样处于饮酒状态；在抛掷物冲击力方面，李某某自4楼抛掷若干陶瓷花盆能够导致人身伤亡或财物损失，而王某某从8楼抛掷花盆与带有玻璃的广告框的行为同样能够造成人身、财产法益侵害的严重后果；在量刑情节方面，二人同样具有认罪认罚从宽情节；在损害后果方面，两抛物行为均未造成实际损害后果；在违法性评价方面，检察院认为李某某的抛物行为情节轻微，作出酌定不起诉决定，法院则判处王某某有期徒刑六个月，并处罚金。为何相似的抛物行为会产生迥异的处罚结果？究其缘由，高空抛物罪是法益保护前置化的产物，刑罚非难的底线下降致使处罚范围扩大。同时，刑罚非难的依据也从实际损害结果转向行为客观危害性的判断。定罪依据模糊致使不同法院对类似行为作出不同的裁判结果，不当认定与罪责随意的司法判决问题也随之产生。

针对高空抛物罪在司法实践中存在的不当认定问题，学界一般从两方面着手解决。一方面，大多数学者在犯罪认定环节，通过刑法教义学解释高空抛物罪的法益、构成要件要素等内容明确该罪的入罪标准；另一方面，少数

② 广西壮族自治区柳州市柳南区人民检察院不起诉决定书柳南检刑不诉（2022）62号。

③ 重庆市江北区人民法院刑事判决书（2021）渝0105刑初320号。

学者通过梳理高空抛物罪的出罪路径，从而降低不当定罪的概率。④ 相较于前者而言，后者不拘泥于对刑法文本的解释，同时包含刑事诉讼活动的各个环节，从而拓展高空抛物罪出罪的多种路径。本文从后者出发，明确高空抛物罪所属的犯罪类型，进而探究现有出罪路径之优劣，在刑事一体化的语境下构建本罪的出罪机制。

二、高空抛物罪既有出罪路径之审视

在审视高空抛物罪的具体出罪路径之前，首先应明确该罪的犯罪属性，而犯罪属性又与其保护的法益紧密关联。针对本罪的保护法益，大体可分为“单一法益说”与“复合法益说”两种观点。主张“单一法益说”的学者们又存在主观解释论与客观解释论两种立场，前者多从高空抛物罪在《刑法》中的体系定位进行解释，认为本罪位于《刑法》第六章第一节扰乱公共秩序罪中，其保护的法益是“公共场所秩序”⑤ 或“公共秩序”⑥；后者从高空抛罪立法过程出发，认为本罪的立法变迁始终以风险预防为核心逻辑，将高空抛物罪设置在“扰乱公共秩序罪”之下，是为了提前保护公共安全。⑦

然而，无论是公共秩序法益，抑或是公共安全法益，其内涵都过于模糊宽泛，难以发挥法益在司法层面的解释规制机能，上述观点不足为取。还有学者从法益的本质内涵出发，在紧密结合高空抛物罪构成要件的基础上，将本罪法益界定为“不特定人在公共空间的人身安全”。⑧ 该观点既体现了高空抛物罪对公共秩序的保护，同时满足刑法谦抑性的要求，将刑罚非难限定在具体明确的范围内，具可行性与合理性。主张“复合法益说”的学者则认为高空抛物罪的保护法益由两部分组成，即由人身法益与财产法益组成的

---

④ 王霖、阎二鹏：《抽象危险犯认定路径检思与谦抑认定机制重构》，载《国家检察官学院学报》2017 年第 2 期。

⑤ 王志祥、李昊天：《高空抛物罪主观罪过形式的教义学分析》，载《河北法学》2022 年第 10 期。

⑥ 林维：《高空抛物罪的立法反思与教义适用》，载《法学》2021 年第 3 期。

⑦ 夏伟：《风险预防逻辑下高空抛物罪的教义学阐释》，载《西南民族大学学报（人文社会科学版）》2021 年第 9 期。

⑧ 敦宁：《高空抛物罪中“情节严重”的教义学诠释》，载《河北法学》2023 年第 3 期。

实质法益，以及与前述法益相关的公共安全保障。⑨ 该主张虽能周延地判断入罪标准，不过两法益互为表里，在司法实践中界定复合法益，不但增加司法判断成本，同时也有重复认定之嫌。笔者支持敦宁教授的观点，认为高空抛物罪保护法益为“不特定人在公共空间中的人身安全”。

从该法益出发，高空抛物罪应为抽象危险犯。首先，该罪并非实害犯，根据《最高人民法院关于依法妥善审理高空抛物、坠物案件的意见》（下文简称《意见》）第6条规定，多次实施高空抛物、经劝阻继续实施高空抛物或其他情形的，应当从重处罚，一般不适用缓刑。《意见》强调行为人实施抛物行为，即可构成犯罪，而非强调行为的实害后果；其次，该罪并非具体危险犯，高空抛物罪的最高法定刑为一年以下有期徒刑，是典型的轻罪罪名。若将该罪视为具体危险犯，则仅当高空抛物行为对行为人的人身安全产生现实、紧迫的危险时，才能认定本罪，在此情形下，高空抛物行为不发生实害结果是偶然情形，造成实害结果是常态。这意味着高空抛物罪的入罪门槛大大升高，与该罪的轻罪定位不符；最后，排除高空抛物罪是实害犯与具体危险犯后，该罪仅能为抽象危险犯。即根据一般社会经验判断，抛物行为存在法益侵害的危险，便具有刑罚非难可能性。⑩ 不过，并非一切对人身安全具有抽象危险性的行为都应认定为高空抛物罪。刑法作为制裁后果最严厉的部门法，应排除情节或侵害后果显著轻微的抛物行为。例如行为人从高空抛掷一片纸巾，无论如何也不能视为犯罪行为。

抽象危险犯的存在有其积极价值，能够在风险激增的现代社会实现刑罚预防犯罪的目的。高空抛物罪作为抽象危险犯，也应在特定语境下讨论现有出罪方式之优劣。

（一）“但书”条款难以直接作用于出罪路径之中

“但书”条款位于《刑法》第13条的后半部分，是刑事判决书中最主要的犯罪出罪路径。然而，仔细审视“但书”条款在出罪事由中的适用方式与适用层级，仍会发现存在适用标准模糊以及过度透支适用的情况：

1. 适用标准模糊：“但书”条款作为直接出罪事由

以“但书”条款进行出罪存在两种情况：一是用“但书”作为直接出

⑨ 姜涛：《高空抛物罪的刑法教义学分析》，载《江苏社会科学》2021年第5期。

⑩ 张明楷：《抽象危险犯：识别、分类与判断》，载《政法论坛》2023年第1期。

罪理由，这也是司法实践中的普遍现象之一；⑪ 二是以“但书”作为法定出罪媒介，用其他理论解释抽象危险犯出罪的合法性与合理性。对于第一种观点，有学者主张从我国当前的国情出发，“在判断抽象危险犯是否成立时无需考查实害结果与具体危险，而只需考查行为是否具有一般的抽象危险”⑫，如果具有，则构成犯罪；反之，则不具有法益侵害的可能性，以“但书”作为法律依据进行出罪。

在笔者看来，“但书”无疑是值得重视的法定出罪事由之一，且在司法实践中存在广泛的适用范围和场景，不过，能否将“但书”视为直接出罪事由值得推敲。首先，直接将“但书”条款作为非罪事由会导致说理粗糙，毕竟“情节显著轻微危害不大”适用的范围极其广泛，“但书”条款作为《刑法》总则中的出罪事由，能够为所有分则中的个罪进行出罪。进言之，适用范围广泛等同于“但书”含义不确切，法官直接以“但书”为由进行出罪会导致说理不充分。其次，说理粗糙致使不同法官判断标准不一。既然“但书”适用范围广泛、含义不确切且直接作为出罪事由而不做进一步解释，这易导致“一千个法官心中有一千个‘但书’适用标准”。最后，“但书”标准不一造成“但书”滥用，这也是“但书”条款常为人诟病的一点，甚至有学者以此为由主张完全不采纳其作为出罪事由。

2. 判断层级优位：“但书”条款作为间接出罪事由

既然“但书”条款不应作为直接出罪事由，那么，将“但书”视为法定出罪媒介，同时附加其他学理观点，论证高空抛物行为“不是犯罪”是否可行？笔者对此仍持消极态度。首先，即使司法人员通过一些理论来具体化、合理化“但书”条款在特定案件中的出罪效果，也无法从根本上避免“但书”的不当适用，“但书”自身的极大模糊性决定了这一点。其次，在司法实践中，存在行为人的行为符合其他法定出罪事由，法院通常援引“但书”进行出罪，致使“但书”条款被过度透支的情况。⑬ 换言之，“但书”条款作为最主要的出罪事由，凌驾于其他出罪事由之上，有泛滥适用之嫌。无论在特定案件中是否存在正当防卫、紧急避险等法定出罪事由，

---

⑪ 储陈城：《“但书”出罪适用的基础和规范》，载《当代法学》2017 年第 1 期。

⑫ 苏彩霞：《“风险社会”下抽象危险犯的扩张与限缩》，载《法商研究》2011 年第 4 期。

⑬ 刘艳红：《我国刑法的再法典化：模式选择与方案改革》，载《法制与社会发展》2023 年第 3 期。

“但书”条款始终位于判断出罪与否的第一层级。即使在适用“但书”条款时附加说理也无法避免这一现象。

针对上述情况，笔者认为在高空抛物罪的出罪路径中，“但书”条款无疑是法定出罪事由之一，不过仅能在尚无其他出罪事由的情况下适用，起兜底作用，如此能够达到人权保障与罪刑法定之间的均衡。

（二）“允许反证”理论的实践效用薄弱

抽象危险行为具有造成损害结果的一般可能性，不过这种可能性本身不确定。若能证明特定情形下的高空抛物行为不具有向实际损害转化的可能，则自始不构成犯罪。“允许反证”在此前提下具有讨论的必要性与可能性。⑭

1．“允许反证”否定说之反驳

在我国，应否允许反证是一个有争议的话题。有学者持反对态度，认为“允许反证”违反存疑有利被告人的原则，无论是法官还是被告人承担证明义务，证明不充分的不利后果最终均由被告人承担。⑮ 可是，“允许反证”必然会导致被告人承担证明不充分的不利后果吗？笔者认为这是从学理出发的推演流程，是一种文字游戏。具言之，该学者称允许反证的不利后果将由被告人承担，而忽视了在实际司法进程中，若不允许反证，被告人仅能承担否定后果，允许反证对被告人来说反而是“一线生机”，即使反证失败，被告人也不过是承担自己的“原否定后果”而已，并未造成“原否定后果”之外的损失。

还有学者从一般预防的角度出发主张不应允许反证，认为即使行为人的行为不具有特定危险，也存在他人模仿行为进而产生危及公共安全的危险。⑯ 若仔细探究该观点，会发现其仍是一种“理论假说”。在实际生活中，处罚未实施危险行为且不具有实质危险性的行为人，进而使其他社会一般人不敢犯罪，不但在逻辑上难以成立，也违反罪刑法定原则。

2．“允许反证”肯定说之不足

也有部分学者持支持态度，如付立庆教授基于实质解释的立场，认为抽

⑭ 董泽史：《抽象危险犯研究》，天津大学出版社2020年版，第59页。

⑮ 于润芝：《抽象危险犯的解构：从法益关联和危险控制展开》，载《南大法学》2022年第3期。

⑯ 付立庆：《应否允许抽象危险犯反证问题研究》，载《法商研究》2013年第6期。

象危险犯与行为犯的区别在于“抽象危险”实质存在，是抽象危险犯必备的构成要件要素（不成文构成要件要素）。既然“抽象危险”实质且独立存在，那么便应允许行为人进行反证。⑰ 该学者认为立法者未把防止法益侵害危险作为一种立法动机或理由，抽象危险犯与具体危险犯之间也并非具有质的区别，仅是量的不同，这也与本文的想法不谋而合。再如，张学永主张即使行为人实施了符合构成要件的行为，也应允许在特殊情况下以不具有危险为由反证出罪。⑱ 换言之，抽象危险犯的危险是立法推定的危险，一般情况下行为人只要实施构成要件，便具有法益侵害危险，但特殊条件下仍存在不具有抽象危险的情形。“允许反证”为情节显著轻微或不具有法益侵害可能性的高空抛物行为提供出罪路径，能够切实保障行为人的合法权益。笔者坚持从实质化理解的角度出发，认为高空抛物罪作为抽象危险犯，存在允许反证的空间。

“允许反证”的存在具有合理性，不过，在司法认定的过程中仍存在改进之处。具言之，“允许反证”对被告人的时间与金钱成本提出过高要求，被告人需通过多种途径提供令人信服的、证明自己行为不具有抽象危险性的证据。以高空抛物罪为例，行为人若想证明自己的抛物行为不具有对人身安全的抽象危险，则需委托专业人士在实际调查的基础上出具相关证明，或调取当天的监控证明抛物地无行人经过。无论如何，被告人在实际上承担了更多的证明成本，甚至在某些情况下，被告人面临难以取证的困难。如何合理分配证明责任将是刑事诉讼活动的关注焦点。

（三）实质解释依赖自由裁量权

实质解释以法益保护为基底，惩罚犯罪的同时，也兼顾对基本人权的保障。⑲ 在司法活动中，对积极刑法立法观指导下的新增轻罪条文起到合理限制作用。以高空抛物罪为例，实质解释在法益指导下，将不具有违法性、有责性的抛物行为排除在外，保障部分情节轻微的法益侵害或法益危险行为的

---

⑰ 付立庆：《积极主义刑法观及其展开》，中国人民大学出版社 2020 年版，第 320 页。

⑱ 张学永：《生产、销售假药罪的刑法教义学检讨》，载《中国人民公安大学学报（社会科学版）》2018 年第 3 期。

⑲ 欧阳本祺、秦长森：《积极刑法观的实践修正与功能完善》，载《东南大学学报（哲学社会科学版）》2023 年第 2 期。

出罪渠道。不过，如何确保司法人员理性地进行实质解释仍亟待解决。

1. 实质解释有助于抽象危险犯合理出罪

从实质解释的角度出发对抽象危险犯进行限制，大致可分为以法益侵害性为核心的实质解释与以构成要件为核心的实质解释两种类型。就前者而言，有学者主张对抽象危险犯应当从一切犯罪的本质——法益侵害的角度进行判断。该学者以结果无价值为前提，认为所有犯罪都应当进行实质判断，看是否侵害法益，抽象危险犯也不例外。在进行具体认定时，考虑到“危险”基于一般社会生活经验而设定，因此，在判断“危险”时也应当结合法条规定与日常生活中的行为事实进行判断。⑳ 这种围绕法益侵害进行的实质判断有利于实现个案的公正裁定，罚当其罪。对高空抛物行为进行刑罚非难，前提是满足违法构成要件的解释结论，而法益是构成要件标准的判断核心。因此，以法益为核心的实质解释能够将高空抛物罪的认定标准限制在合理范围。

就后者而言，有学者立足于犯罪构成三阶层体系，并主张在构成要件该当性层面进行实质解释。具言之，将法益侵害的抽象危险作为判断核心，在个案中对法益侵害进行实质性的解释或判断。㉑ 也有学者主张在三阶层犯罪构成体系中的某一环节进行出罪，如对违法阻却事由或超法规违法阻却事由进行实质解释，在探究立法原意的基础上将不具有法益侵害性的行为进行出罪。㉒ 上述观点以法律文本为起点，体现刑法教义学分析的体系性、精确性与逻辑性，在司法审查中有助于减少案件的审查难度，梳理个案出罪流程，值得肯定。

2. 法官决定实质解释的标准与方向

实质解释依赖法官的自由裁量权与主观能动性，换言之，若法官不主动采取上述标准，那么实质解释的出罪效果便是空中楼阁。纵观司法实践活动的全过程，司法人员并非必然遵循实质理性的指引，以致实质解释的观点在

⑳ 黎宏：《论抽象危险犯危险判断的经验法则之构建与适用》，载《政治与法律》2013 年第 8 期。

㉑ 周磊、秦波：《醉驾案件定罪问题与出罪路径研究》，载《法律适用》2018 年第 11 期。

㉒ 任志中、周蔚：《醉酒驾驶行为“出罪”问题探讨》，载《法律适用》2014 年第 8 期。

实际操作时并未落入实处，甚至与刑事法治相违背。㉓ 以石某某高空抛物案㉔为例，行为人石某某在工地施工时，因与他人发生争执，在12楼阳台将一扇黄色电梯铁门扔至一楼空地处，法院认定石某某构成高空抛物罪。法院认定思路是行为人从12楼的高度抛掷物品，且抛掷物（电梯铁门）能够造成他人伤亡的严重侵害后果，满足情节严重的认定标准。这种进行实质解释得出的判决结果乍一看并无问题，然而，司法人员忽视了抛掷地的特殊性。"空地"从字面意义上可理解为空旷的地面，既然抛掷地并无人或财物的存在，那么无论抛掷物的冲击力如何，都无法产生抽象危险性。

在我国积极罪刑法定的司法背景下，仅在刑法教义学层面专注理论构建，难以根本保证高空抛罪的合理出罪，也自然无法解决不当认定、罪责随意的司法问题。实质解释是有效的出罪路径这点毋庸置疑，不过，若想合理运用实质解释，应当确保法官恰当行使自由裁量权。高空抛物罪出罪机制的建构，除刑法教义学层面的出罪路径外，还需要结合刑事政策与刑事诉讼活动，调动法官的主观能动性，保证理论逻辑与实践逻辑相结合。

三、高空抛物罪出罪路径的整体性考量

应当承认，"但书"条款、"允许反证"以及实质解释的主张虽有不足，仍不失为是限制高空抛物罪不当认定的有效途径。在下文高空抛物罪的出罪机制建构中，将保留与吸收前述出罪路径中合理的主张与结论。建构本罪的出罪机制，重点在于把握刑法教义学、刑事诉讼活动与刑事政策之间的关系。㉕ 本文以刑法教义学为核心，刑事实体法与刑事程序法之间紧密结合。实体与程序之间不应有相互矛盾之处，同时，刑事政策对二者具有导向作用。具体落实到高空抛物罪的出罪机制中，可将其分为两部分：一是以刑事程序法的运行过程为主线，把高空抛物行为的非罪化落实到检察机关重视酌定不起诉、法院保障鉴定意见的规范适用以及法院重视刑事推定规则上来；二是以完善刑事实体法中高空抛物罪的具体出罪路径为重点，采用形式入罪

㉓ 王占启：《中国刑法现代化的基本模式构建》，载《法学杂志》2019年第9期。

㉔ 广东省韶关市武江区人民法院刑事判决书（2021）粤0203刑初299号。

㉕ 储槐植教授提出刑事一体化，其内涵不仅包括刑法教义学、刑事诉讼活动与刑事政策，还包括犯罪学、社会意识形态、政治体制、法文化、精神文明等，陈兴良教授认为还应当包括判例刑法学。本文考虑到篇幅有限，仅以定罪过程为主线，探讨刑法教义学、刑事诉讼活动与刑事政策之间的关系。

实质出罪的理念增补与修改出罪事由，“但书”条款具有兜底作用。

（一）刑事程序法层面：推进高空抛物罪非罪化的三个步骤

根据《刑事诉讼法》的规定，刑事案件需经过立案、侦查、起诉与审判四个环节，才能判定是否构成犯罪，承担刑事责任。在上述四环节中，首先应将立法与侦查阶段排除在出罪环节之外，公安机关作为立案侦查的行为主体，其行为受人民检察院的监督，检察院有权对应当立案而不立案、不应当立案而立案的行为进行监督，督促公安机关立案或撤案。[26] 可见立案与侦查阶段作出的决定仍有更改余地，并非最终结果。笔者在起诉与审判流程中讨论高空抛物罪的出罪路径，具体分为以下三个出罪环节：

1. 酌定不起诉：情节轻微的高空抛物行为脱离诉讼流程

我国《刑事诉讼法》第 177 条第 2 款规定：“对于犯罪情节轻微，依照刑法规定不需要判处刑罚或者免除刑罚的，人民检察院可以作出不起诉决定。”“可以作出不起诉决定”又称为“酌定不起诉”，在刑事诉讼环节中以“酌定不起诉”的方式为高空抛物行为进行出罪不仅具有实体法律依据，还具有以下合理之处：一方面，起到案件分流作用，将不具有刑罚处罚必要性或预防必要性的案件分流出刑事诉讼流程。高空抛物罪作为轻罪罪名，被告人承担的刑罚后果轻于故意伤害罪及类似罪名的刑罚后果，然而，行为人被贴上的犯罪标签与具有的负面社会影响是相似的。因此，若能够对行为人采取承担刑事责任之外的处罚方式，更有利于保障行为人的日常生活、就业等相关权利，也更有利于维持社会稳定。另一方面，与刑事政策相融合，弥补刑事实体法规范的滞后性。酌定不起诉的前提是行为人的行为已符合法定起诉条件，依法应当起诉，然而“法不外乎人情”，仅从成文法出发进行判断可能会落入形式主义的陷阱，脱离现实情况。酌定不起诉的本质是刑事政策的考量，如果说不起诉结果满足刑事政策的正当性以及案件处理结果的妥当性，那么，不起诉的结果是合理的。[27]

以刘某高空抛物案不起诉决定书为例，2022 年 4 月 4 日凌晨，刘某为贪图便利，将三四个空玻璃瓶从 5 楼阳台扔出，砸落在人行道上，未造成人员伤亡及财产损失。检察院认为被不起诉人的抛物行为符合高空抛物罪的构

---

[26] 《最高人民检察院工作报告》，载中国人大网：http：//www. npc. gov. cn/zgrdw/npc/xinwen/2012 –03/19/content_ 1715405_ 3. htm，2023 年 6 月 23 日访问。

[27] 赵兴洪：《酌定不起诉的时代命运》，载《中国刑事法杂志》2022 年第 2 期。

成要件，由于刘某犯罪情节轻微，具有自首情节，且认罪认罚，决定对刘某某不起诉。[28] 在本案中，基于社会一般人的判断，空玻璃瓶从5楼的高度抛掷地面的冲击力足以致使人身伤亡，该行为已达到高空抛物罪刑事违法性的判断标准。检察机关对刘某作出酌定不起诉决定，是刑事政策与特殊情节综合考量的结果。具言之，检察机关在认罪认罚从宽与少捕慎诉慎押的刑事政策指导下，结合刘某的抛物行为、抛物结果以及自首情节，作出不起诉决定，实现法理与情理的平衡。

2. 侦鉴分离：鉴定意见客观公正的规范模式

鉴定意见作为证明案件事实的材料，是认定犯罪事实的证据之一。高空抛物罪是抽象危险犯，即只要行为具有法益侵害的类型化、经验上的抽象危险，便能够认定犯罪成立。然而在个案的认定过程中，仍需从实质解释的角度出发对具体案情作出解释。对具体案情的解释又需以鉴定意见为基准，换言之，鉴定意见在判断具体案情以及认定抽象危险中作用重大。此外，法官过于依赖鉴定意见。法庭通常将鉴定意见视为“专家运用专业知识和精密仪器，经过科学运算得出的正确结论”，对其进行形式上的审查后便作为定案依据。[29] 在此情况下，保障鉴定意见的规范适用尤为重要。

然而，在鉴定意见的生成过程中，存在“自侦自鉴”的情况，鉴定意见的中立性与客观性受到质疑。具言之，在我国现行的鉴定活动中，公安机关的侦查人员既负责从事现场的勘查、取证工作，又负责鉴定活动。[30] 侦查人员具有积极证明犯罪的身份特殊性，导致出具鉴定意见时不可避免地带有主观入罪色彩，鉴定意见不够客观中立。破局的关键在于如何确保侦查意见与鉴定意见相分离。笔者认为应将重点聚焦于鉴定意见的形成过程中，“鉴定意见应当独立于侦查活动”[31]，即侦查机关可出具鉴定意见，不过具体的鉴定人不应当是同案的侦查人员。如此一来，既可确保鉴定意见不受侦查人员积极定罪的心态影响，同时也能确保鉴定意见的高效性与专业性。在鉴定

---

[28] 厦门市海沧区人民检察院不起诉决定书海检刑不诉（2022）64号。

[29] 张中：《实践证据法：法官运用证据经验规则实证研究》，中国政法大学出版社2015年版，第223页。

[30] 黄河：《审视与构建：当前刑事诉讼背景下侦鉴分离制度研究》，载《北京警察学院学报》2018年第5期。

[31] 吴雪冰：《审判中心主义视域下司法鉴定证据规则的完善》，载《山西省政法管理干部学院学报》2022年第3期。

意见作出之后，以《刑事诉讼法》第148条、第192条、第195条以及第197条为法律依据，无论是针对侦查机关作出的鉴定意见，抑或是其他鉴定人作出的鉴定意见，当公诉人、当事人或辩护人对其提出异议时，侦查机关或法院都应当重视、回应并说明原因。这样可以最大限度地监督与保证鉴定意见的规范适用，保障被告人的合法权益。

侦鉴分离具体到高空抛物罪的司法实践中是否合理？以周某高空抛物案[32]为例，公安机关出具鉴定书，证明现场提取的食物残渣中检出的STR分型与周某的15个基因座基因型相同。辩护人认为公安机关对食物残渣的提取与鉴定时间间隔4个月，鉴定程序违反法律规定，不能作为定案依据。法院在说理环节对此异议予以回应，即通过查证，表明提取时间与鉴定时间虽存在时间间隔，不过并不影响鉴定意见的准确性。为何辩护人会质疑公安机关鉴定意见的客观公正性？这与侦鉴合一的鉴定方式不无关系。若是在出具鉴定意见时，同时表明鉴定人员与侦查人员相互独立，将会在一定程度上增强被告人与辩护人对鉴定意见的信任，避免诉讼环节的不当纠纷。该案也体现出及时回应鉴定意见异议的重要性，即法院针对辩护人提出的鉴定程序违反法律规定的意见，在查证的基础上确定鉴定意见具有准确性，不违反相关法律规定。这种回应实质上是对鉴定意见的事后监督，能够最大限度地保障鉴定意见的规范适用。

3. 刑事推定规则："允许反证"确保举证责任合理分配

刑事推定规则是指司法人员运用逻辑、日常经验法则从已知的基础事实推断出待证事实，并允许犯罪嫌疑人、被告人提出反驳的一种事实认定规则。[33] 刑事推定规则能够均衡证明责任，具言之，该规则允许控方从客观事实中推定案件情况，控方在一定程度上减轻证明负担，在控辩过程中占据一些优势。那么，也应当允许辩方（被告人）提出反驳，达到与控方制衡的效果。一方面，控方可以进行刑事推定，控方根据个案情况，将基础事实与犯罪构成要件相结合，根据日常经验法则得出的推论。另一方面，辩方可以进行反证。辩方只要就基础事实提出合理怀疑，其怀疑程度达到足以推翻控

[32] 北京市第二中级人民法院刑事判决书（2022）京02刑终93号。

[33] 杜邈：《刑事推定规则的特征、类型与司法适用》，载《法律适用》2022年第2期。

方证明体系的效果即可。[34] 为何允许辩方提出反证？这是因为日常经验判断具有通常性、一般性，然而实际案件千姿百态，刑事推定并不具有百分之百的正确率。为保障被告人合法权益得到保障，防止错案发生，应当允许被告人（辩方）提出反证。刑事推定规则是“允许反证”在刑事诉讼活动中的具体落实，能够最大程度地保障行为人合法权益。

针对举证责任的合理分配问题，应当具体案件具体分析。一般而言，在高空抛物罪的司法认定过程中，被告人应就反证内容进行举证，不过，在被告人存在事实上的取证困难并向法院寻求帮助时，法官可以酌情作出协助与否的决定。以案例一为例，司法人员基于逻辑或生活经验判断，推断李某某连续抛掷陶瓷花盆的行为具有侵害人身安全法益的抽象可能性。那么，被告人可通过调取监控证明当时无人途经此地，不存在人身侵害危险进行反证。若被告人凭借自己能力难以调取相关监控，可通过向法院提出申请，请求相关人员的协助。不过并非一切请求法院都应当协助，如果某举证证据侵犯他人隐私或无法形成合理怀疑，法院可作出不协助的回复。

（二）刑事实体法层面：形式入罪实质出罪理念下出罪机制的完善

高空抛物罪在刑事实体法层面的出罪事由尚有不足，即“但书”条款模糊，以及实质解释无法约束自由裁量权。若采取“形式入罪、实质出罪”的理念，将认罪认罚从宽的刑事政策融入其中，梳理现有法定出罪事由，有利于保障合法入罪、合理出罪。[35] 同时考虑到“但书”条款具有抽象模糊性，将其作为高空抛物罪出罪路径中的兜底事由。

1. 优先考虑违法性与有责性层面的实质出罪

刑法类型化列举违法行为中能够进行责任非难部分行为类型的过程，便是阶层犯罪构成要件的认定过程。[36] 一般而言，若行为符合构成要件该当性，那么原则上认为其同样满足违法性与有责性，不过在犯罪构成的认定中，仍例外地存在违法阻却事由或责任阻却事由，最终阻止犯罪的成立。违

---

[34] 琚明亮：《刑事推定辨正：实体与程序向度下的关键词展开》，载《湖南社会科学》2020 年第 3 期。

[35] 刘艳红：《形式入罪实质出罪：无罪判决样本的刑事出罪机制研究》，载《政治与法律》2020 年第 8 期。

[36] ［日］前田雅英：《刑法总论讲义》，曾文科译，北京大学出版社 2017 年版，第 17 页。

法（责任）阻却事由又可分为法定违法（责任）阻却事由与超法规违法（责任）阻却事由，前者包括正当防卫、紧急避险与“但书”，后者包括期待可能性、违法性认识、正当业务行为等。在陈列出违法（责任）阻却事由的具体情形后，需要明确如何在实体法层面限制自由裁量权的不当适用，毕竟无论实体出罪事由多么有效，最终决定实体出罪事由适用方式与适用程度的权利仍在法官手中。若不能限制法官的自由裁量权，所谓的实体出罪事由也不过是纸上谈兵。

如何限制法官的自由裁量权？笔者认为应当以实质解释为基础，将刑事政策融入构成要件的认定流程之中，通过刑事政策指导法官的案件审理。刑事政策仅能进入刑法体系，而不能进入个案裁判。[37] 刑事政策对刑法教义学的指导“有限”，若允许刑事政策直接指导个案，则有突破罪刑法定原则的风险。具言之，在违法性层面，以利益衡量原则审查高空抛物行为是否具有违法阻却事由，即是否具有正当防卫、紧急避险与超法规违法阻却事由。在有责性阶层，以刑罚的积极一般预防目的为标准，看高空抛物行为是否需要进行处罚。落实到高空抛物罪的出罪机制中，表现为法官在认定行为人是否构成高空抛物罪时，需在刑事政策的指导下对该行为进行阶层犯罪构成要件的认定。需要注意的是，刑事政策仅能对个案具有从轻判处的影响，而非从重认定之依据，是出罪方法，而非入罪事由。[38]

例如，行为人赵某与好友王某修缮房屋，赵某站在三楼顶上，王某站在房屋后的马路上，要求赵某自楼顶抛掷数个未开封矿泉水瓶至楼下。其中一个矿泉水瓶几乎砸到王某。以此为例，赵某的行为符合高空抛物罪的构成要件该当性，3 楼的高度已达到通常意义上的“高空”标准，同时，未开封的矿泉水瓶具有一定重量，自 3 楼的高度抛掷地面，具有相当的冲击力，且对王某的人身健康具有紧迫的现实危险。对赵某行为性质的认定进入违法性阶层，笔者认为存在被害人承诺这一超法规违法阻却事由。具言之，王某站在抛掷地点附近，且主动要求赵某抛掷物品，王某对赵某的行为危险是默认状态。再如，在刘某高空抛物罪[39]中，被告人刘某从室内向楼下抛掷椅子、垃

---

[37] 陈芹：《刑事政策介入个案裁判的教义学反思》，载《华南师范大学学报（社会科学版）》2022 年第 2 期。

[38] 刘艳红：《形式入罪实质出罪：无罪判决样本的刑事出罪机制研究》，载《政治与法律》2020 年第 8 期。

[39] 北京市昌平区人民法院刑事判决书（2022）京 0114 刑初 537 号。

圾袋等物品，情节严重，未造成实质损害后果。经鉴定行为人刘某在案发时属妄想状态，是限制刑事责任能力人。刘某无前科劣迹，自愿认罪认罚，到案后如实供述罪行。法院认为被告人刘某高空抛物，情节严重，构成高空抛物罪。笔者认为该判决值得商榷。法院对刘某予以刑罚非难不符合积极的一般预防之目的。积极的一般预防是指通过对犯罪行为人施以刑罚，增强其他社会一般人的法忠诚，从而预防犯罪。[40] 在本案中，刘某实施犯罪行为时是限制刑事责任能力人，其辨认控制能力减弱，同时，刘某的抛物行为并未对法益造成实质损害，在此情况下，对其施加刑罚的合理性存疑。如果施加刑罚的合理性值得考量，则增强社会一般人的法忠诚便无从谈起。

2.“但书”条款具有兜底作用

受限于“但书”条款的模糊性，“但书”在赋予法官广阔无罪裁量权的同时，也伴随着一定的法治隐忧。[41] 仅当其他实体出罪事由都无法为高空抛物行为合理出罪时，“但书”作为最广泛适用的法定出罪路径派上用场。不过在此之前，仍需理解“情节显著轻微危害不大”的具体内涵。笔者认为应以“但书”自身的文义射程为基础，对其进行目的性限缩。[42] 具言之，“但书”条款可分为情节显著轻微与危害不大，就前者而言，这里的“情节”应当是高空抛物罪的犯罪构成要素，而非日常生活用语。情节显著轻微是指高空抛物行为已经符合本罪的犯罪构成要素，在此基础上并存显著轻微的特性。若是抛物行为自始未满足构成要件要素，在合法入罪阶段已被排除，无需适用“但书”条款；就后者而言，危害是指高空抛物行为对不特定人在公共空间中的人身安全法益侵害程度。高空抛物行为能否以“但书”为由进行出罪，还需综合认定。

“但书”条款在出罪机制中起兜底作用，它与其他出罪事由在犯罪构成体系中的关系如何？笔者认为应分情况讨论：其一，在能够以其他法定出罪事由进行出罪时，不应提及“但书”条款，此时“但书”不具有兜底作用；其二，在无法以法定事由出罪，可以凭借超法规违法责任阻却事由进行出罪时，若说理充分，也无需提及“但书”条款，这有利于避免“但书”条款

[40] 陈家林：《外国刑法理论的思潮与流变》，中国人民公安大学出版社2017年版，第676页。

[41] 刘艳红：《形式入罪实质出罪：无罪判决样本的刑事出罪机制研究》，载《政治与法律》2020年第8期。

[42] 王华伟：《中国刑法第13条但书实证研究》，载《法学家》2015年第6期。

的泛滥适用；其三，在仅具有超法规阻却事由且说理不充分时，“但书”条款具有补强作用；其四，无其他出罪事由，不过基于道德或常理无需认定高空抛物罪时，可以“但书”条款进行出罪。

以阮某某高空抛物案[43]为例，被告人阮某某于某日晚23时许，饮酒后进入KTV三楼杂物间内接听电话，后发现房门无法打开。在呼叫及联系亲友无果后，遂将一辆平板手推车、两个金属垃圾桶抛掷窗外，导致一辆汽车多处受损。法院认定其构成高空抛物罪。笔者认为本案判决结果合理，KTV作为娱乐场所，即使在凌晨时分，周围仍有行人往来，行为人的高空抛物的行为对个人生命、身体安全以及财产具有法益侵害危险性。不过仍可以本案为基底，设想当时突发火灾，情况危急，行为人在呼救无果后，采取高空抛物的方式吸引人群注意，则可以紧急避险为由进行出罪，也即本文提及的第一种情形。换一种设想，若阮某某被困一天，在被困期间尝试其他方式，仍无法脱身，无奈进行高空抛物。对于这种情况，也可以超法规责任阻却事由——不具有期待可能性为由出罪。期待可能性理论在我国司法判决中极少适用，若该理论在本案中说理不充分，则可用“但书”条款进行补强。

四、结语

预防性犯罪化已成为刑法回应社会发展的主要范式，[44] 高空抛物罪作为刑法回应的一部分，其入刑有助于处罚仅具有抽象危险性，且尚未构成其他犯罪的抛物行为，填补刑法体系空隙，在立法上值得肯定。不过，立法上法益保护前置化也给司法实践带来难题，即造成司法实践不当认定的情况，需要完善出罪机制进而保护行为人的合法权益。通过分析现有高空抛物罪的出罪路径，发现“但书”条款、允许反证与实质解释等事由虽在一定程度上保障本罪的出罪路径，但仍有不足。因此，本文在明确本罪保护公共空间中的人身安全法益，以及是抽象危险犯的基础上，在刑事一体化的视野下，探讨高空抛物罪的出罪机制。具言之，在刑事政策的指导下，以刑事诉讼活动为主线，将本罪的出罪机制分为刑事诉讼过程中的出罪路径与实体法出罪依据进行讨论。在刑事诉讼活动中，可通过酌定不起诉、侦鉴分离与刑事推定

[43] 浙江省海宁市人民法院刑事判决书（2021）浙0481刑初709号。

[44] 秦长森：《妨害安全驾驶罪客观归责的中国实践》，载《青少年犯罪问题》2023年第1期。

规则进行出罪；在刑事实体法认定中，以形式入罪实质出罪理念为指导，优先考虑违法性、有责性层面的实质出罪，“但书”条款具有兜底作用。本文观点仅是一家之言，无论是高空抛物罪的保护法益、犯罪类型抑或出罪路径，都存在很大的讨论空间。

（校对：吴雨欣）

实务研究

反思出资类型管制：从适格性要件切入

杨宣达*

摘　要：我国《市场主体登记管理条例》所禁止的出资形式反映了出资类型管制规范中未被明确言说的顾虑。这些顾虑不仅缺乏合理性，而且使得《公司法》第27条无法发挥一般性界定的作用。通过对比较法和实践状况的系统观察，不难发现：缩小禁止出资财产的范围有助于出资标的物适格性要件重新获得统一、准确的含义，是当下的务实选择。然而，从长远来看，承认出资类型管制是低效的债权人保护机制，最终取消出资类型管制才是最优解。

关键词：出资类型；股东出资；债权人保护；隐形实物出资

我国对资本流入环节的管制呈放松态势，但股东出资类型却似乎成为一个众人遗忘的领域。从2005年《公司法》至最近的草案，都采用“可用货币估价”“可以依法转让”的出资标的物适格性要件，禁止出资财产的范围也未发生变动。本文将回答以下问题：出资标的物适格性要件的真实含义是什么？其反映的出资类型管制模式是否能真正保护债权人？如果不能，我们应当如何改进？

第一部分将说明我国禁止的出资财产类型使得我们无法得到“可用货币估价、可依法转让”要求的准确、统一含义。但通过理论溯源和梳理特定出资类型的禁止理由，我们仍可还原其原初含义和立法目的。第二部分将在反思的基础上，论证我国出资标的物适格性要件及其所反映的顾虑不符合经济现实，并且导致了体系解释的矛盾。第三部分将从比较法的角度观察，我国出资类型管制强度过高，应当减少乃至取消《市场主体登记管理条例》所禁止的出资类型。

---

* **作者简介**：杨宣达，北京德恒（深圳）律师事务所律师助理。

一、出资标的物适格性要件的解释困难

“可用货币估价”“可依法转让”两要件的字面含义无法为禁止以商业特许经营权、设定担保的财产、第三人债权出资提供理由。通过溯源禁止特定出资类型的原因，我们将发现立法者继承了传统法定资本制下的四要件说或五要件说所体现的对股东出资的顾虑和功能设想，并过于简单地将股东出资行为看作一手交钱一手交货的即时交易。

（一）禁止出资类型所导致的解释困境

《公司法》第 27 条第 1 款规定，“股东可以用货币出资，也可以用实物、知识产权、土地使用权等可以用货币估价并可以依法转让的非货币财产作价出资；但是，法律、行政法规规定不得作为出资的财产除外。”所谓行政法规的规定指的是《市场主体登记管理条例》①（以下简称《市场主体登记管理条例》）第 13 条第 2 款，即公司股东不得以劳务、信用、自然人姓名、商誉、特许经营权或者设定担保的财产等作价出资。②其中，自然人的姓名（权）属于具体人格权，是对姓名之标记符号独占而不可转让的权利。③ 劳务需要主体的履行，同样不能作为客体转让，不能依法办理财产权的转移手续。可见，即使对“可转让”的含义作文义范围内最宽泛的解释，这两种出资形式也不符合要求。如果说该条意图是在可评估、可转让要件的基础上进一步限缩出资标的物的范围，那么为何仍特意另行明确自然人姓名和劳务作为出资标的之违法性？

如果说该条意图实际上在于明确可评估、可转让的含义，我们也无法从

---

① 《市场主体登记管理条例》自 2022 年 3 月 1 日起施行，整合了已出台的关于市场主体登记的行政法规，包括《公司登记管理条例》《企业法人登记管理条例》《合伙企业登记管理办法》《农民专业合作社登记管理条例》《企业法人法定代表人登记管理规定》等等，从而对在我国境内以营利为目的从事经营活动的各类企业、个体工商户、农民专业合作社等登记管理作出统一规定。

② 《市场主体登记管理条例》第 13 条第 2 款：“出资方式应当符合法律、行政法规的规定。公司股东、非公司企业法人出资人、农民专业合作社（联合社）成员不得以劳务、信用、自然人姓名、商誉、特许经营权或者设定担保的财产等作价出资。”该条关于公司股东的内容延续自《公司登记管理条例》第 14 条：“股东的出资方式应当符合《公司法》第 27 条的规定，但股东不得以劳务、信用、自然人姓名、商誉、特许经营权或者设定担保的财产等作价出资。”

③ 朱庆育：《民法总论》，北京大学出版社 2016 年版，第 406 页。

其中列举的禁止出资形式中得出对于出资适格性要件的统一、准确理解。

在现代社会中，只有某些人身权利或者受某种道德约束的客体不能用货币估价。[④] 因此，如果广义上理解"可用货币估价"的含义，将与该条列举内容冲突。然而，即使将其含义限缩为"目前的资产评估技术能够提供对出资标的物适当、可行的评估方法"，仍不能用其解释为何禁止以特许经营权和商誉出资。

中国资产评估协会发布的《资产评估执业准则——无形资产》第 14 条（中评协〔2017〕37 号）指出，"不可辨认的无形资产是指商誉"，从而独立确认了商誉类无形资产。评估实务也发展出从商誉评估的准备工作到选择商誉评估方法、技术参数的完整工作流程和指引。[⑤] 由于商誉的不可确指性和动态性，国际评估界一般采用收益法进行评估，其中最常用的方法是割差法（即"企业剩余价值法"）和超额收益法。[⑥] 我国企业合并活动中，对合并形成商誉价值进行确认和分摊，合并后的减值测试更是司空见惯。而特许经营权则属于可辨认的无形资产。[⑦] 例如，在收费公路权益转让时，就有评估的要求。[⑧] 可见，对商誉和特许经营权的评估不仅仅可行，而且早已被实践。

当然，商誉不可独立转让，因此其禁止理由可解释为不符合"可以依法转让"的要求。但根据《商业特许经营管理条例》第 18 条第 1 款的反面解释[⑨]，经过特许人同意，被特许人可以向他人"转让"商业特许经营权。禁止商业特许经营权的出资似乎是毫无理由的。

债权出资和以设定担保的财产出资也属于类似情况。无需赘述，由于企业日常经营活动中常采用赊销等方式，应收账款的评估已经有成熟的方法。[⑩]

---

④ 邓峰：《普通公司法》，中国人民大学出版社 2009 年版，第 324 页。

⑤ 姜楠：《无形资产评估》，中国财政经济出版社 2015 年版，第 189 – 198 页。

⑥ 姜楠：《无形资产评估》，中国财政经济出版社 2015 年版，第 193 – 194 页。

⑦ 《资产评估执业准则——无形资产》第 14 条："可辨认无形资产包括专利权、商标权、著作权、专有技术、销售网络、客户关系、特许经营权、合同权益、域名等。……"

⑧ 交通运输部、国家发展和改革委员会、财政部《收费公路权益转让办法》（2008）第 16 条："转让下列收费公路的收费权，转让方应当委托符合条件的资产评估机构，对收费权价值进行评估：（一）政府还贷公路；（二）有财政性资金投入的经营性公路；（三）使用国有资本金投资的公路。"

⑨ 《商业特许经营管理条例》第 18 条第 1 款："未经特许人同意，被特许人不得向他人转让特许经营权。"

⑩ 刘玉平：《资产评估原理》，高等教育出版社 2015 年版，第 163 – 165 页。

对于设定担保的财产会计上同样有估价方式。根据《民法典》第 545 条，除非因债权性质、当事人约定和法律规定不得转让，债权人可以将债权的全部或者部分“转让”给第三人。根据《民法典》第 406 条第 1 款第 1 分句，抵押期间，抵押人可以转让抵押财产。可见，第三人债权和设定担保的财产都符合可估价、可转让要件的字面含义。但我国《市场主体登记管理条例实施细则》第 13 条第 2 款仅明确允许以债务人为境内公司的债权出资，并禁止以设定担保的财产出资。

综上所述，《市场主体登记管理条例》所禁止特定出资形式中，有的可以从“可用货币估价”“可依法转让”的字面含义中找到理由，有的则体现出立法者另外的考量。然而，这些考量没有被明确地言说，而是隐藏在合法性要件的同义反复中，即某一出资形式是否合法需要满足合法性要件。《市场主体登记管理条例》第 13 条第 2 款所包含的“等”字更加剧了这种模糊性，不仅使得我们无法得出可估价、可转让要件的准确、统一含义，而且实际上将《公司法》第 27 条的开放式列举变为封闭式。⑪

因此，有必要通过溯源出资类型规制的立法目的、梳理禁止特定出资形式的理由来还原可估价和可转让要求的原初含义。我们将发现这一原初含义能更好地揭示隐藏在合法性要件背后的考量，从而使下文对出资类型管制的检讨更言之有物。

（二）出资类型规制的目的与含义溯源

1. 出资类型规制的理论理由

法定资本制认为资本是公司信用的基础，是担保债权人获得清偿的信托财产。为了确保资本的担保功能和警示功能⑫，法定资本制试图通过限制股东出资形式来规制资本的具体类型。

首先，非现金出资需要进行价值评价，存在高估出资物价值的风险，从而有损资本确定原则。因此标的物的价值必须存在客观评价的方法，即价值评估的可能性。⑬ 其次，现物出资标的物必须特定化，即以什么作为出资标的物必须客观明确，不得随意变动，并将出资标的物的种类、数量等内容在

---

⑪ 邓峰：《普通公司法》，中国人民大学出版社 2009 年版，第 323 页。

⑫ 左传卫：《股东出资法律问题研究》，中国法制出版社 2004 年版，第 13 页。

⑬ ［日］志村治美：《现物出资研究》，于敏译，法律出版社 2001 年版，第 6－7 页和第 134 页。

章程与其他书面材料中记载。如此，债权人才能准确判断出资内容。再次，为了保证成立后的短时间内能够保证债权人利益，出资物必须是事实上已存在的价值物，而不能是将来才能取得或产生的。最后，出资物应具有可独立转让性，以便公司对外清偿债务时，出资物可以有效地从公司转移给债权人或清算变现。⑭

基于以上理由和日本商法的规定，志村治美提出了四要件说：确定性、现存的价值物、评价可能性和独立转让可能性。⑮ 从中，我们能发现法定资本制希望通过出资类型管制，让公司成立之时出资就是到位的、确定的，且资本额能正确反映股东出资的客观价值。我国学者后续提出的出资标的适格性要件也基本继承了四要件说。⑯ 受此影响，我国公司法看似更为宽松，仅设定了两个要件。但通过《市场主体登记管理条例》第 13 条第 2 款所列举的禁止出资类型，还原立法者心中“可以货币估价”“可以依法转让”的原初含义，我们将发现立法者规制出资类型的理由与四要件说所体现的别无二致，规制强度甚至犹有过之。

2．两要件的原初含义

（1）以所有权转让为范本

在国有企业改革和建立现代企业制度的背景下⑰，理论界试图通过确认公司法人财产权使公司成为独立的市场主体，促进政企分开。与此相适应，学者认为公司法人财产权的内容是指公司对其全部财产的独立支配权，且具

---

⑭ 薄燕娜：《股东出资形式法律制度研究》，法律出版社 2005 年版，第 78 页、第 80 页。

⑮ ［日］志村治美：《现物出资研究》，于敏译，法律出版社 2001 年版，第 134－138 页。

⑯ 冯果：《股东现物出资若干问题研究》，载《中国法学》1999 年第 06 期；蒋大兴：《公司法的展开与评判》，法律出版社 2001 年版，第 44－46 页；薄燕娜：《股东出资形式法律制度研究》，法律出版社 2005 年版，第 76－80 页。在讨论具体出资类型的合法性时，也有学者采用四要件说或五要件说。如孟勤国、戴盛仪：《论公司法上的债权出资》，载《社会科学战线》2013 年第 07 期；刘春霖：《知识产权出资标的物研究》，载《法商研究》2009 年第 02 期。

⑰ 1999 年 9 月，中共十五届四中全会通过了《中共中央关于国有企业改革和发展若干重大问题的决定》，提出到 2010 年要建立比较完善的现代企业制度，并要求“突出抓好政企分开、探索国有资产管理的有效形式、进行规范的公司制改革，建立和完善现代企业制度”。

有恒定性和排他性。[18] 可见，对法人财产权的理解包含了所有权的特征，而最初的法人财产正是由股东出资形成。同时，法定资本制理念下，我国学者一般将可转让性理解为出资标的物必须可以独立于出资人予以转让，即股东应对其享有支配权。[19] 而所有权系单纯权利的绝对归属，最符合传统物权定义下的归属和支配性格。[20]

受以上两方面的影响，“可依法转让”的要求实际上是以所有权转让为范本的。具体体现在：

① 不存在内部关系

不同于限制物权具有内部关系[21]，即限制物权人与所有权人的关系，所有权是独占的支配权。[22] 与此类似，传统观点实际上认为，股东将出资财产投入公司，该项财产即应完整地脱离股东而成为公司财产。公司可以任意且自由地处分自身财产，无须出资人的配合及协助。换言之，公司对股东出资财产的权利不能受到财产内部关系（如限制物权人与所有权人的关系、知识产权权利人与被许可人、原债权人与债务人）的影响，否则将违反资本确定原则和资本维持原则。基于这样的理由，我们禁止以设定担保的财产出资且以知识产权使用权、第三人债权出资的合法性仍悬而不决。

设定担保的财产。学者主张禁止以设定担保的财产出资的主要理由是：将使公司成立时资本总额处于不确定状态，因为担保权人行使担保物权将危及公司财产的完整性，从而有违资本确定原则。[23] 且担保物权的行使相当于公司变相返还股东出资，也违反了资本维持原则。[24]

知识产权使用权出资。学者认为，由于被许可人向公司转让的专利使用

---

⑱ 雷兴虎、冯果：《论股东的股权与公司的法人财产权》，载《法学评论》1997年第02期。

⑲ 陈雪萍：《人力资本出资的法律地位及相关问题探讨》，载《华东政法学院学报》2006年第03期；宋良刚：《债权出资的法律问题与对策探析》，载《政法论坛》2011年第06期；刘新国：《债权出资的问题属性及其可行性评价》，载《法学杂志》2010年第07期。

⑳ 苏永钦：《寻找新民法》，北京大学出版社2012年版，第161页、第164页。

㉑ 苏永钦：《寻找新民法》，北京大学出版社2012年版，第161－165页。

㉒ 王利明：《物权法》，中国人民大学出版社2015年版，第92页。

㉓ 张开平：《公司权利解构》，中国社会科学出版社1999年版，第280－281页。转引自蒋大兴：《公司法的展开与评判》，法律出版社2001年版，第62页。

㉔ 左传卫：《股东出资法律问题研究》，中国法制出版社2004年版，第60页。

权的有效性植根于专利权人与被许可人的许可，难以保证出资真实有效，应仅允许专利权人以专利使用权出资。㉕ 更有学者主张禁止专利使用权出资，理由是：专利权人可以多次许可，将导致专利使用权价值减损，从而违反资本维持原则。㉖

第三人债权出资。《公司注册资本登记管理规定》（已废止）第 7 条规定："债权人可以将其依法享有的对在中国境内设立的公司的债权，转为公司股权……。"该条使用"转为公司股权"的表述，如果按照《公司债权转股权登记管理办法》（已废止）第 2 条㉗的理解，似乎仅明确允许以对接受出资的公司所拥有的债权出资。当时实践中，对于以第三人债权出资，全国各地工商部门亦一致不予登记。㉘ 2022 年 3 月公布的《市场主体登记管理条例实施细则》第 13 条第 3 款㉙和各地人大相应发布的地方性法规㉚仍未明确允许以第三人债权出资的合法性。未明确允许的理由仍然是担心第三方债务人的偿债能力、偿债意愿和其他不可知的因素会使公司债权实现具有不确定性，损及资本维持原则。㉛

② 无期限限制

所有权是无期限限制的权利，一旦存有明确的期限，将转变为他物权。㉜ 与此相适应，传统观点实际上认为公司出资的标的物上不能存在期限限制。例如，否定或限制以专利使用权、著作权出资的其中一个理由正是：

㉕ 张玲、王国：《论专利使用权的制度构建》，载《知识产权》2015 年第 11 期。

㉖ 徐昊天：《专利许可权出资可行性研究》，载《法制与经济》2017 年第 12 期。

㉗ 《公司债权转股权登记管理办法》（已废止）第 2 条："本办法所称债权转股权，是指债权人以其依法享有的对在中国境内设立的有限责任公司或者股份有限公司（以下统称公司）的债权，转为公司股权，增加公司注册资本的行为。"该办法后被《公司注册资本登记管理规定》取代。

㉘ 张斌：《再论债权出资》，载《上海金融》2016 年第 4 期。

㉙ 《市场主体登记管理条例实施细则》第 13 条第 3 款："依法以境内公司股权或者债权出资的，应当权属清楚、权能完整，依法可以评估、转让，符合公司章程规定。"

㉚ 上海市人民代表大会《上海市浦东新区市场主体登记确认制若干规定》(2022)、天津市人民代表大会常务委员会《天津市市场主体登记管理若干规定》(2022) 等。

㉛ 工商总局局长周伯华就《公司债权转股权登记管理办法》答记者问，载中央政府门户网：http：//www.gov.cn/jrzg/2011－11/23/content_ 2001492.htm，2022 年 7 月 20 访问。

㉜ 王利明：《物权法》，中国人民大学出版社 2015 年版，第 92 页。

若公司的经营期限长于使用权有效期，则实质上相当于该知识产权出资人变相抽回了其出资，违反资本维持的要求，且与公司永续存在原则存在冲突。[33] 类似地，司法实践甚至曾就土地使用权到期收回是否构成抽逃出资产生争议。在鞍山市人民政府与大连大锻锻造有限公司加工承揽合同欠款纠纷上诉案中[34]，一、二审法院认为鞍山市政府将到期的用于出资的土地使用权收回的行为，损害了债权人的权益。[35] 后经二审法院向最高人民法院请示，复函[36]中才明确："发起人将土地使用权的部分年限作价作为出资投入公司……并不违反法律法规的禁止性规定"。并且，投入的资本数额应当是该部分年限作价的价值，故市政府收回土地使用权是"取回自己财产的行为"而不是抽逃出资。

（2）一次性评估的要求

以所有权转让为范本认知股东出资行为的后果也使得"可用货币估价"的要求变得更为僵硬。公司对出资财产应该享有独立的支配权，如果因为财产内部关系或期限性导致财产价值减损或丧失，将违反资本维持原则，损及债权人的利益。

但问题是，公司在接受该出资标的前，当然会考虑以上风险因素，并且通过合同或风险定价等方式避免或消化。如果公司本就只发行了对应出资财产期望价值[37]的股份，后续风险似乎理应根据《最高人民法院关于适用〈中华人民共和国公司法〉若干问题的规定（三）》（以下简称《公司法司法解释三》）第 15 条由公司承担，也不构成掺水股，未损害债权人利益。

然而必须承认的是，对于第三人债权等出资类型，公司很难事先准确评

---

[33] 王月：《股东著作权出资法律问题研究》，载《电子知识产权》2011 年第 9 期；刘春霖：《知识产权出资主体的适格性研究》，载《河北法学》2007 年第 3 期；刘春霖：《知识产权资本化的法律缺陷及完善》，载《河北法学》2005 年第 8 期。

[34] 辽宁省高级人民法院民事判决书（2006）辽民二终字第 314 号。

[35] 朱锦清：《公司法学（修订本）》，清华大学出版社 2019 年版，第 69 – 70 页。

[36] 《最高人民法院民二庭关于"股东以土地使用权的部分年限对应价值作价出资，期满后收回土地是否构成抽逃出资"的答复》，[2009] 民二他字第 5 号函。

[37] 数学期望（mathematic expectation）反映的是随机变量平均取值的大小。例如，会计上计算预计坏账损失的方法中，账龄分析法和坏账比例法都体现了数学期望的思想。足可见对于债权或其他财产中的风险因素是完全可以估计的，但由于现实中风险因素各不相同，很难通过重复的市场行为准确地获得期望值，确定包含风险因素的资产的"客观价值"。但对于某些标准化的财产是可能的，如上市公司的股票价格、债券价格。

估所有风险因素[38]并做出相应合同安排。如果没有客观的市场价格可供参考，评估也只能近似估计而不能获得此类财产的“客观价格”，仍有掺水发行的风险。尽管公司法已经取消强制性评估的程序要求[39]，但《公司法司法解释三》第9条仍然担心由于利益冲突的存在，出资标的物（尤其是设立公司时的出资）的价值可能会被高估，并试图通过事后评估确认出资标的物的“客观价格”和设置出资责任的方式确保股东协议作价的正确性。从这个角度看，第三人债权等出资类型似乎没有“客观评价的方法”，从而违反了“价值评估可能性”要件。

问题在于，为什么公司必须一次性估价不可呢？按照企业会计准则，对外提供担保、对商业承兑汇票进行贴现属于或有负债，只需在附注中披露相关信息，而不列入资产负债表科目。待未来不确定事项的发生或不发生证实该负债之存在时，则确认为预计负债，且该预计负债的账面价值将在每一个资产负债表日进行复核并调整。[40] 若借鉴其中动态定价的思路，对于设定担保的财产，公司本可不同时或仅就担保物价值大于所担保债权的余额部分发行股份，并视债权实现情况后续发行。当然，也可以令股东立即取得股份，并后续在财产价值未实现时，相应限制其股权或取消股份。[41] 但即使在认缴制改革之后，股东仍然需要在章程中预先确定出资方式、出资额和出资时间[42]，前一方法并不可行。后一方法则受到减资程序、除名规则等限制。可见，公司法实际上使公司必须在接受股东出资财产时，一次性确定其价值并发行相应股份。这反而使得公司无法采用能更准确反映财产价值的动态定价方式。

股份是公司的创造物。这使得公司既可以通过发行新股达到“分期付款”的效果，也可以通过限制股权或取消股份达到与设定担保或所有权保留相同的效果。由于现行规则的妨碍和理念误区，股份的特性没能发挥为股份发行合同履行增添灵活性和安全性的作用。

---

[38] 刘玉平：《资产评估原理》，高等教育出版社2015年版，第164页。

[39] 王军：《中国公司法（第2版）》，高等教育出版社2017年版，第129页。

[40] 《企业会计准则第13号》，第4条、第12条、第13条和第14条。

[41] 葛伟军：《公司资本制度和债权人保护的相关法律问题》，法律出版社2007年版，第93页。

[42] 《公司法》第25条：“有限责任公司章程应当载明下列事项：……股东的出资方式、出资额和出资时间……”第81条：“股份有限公司章程应当载明下列事项：……发起人的姓名或者名称、认购的股份数、出资方式和出资时间；……”

综上所述，“可用货币估价”“可依法转让”的原初含义反映了立法者将股东出资行为看作一手交钱一手交货的即时交易，即股东应该转移出资财产的所有权，公司应当一次性定价并给付相应股份。如此理解的根本原因在于立法机关仅仅将公司视作担保债权人受偿的集合财产。

二、出资标的物适格性要件的现实和逻辑困境

本部分将讨论以下两个问题：立法者对股东串通高估出资标的物价值的担心是否合理？希望股东出资不受财产内部关系的影响，稳定地归属于公司的设想是否有价值？通过分析，我们发现：通过事后评估不可能确认出资标的物的“实际价值”，由合同法或证券法规制出资股东对债权人或后续股东的欺诈行为，能降低股东串通高估出资物价值的激励，更好地避免价值高估。对于公司法人财产权的想象不仅降低了财产利用效率，而且其本身也没有被统一地贯彻。

（一）脱离经济现实

1. 串通高估出资标的物价值

如上所述，“可用货币估价”的要求主要体现了立法者对股东串通高估出资标的物价值的担心，然而这一担心是不必要的。一方面，高估出资标的物价值需承担经济成本。每年年底，企业需缴纳印花税，其金额相当于实收资本（股本）、资本公积合计金额的万分之二点五。[43] 同时，高估资产将增加折旧或摊销成本，从而加大了公司的盈利压力。如果不切实际地高估出资财产价值，未来 IPO 上市对公司历史沿革进行调查时将带来隐患，也容易导致上市前夕的股改中出现重新评估值低于资产审计值的现象，使股改遭遇困难。[44] 另一方面，除非意图使用虚高的资产账面价值欺诈债权人或后续股东，股东没有串通高估出资物价值的动机。某一发起人高估其出资物价值时，将直接稀释其余发起人的控制权和剩余索取权。因此，其他知情的发起人不会同意，除非他们互相串通，对各自出资物都进行同比例高估，并使得所有权份额不发生变化。然而结果只是减小了发起人自己所持有的每股股份的实际价值，不会增加公司的盈利能力以及派发的股息。可能的动机是发起人团体试图通过高估资产账面价值，使债权人误判公司偿债能力从而获得贷

㊸ 《印花税法》第 5 条、第 11 条及其所附印花税税目税率表。

㊹ 袁立志：《关于股改的再思考》，载微信公众号“梧桐树下 V”，2016 年 5 月 25 日。

款或者通过欺诈非发起人股东，抬升公司股份价格（采用资产负债表评估的方法计算股份价格时）并最终以转让、发行股份的方式获利。㊺ 然而，前者是合同法中的欺诈问题，后者则构成证券法的虚假信息披露，无需公司法通过出资类型管制的方式加以规制。

同时，事后评估也不可能确认出资物的真实价格。因为不确定性是资产评估的本质特征。㊻ 无论采取何种估价方式，无形资产的评估值总是依赖评估人员对其“预期收益”或“合理收益”的主观判断。㊼ 就此而言，作为公司内部人的股东或董事似乎更了解与评估对象未来收益相关数据资料（包括经营前景、财务状况、市场形势和经营风险等）。但其协商作价的合理性却可以被事后审查和质疑，且依据正是另一“专业机构”依据规则所做出的主观判断和估计。㊽ 然而，我国关于资产评估准确性的衡量多采用过程合理性标准，缺少对评估结果准确性（无论采用交易价格还是估价均值标准）的定量研究，使得评估准确性缺乏证据支撑。㊾ 实践中多发的资产评估舞弊现象也似乎表明我国评估机构的声誉机制并未完全发挥作用。

2. 所有权不是财产利用的前提

在会计中，一项资源能否确认为企业资产并不以企业拥有该资产的所有权为前提。如果企业能以其他方式控制该资源，同样表明企业能从中获取经济利益，从而符合会计上对于资产的定义。㊿ 例如，虽然企业并不拥有租赁资产的所有权，但如果租赁期占租赁资产使用寿命的大部分且企业拥有资产使用权并从中受益，那么从经济实质上来看，企业就享有了租入资产所创造

㊺ 刘燕：《公司法资本制度改革的逻辑与路径》，载《法学研究》2014 年第 5 期；刘燕、楼建波：《公司法资本制度与证券市场：制度变迁、法律移植与中国实践》，载《证券法苑》2014 年第 3 期。

㊻ 秦璟：《国外资产评估准确性研究进展及对中国的启示》，载《经济与管理研究》2012 年第 8 期。

㊼ 王军：《公司资本制度》，北京大学出版社 2022 年版，第 150 页。

㊽ 王军：《公司资本制度》，北京大学出版社 2022 年版，第 151 页。

㊾ 谭宏涛、尉京红、李嘉斌：《国内外资产评估准确性研究综述》，载《财会通讯》2014 年第 34 期；周丽俭、苏长远：《无形资产评估文献综述》，载《知识经济》2015 年第 4 期。

㊿ 中国注册会计师协会组织：《2022 年注册会计师全国统一考试辅导教材（会计）》，中国财经经济出版社 2022 年版，第 12 页。

的未来经济利益。[51] 可见，所有权并不是财产利用的前提。

当然，是否拥有某资产的所有权仍然影响着公司能否独立转让该资产、[52] 是否需要承担资产所有权有关的全部风险和报酬[53]，而以上差别的重要性是由财产利用之目的决定的。仍以租赁为例，新的会计准则就不再根据资产所有权有关的全部风险和报酬是否转移，区别处理融资租赁和经营租赁，而是采用统一的会计处理模型，确认使用权资产和租赁负债，并分别计提折旧和利息。[54]

（二）逻辑上的不一致

1. 为便于事后评估，限制交易标的

如上所述，“可以货币估价”所反映的根本担心是股东可能会串通高估出资标的物的价格，导致交易不公允。然而，对于同样存在利益冲突的关联交易，公司法却并未要求在全体股东同意时，仍需限制交易标的。[55] 将视野进一步扩大，我们将发现：在正常经营中，对于债务人所进行的明显不公允的交易，合同法通过赋予债权人以撤销权的方式进行限制；[56] 企业濒临破产时的不公允交易则由破产法通过赋予破产管理人以撤销权的方式加以限制。[57] 以上情景中都没有事前限制交易的具体标的。那么，对股东出资区别处理的理由是什么呢？首先，理由似乎不是股东出资时的利益冲突更为严重并需要更严格的管制。因为在濒临破产时，债务人的机会主义倾向（包括

---

[51] 财政部会计资格评价中心：《2022 年度全国会计专业技术资格考试辅导教材（初级会计实务）》，经济科学出版社，2021 年版，第 9 页。

[52] 例如，转让建立于租赁合同上的资产使用权属于债权债务概括转让，需要征得债务人同意。

[53] 《企业会计准则第 21 号》第 35 条、第 36 条。

[54] 财政部《企业会计准则第 21 号》（财会〔2018〕35 号）第 14－19 条。

[55] 公司法第 148 条第 4 项，即使董事、高级管理人员直接与任职公司订立合同或交易，也仅需遵守章程规定并经过股东大会同意。

[56] 《民法典》第 539 条：“债务人以明显不合理的低价转让财产、以明显不合理的高价受让他人财产或者为他人的债务提供担保，影响债权人的债权实现，债务人的相对人知道或者应当知道该情形的，债权人可以请求人民法院撤销债务人的行为。”

[57] 《破产法》第 31 条：“人民法院受理破产申请前一年内，涉及债务人财产的下列行为，管理人有权请求人民法院予以撤销：（一）无偿转让财产的；（二）以明显不合理的价格进行交易的；（三）对没有财产担保的债务提供财产担保的；（四）对未到期的债务提前清偿的；（五）放弃债权的。”

通过不公允交易进行资产转移）更为强烈。[58] 其次，与以上情景相比，出资行为也并不对债权人的利益产生更大的直接影响。

另外，《公司法司法解释三》第9条也违反了体系解释。如上所述，我国已不再要求股东出资必须由第三方中立机构评估，股东可以协商作价。问题是，既然股东是合法的评估作价主体，股东评估作价之后，就不应该属于《公司法司法解释三》第9条“未依法评估作价”的情形，从而法院不能要求进行二次评估。从实施效果来看，股东协商作价的结果若遭到否决或否决标准不明确，也会降低后续股东选择此种作价方式的积极性。[59]

2. 禁止以附有权利负担的财产出资

通过梳理禁止或限制特定出资类型的理由，可以发现传统观点认为：股东出资财产既已成为公司资本，若因权利到期或承担义务导致公司财产流出相当于变相返还股东出资，违反了资本维持原则。此种可能性也意味着公司成立之时资本总额其实是不确定的，从而有违资本确定原则。可见，立法者对于“可依法转让”要求的认识是以所有权转让为范本的。因为所有权是“纯粹的权利”，既不会因内部关系而令所有权人承担义务，也无期限限制。

但是为了回应商业需要，不可能仅仅允许以所有权出资。而在所有权图像的笼罩下，物权被认为是支配权，不同于债权以请求权为权利实现和救济手段。因此，一般认为未设定担保且无转让限制的用益物权也应当被允许用于出资。然而，物权与债权的实际情形绝非简单的权利与关系的对立图像。除了所有权以外的限制物权与债权一样，附着于一定的“物权关系”，衍生出物权物务。[60] 这导致“不存在内部关系”的要求实际上未被一以贯之。

---

[58] ［加拿大］布莱恩 R. 柴芬斯：《公司法：理论、结构与运作》，林华伟、魏旻译，法律出版社2001年版，第80－81页；［美］亨利·汉斯曼、［美］莱纳·克拉克曼等：《公司法剖析：比较与功能的视角》，罗培新译，法律出版社2012年版，第156页。

[59] 王军：《中国公司法（第2版）》，高等教育出版社2017年版，第129页。

[60] 苏永钦：《寻找新民法》，北京大学出版社2012年版，第161－165页、第192－193页。

例如，《公司法司法解释三》第 8 条[61]规定，出资人以设定权利负担的土地使用权出资，逾期未解除（权利负担）的，人民法院应当认定出资人未依法全面履行出资义务。毫无疑问，以供役地出资属于以设定权利负担的土地使用权出资。而地役权似乎属于纯粹的权利，因而以需役地出资不受该条限制。但地役权人实际上也负有给付费用的义务，否则地役权面临取消。[62] 需要注意的是，向相对人定期支付对价的权利也具有对世性，需役地受让人因继受取得地役权而承担上述义务，可称为“物务”。因为地役权设立合同具有登记能力，并且经过登记公示，则该债权合同业已构成地役权的一部分而具有对世效力，需役地受让人继受取得地役权的，似乎也应受该合同约束。[63] 可见，即使是需役地上的土地使用权其实也存有权利负担，且该权利负担正产生于土地使用权人与供役地人的内部关系。为什么公司因此支付的地役权费用却不构成抽逃出资？

同时，我国基于同样的理由禁止以设定担保的财产出资。然而，从《公司法解释三》第 7 条第 1 款[64]来看，公司股东以他人财产出资时，若公司或者发起人为善意，则被无权处分的标的物亦能成为公司的财产。如果以他人之物出资都可能有效，设定担保的财产为什么不能用于出资？[65]

三、放松或取消出资类型管制

通过厘清、检讨立法者对于股东出资的顾虑和对出资类型管制的功能设想，放松或取消出资类型管制则成为当然结论。从比较法角度观察，我国的

---

[61] 《公司法司法解释三》第 8 条：“出资人以划拨土地使用权出资，或者以设定权利负担的土地使用权出资，公司、其他股东或者公司债权人主张认定出资人未履行出资义务的，人民法院应当责令当事人在指定的合理期间内办理土地变更手续或者解除权利负担；逾期未办理或者未解除的，人民法院应当认定出资人未依法全面履行出资义务。”

[62] 《民法典》第 384 条：“地役权人有下列情形之一的，供役地权利人有权解除地役权合同，地役权消灭：……（二）有偿利用供役地，约定的付款期限届满后在合理期限内经两次催告未支付费用。”

[63] 戴孟勇：《论地役权登记对地役权变动的影响》，载《当代法学》2010 年第 02 期。

[64] 《公司法司法解释三》第 7 条第 1 款：“出资人以不享有处分权的财产出资，当事人之间对于出资行为效力产生争议的，人民法院可以参照《民法典》第 311 条的规定予以认定。”

[65] 石冠彬：《论抵押物出资》，载《法学评论》2015 年第 02 期。

出资类型管制强度也是过高的。

在放松或取消出资类型管制时，将合法出资排除出公示的注册资本范围只是一个看似美好的“两全之策”，不应采用此立法思路，而应当直接修改《市场主体登记管理条例》第13条，明确允许已履行的劳务、商业特许经营权、设定担保的财产和第三人债权用于出资，并删除“等”字。同时，应当相应调整公司法司法解释三的规定。

（一）过高的管制强度

从公司法所允许的出资形式来看，各国采用了不同的规制思路。美国交由董事会商业判断决定。受到欧盟公司法指令的影响[66]，英国和德国在公众公司层面上多有类似。德国公司法规定非货币出资的标的物必须符合“可确认经济价值”的要求，并明确提供服务的承诺不符合此要求。[67] 如果非货币出资中包含了转移资产的承诺，该承诺必须在公司成立后五年内履行完毕。[68] 英国公司法也同样禁止公众公司为未来履行的劳务、履行期限超过五年的承诺发行股份。[69]

只要该债权满足可转让和财产价值可量化的要求[70]，德国有限责任公司的股东可以对第三人享有的债权作为出资。例如，股东通过长期租赁合同或

---

[66] 1976年，欧盟第二号公司法指令建立了欧盟公众公司资本制度的框架，历经修改，最终被《关于公司法若干方面的指令》（以下简称“2017年公司法指令”）所替代。2017年公司法指令第46条规定，能予以评估（economic assessment）的财产才能用于出资，并明确排除了未来履行的劳务。Directive（EU）2017/1132 of the European Parliament and of the Council of 14 June 2017 relating to certain aspects of company law（OJ L 169, 30.6.2017, p. 46 – 127）（https://eur-lex.europa.eu/legal-content/en/TXT/?uri=CELEX%3A32017L1132#d1e2595-46-1），Art 46: Subscribed capital may be formed only of assets capable of economic assessment. However, an undertaking to perform work or supply services may not form part of those assets & Art 48.

[67] Germany Stock Corporation Act, s 27（2）（2017）. 参考德国联邦司法部法律信息系统所提供的2017年7月17日法案之英译本（https://www.gesetze-im-internet.de/englisch_aktg/index.html）。

[68] Germany Stock Corporation Act, 36a（2）（2017）.

[69] Companies Act 2006, s 585, 587.

[70] ［德］托马斯·莱赛尔、［德］吕迪格·法伊尔：《德国资合公司法（第6版）》，高旭军等译，上海人民出版社2019年版，第2066页，脚注1985。

者用益租赁合同将特定标的物交给公司使用即属合法出资方式。[71] 英国《2006年公司法》更是规定股份的对价可以是现金或现金等价物。[72]“现金”包括：支票、公司责任的减轻、将来支付现金的承诺等。[73] 现金等价物至少包括商誉和专有技术。实际上，在英国私人公司中，只要是基于一个具有法律效力的合同，非货币出资一般都被认为是合法的。[74]

我国则一概禁止以劳务、商誉为对价发行股份，并未将禁止范围限于未履行的劳务或限于公众公司，亦未曾明确认可以第三人债权出资的效力。就此而言，我国的出资类型管制强度高于英德两国。[75]

（二）合法出资类型应计入注册资本

从比较法的角度看，我国出资类型管制的强度过高，应当减少《市场主体登记管理条例》所禁止的出资类型。法国商法典规定，股份公司中“技艺出资不构成公司的注册资本，但其可以分享利润、净资产份额和负担填补亏损的责任”。[76] 对于劳务出资、债权出资等具体出资类型的讨论中，主张应允许用于出资的学者往往主张应效仿法国商法典，不将此类出资计入注册资本。[77] 将清算价值较低或价值不确定的出资类型排除出注册资本总额计算范围，看似有助于确保公示的注册资本总额的客观确定，保护债权人的信赖利益，又可令其在公司内部具有出资同等效力。然而，这已然架空了出

---

[71] ［德］托马斯·莱赛尔、［德］吕迪格·法伊尔：《德国资合公司法（第6版）》，高旭军等译，上海人民出版社2019年版，第2065页。

[72] Companies Act 2006, s 582.

[73] Companies Act 2006, s 583.

[74] Charles Wild& Stuart Weinstein, Smith and Keenan's Company Law, Pearson Education Limited, 2013, p. 272. 非一般情形的典型例子是：以未来履行劳务的承诺出资有可能被法院判为非法。因为如果股东不提供服务，公司只能要求损害赔偿而不能强制执行劳务，而损害赔偿的金额不一定与公司所发行股票的价值相当。Charles Wild& Stuart Weinstein, Smith and Keenan's Company Law, Pearson Education Limited, 2013, p. 273.

[75] 岳冰：《论我国资本形成制度的规制坐标与自治重构》，载《法学杂志》2021年第5期。

[76] 《法国商法典》，罗结珍译，北京大学出版社2015年版，第86－88页。转引自刘斌：《股东出资形式的规制逻辑与规范重构》，载《法学杂志》2020年第10期。

[77] 焦红静：《我国公司法关于股东现物出资形式的探讨》，载《中国商贸》2011年第26期；赵芬萍、王欣新：《论债权出资》，载《法学杂志》2006年第5期；左传卫：《股东出资法律问题研究》，中国法制出版社2004年版；薄燕娜：《股东出资形式多元化趋势下的劳务出资》，载《政法论坛》2005年第1期。

资类型管制所希望确保的公司注册资本的担保功能，因为劳务等出资在公司破产时无法用于清偿债务，担保功能显然不如同价值的现金，也将使得注册资本数额与公司实际资产的脱节更为严重，减弱其信息传递功能。

实践中，股东间常通过协议对出资和股权比例另作约定以规避出资形式管制，且为使登记的出资比例与协议约定的出资比例一致，现金出资方常将对应比例的现金出资计在他方股东名下。如果法院承认此类避法行为的效力，所产生的最终效果其实与法国商法典的规定类似，尽管股东的主观目的并不是为了保护债权人。[78] 因此，将允许的出资类型排除出注册资本不仅不应当，也不必要由立法规定。

（三）放松管制——协调《公司法》第 27 条

上文揭示和反思了隐藏在《公司法》第 27 条合法性要件背后的理论顾虑。在此基础上，减少《市场主体登记管理条例》所禁止的出资类型除了可以降低出资类型管制的强度，也可以使《公司法》第 27 条重新获得准确统一的含义，从而真正发挥一般化界定和开放式列举的作用，是当下的务实选择。

“可以依法转让”要件含义不应继续被局限于物权等具有归属支配色彩的权利类型，而应回归到其字面含义上来。《市场主体登记管理条例》第 13 条第 2 款应当相应修改为：“公司股东不得以将来履行的劳务、信用、自然人姓名、商誉、政府特许经营权作价出资”，使其起到解释而非限缩《公司法》第 27 条的作用。

《担保法》第 49 条第 1 款规定：“抵押人未通知抵押权人或者未告知受让人的，转让行为无效。”该规定被《民法典》第 406 条第 1 款取代：“抵押期间，抵押人可以转让抵押财产。当事人另有约定的，按照其约定。抵押财产转让的，抵押权不受影响。”可见，现行法律明确允许抵押人转让抵押财产并相应地承认了抵押权的追及效力。即使抵押权人与抵押人约定抵押财产不能转让，该约定未经登记不得对抗善意第三人，符合“可以依法转让”的含义。因此，设定担保的财产应当从禁止出资类型中剔除。相应地，《公司法司法解释三》第 8 条应仅适用于划拨土地使用权出资。

---

[78] 最高人民法院民事判决书（2011）民提字第 6 号；北京市第三中级人民法院民事判决书（2020）京 03 民终 119 号；孙承松、张雅霖：《股东协议约定一方以技术出资的效力》，载《人民司法》2021 年第 5 期。

根据《民法典》第545条，债权同样可以依法独立转让。《市场主体登记管理条例》第13条第3款规定："依法以境内公司股权或者债权出资的，应当权属清楚、权能完整，依法可以评估、转让，符合公司章程规定。"以上表述中，"境内公司"一词的限定范围不清晰，容易使人误以为只能以境内公司的债权出资，甚至与过去仅允许以对接受出资的公司所拥有的债权出资的实践相混淆。因此，应当更改语序，将该条修改为："依法以债权或者境内公司股权出资的，应当权属清楚、权能完整，依法可以评估、转让，符合公司章程规定。"使得以第三人债权出资的合法性更为明确。

商业特许经营权可以依法转让，以已履行的劳务出资则相当于以对公司的债权出资，以上两者均应允许用作出资。自然人姓名属于具体人格权，是对姓名之标记符号独占而不可转让的权利。信用和商誉则无法作为客体独立转让。

"可用货币估价"要件则不会限缩出资类型。因为我国已经不再要求股东出资必须由第三方中立机构评估，股东系合法评估作价主体，而现代社会中只有受到道德约束的客体不适于股东协商作价。同时，应当删除《公司法司法解释三》第9条，不再通过事后评估确认出资标的物价值的公允性，从而避免股东协商作价结果面临被事后否认的不确定风险。公司、其他股东或者公司债权人事后主张出资股东未足额出资，应当证明出资标的物协商定价中存在欺诈情形。对于事前无法准确评价其价值的出资标的物，其他股东可以通过股东协议建立估值调整机制（Valuation Adjustment Mechanism，VAM）以减小估价不准的风险。例如，为确保以标的资产未来业绩作为基础的估价正确性，在重大资产重组中普遍存在的上市公司与交易对象之间的业绩补偿承诺。为确保以上实践得以进行，应当在系统反思资本维持原则的基础上，通过改进股东失权与除名规则并使其与减资规则相协调[79]、理顺股权回购的限制标准或参考美国关于股票托管、转让限制和分配利益贷记的规定[80]，为公司提供可选的动态定价机制。

（四）取消出资类型管制

通过将商业实践对于新型出资标的物发展出的财产利用方式和估值调整

---

[79] 周游：《〈公司法修订草案〉修改意见》，载微信公众号"法经笔记"，2022年1月26日。

[80] MBCA § 6. 20（d）（2020）。

机制以立法形式加以吸收固定，公司法将有能力为股东出资提供关于出资到位、出资违约责任的通用标准条款。我国公司法归零思考的最优选择仍然是彻底取消出资类型管制，即不再设定实体性要件或禁止出资类型，只需设立时全体股东、增资时董事会同意便属于合法的出资形式。

四、结论

我国出资类型管制的整体图景混乱而又复杂。《市场主体登记管理条例》第13条第2款使得“可用货币估价”和“可以依法转让”要求遭遇了解释上的困难，令《公司法》第27条的一般化界定失去意义，实质上将其变为封闭式规定。通过梳理特定出资形式的禁止理由，我们发现了立法者对于出资类型的真正担心，而这些担心是脱离经济现实的，也没有被明确地言说、系统地贯彻，从而产生了与实践的龃龉和规范体系内的冲突。

因此，为了纠正理念和规定的错位、立法与实践的脱节，应当减少乃至取消《市场主体登记管理条例》所禁止的出资类型，从而重塑出资适格性要件的含义。放松出资类型管制也将为商业实践发展新的财产利用方式和估值调整机制提供法律空间，为公司法改进出资到位、出资违约责任的标准条款提供宝贵的素材。

（校对：张宇薇）

《公司法》修订下公司资本制度变迁路径与改革面向

——基于政府与市场的法律边际分析视角

潘　翔*

摘　要：公司资本制度改革是政府与市场关系动态演化的直观反映。“有效市场和有为政府”协调发展下，《公司法》修订检讨2013年认缴制改革制度绩效不足，推动股份公司授权资本制改革。政府与市场关系视角下，资本制度改革中政府功能定位应转为企业服务者、规制守位者、后端调控者。建构范式上，否定授权资本制向封闭公司扩张及授权资本制下实行认缴制。明晰“授权资本”“公司设立时已发行资本”等配套概念，恢复实收资本项目记载，强化公示义务履行执法力度。配套规范群联动修改中，构建股东保护事前防范与事后救济机制，健全以董事信义义务为支撑的董事会治理准则。前端配合出资形式多元化改革放松管制，后端引入清偿能力测试标准协同干预。

关键词：授权资本制；政府干预；市场机制；清偿能力测试；董事会中心主义

一、问题的提出

我国《公司法》自1993年颁布历经五次修改，本轮修订自2019年4月启动，2021年底公布《公司法（修订草案）》（以下称《一审稿》），2022年底公布《公司法（修订草案二次审议稿）》（以下称《二审稿》）。《一审稿》第97条针对股份有限公司引入授权资本制，在有限责任公司中保留法

* **作者简介**：潘翔，华东政法大学经济法学院硕士研究生。

定资本制下完全认缴制，后在《二审稿》中体现为第 152 条。① 传统法定资本制下从实缴制到完全认缴制的放松均关注于资本缴纳阶段，在资本形成阶段仍要求一次形成，并完全由股东会决定资本发行。授权资本制下公司不必发行全部资本，只要认足并缴足资本总额的一部分，即可成立，并通过授权董事会发行新股赋予公司融资机动灵活性，但易造成公司登记注册资本与实际发行资本出现巨大差额。② 学界关于是否引入授权资本制的争论由来已久，但鲜有从政府与市场关系视角考察现行法定资本制弊端与授权资本制改革可行性。

公司资本制度的本质是政府对市场主体的进入性监管规范。③ 只有通过合理的制度建构准确界定两者边际，才能有效发挥政府与市场耦合的综合作用。推进我国授权资本制改革，关键在于合理认识公司资本制度建构中政府与市场的法律边际，坚持以市场需求为导向，转变政府监管模式。在公司法第六轮修改之际，本文从政府与市场边际界定视角出发，证成我国《公司法》修订中引入授权资本制的合理性，在修订草案基础上提出可行改革路径方案。

二、政府与市场视角下我国公司资本制度历史嬗变

商事法律体系建立与国家经济体制改革存在内在关联性和体制跟随性，公司资本制度发展改革亦不例外。④ 经济体制改革核心在于政府与市场关系的重新修正，市场自治与政府管制是公司法研究中永恒的命题。⑤ 我国公司资本制度的改革历程就是政府与市场关系动态演化过程的直观反映，规制放松是该演变的总基调。

（一）1993 年《公司法》问世：强调政府干预，抑制市场因素

1978 年以前我国实行计划经济体制，政府掌握资源配置主导权。十一

---

① 《一审稿》第 97 条："公司章程或者股东会可以授权董事会决定发行公司股份总数中设立时应发行股份数之外的部分，并可以对授权发行股份的期限和比例作出限制。"《二审稿》第 152 条："公司章程或者股东会可以授权董事会在三年内决定发行不超过已发行股份百分之五十的股份。但以非现金支付方式支付股款的应当经股东会决议。"

② 赵旭东：《公司法学（第 4 版）》，高等教育出版社 2015 版，第 169 页。

③ 龚鹏程、臧公庆：《论我国公司资本制度改革的法律逻辑及问题应对》，载《南京社会科学》2016 年第 10 期。

④ 陈甦：《商法机制中政府与市场的功能定位》，载《中国法学》2014 年第 5 期。

⑤ 周友苏：《新公司法论》，法律出版社 2006 年版，第 11 页。

届三中全会突破政府计划命令模式，引入市场要素。1978年至1992年我国主动探索计划经济为主、市场调节为辅体制。⑥ 1992年十四大召开后，市场在资源配置中的基础性作用才得到重视，政府的绝对优势地位遭到动摇，公司作为适应市场经济的资本组织形式得到认同。1993年《公司法》出台撼动了政府与市场的不对等关系，但在“限定市场，余外政府”模式下，其政府管制色彩浓厚，着重于防范市场调节机制的内在缺陷，实现政府清理违法公司的管制目标。⑦ 严格法定资本制下设立公司面临高企的注册资本门槛：一次性缴足出资，出资形式限于五种，非货币出资不得高于20%。⑧

（二）1999年、2005年《公司法》修改：放松资本管制，规制痕迹尚存

1999年《公司法》修改是响应国家政策的产物，在资本管制放宽上，止于高新技术股份公司非货币出资比例限制的下调。⑨ 2000年，“十五计划”进一步强调市场地位，将原有“资源配置”作用范围扩大到“结构调整”。2002年十六大报告指明“在更大程度上发挥市场在资源配置中的基础性作用”。2005年我国经济体制中市场因素逐渐积聚，但尚未达到决定性作用，未能完成结构性地位翻转。《公司法》回应体现在吸纳更多市场制度，放松资本管制，降低注册资本限额，允许分期实缴。但并未突破法定资本制，限制首次实缴比例与后续出资期限，在分配环节贯彻“无盈不分”“先补亏后分配”原则，防止公司资产不当减少，⑩ 保留较强政府干预因素。

（三）2013年认缴制改革：减少政府干预，释放市场活力

2012年十八大报告用“更大程度更广范围”强调市场的资源配置作用。⑪ 2013年十八届三中全会将政府与市场的关系问题作为全面深化经济体

---

⑥ 钱伟刚：《论中国特色社会主义市场经济资源配置方式》，载《经济社会体制比较》2018年第3期。

⑦ 周友苏：《新公司法论》，法律出版社2006年版，第12、17页。

⑧ 施天涛：《公司资本制度改革与公司法的修改》，载《中国法律：中英文版》2014年第1期。

⑨ 龚鹏程、臧公庆：《论我国公司资本制度改革的法律逻辑及问题应对》，载《南京社会科学》2016年第10期。

⑩ 龚鹏程、臧公庆：《论我国公司资本制度改革的法律逻辑及问题应对》，载《南京社会科学》2016年第10期。

⑪ 钱伟刚：《论中国特色社会主义市场经济资源配置方式》，载《经济社会体制比较》2018年第3期。

制改革关键所在，市场资源配置作用的定性由“基础性”转变为“决定性”，展现出对于市场地位的高度认可。⑫ 当年《公司法》即迎来重大修改，大幅缩减政府干预，为市场自主调节提供制度规范供给。⑬ 在“政府限权，企业自治”的基本导向下，彻底取消最低注册资本限额，推行完全认缴制，注册资本、出资期限均由公司章程自治，废除强制验资制度。⑭

（四）小结：市场作用新定位下资本制度变革趋势

公司资本规制路径是历史进化的过程，各国不同的公司资本制度源于其独特的发展历史和对政府与市场关系界定的认识。⑮ 回顾我国公司资本制度改革历程，就是政府与市场在动态变化中寻求平衡，总体呈现出“政府干预减弱，市场需求主导”的演化脉络。我国对政府与市场关系的探索远未停止，2020 年十九届五中全会进一步提出“有效市场和有为政府”方案，开启我国市场与政府协调发展的经济体制新时期，也对公司资本制度改革提出新要求。

三、市场主导机制下认缴制的检思与式微

我国公司资本制度改革同样以激发市场活力为导向，从严苛的法定资本制，到后来的逐渐缓和淡化，再到引入授权资本制，公司资本管制自由化趋势凸显。⑯ 曾经被寄予厚望的认缴制改革未能在法定资本制框架内解决问题，有必要检视现行规范在市场机制主导作用下所暴露的诸多问题。

（一）忽视资本信用向资产信用的理念跃升

认缴制所依赖的资本信用基础逐渐转向关注公司现实债务清偿能力的资产信用。⑰ 公司资本制度所承载的制度期待从平衡公司债权人与股东利益转

---

⑫ 周佑勇：《法治视野下政府与市场、社会的关系定位》，载《吉林大学社会科学学报》2016 年第 2 期。

⑬ 陈甦：《商法机制中政府与市场的功能定位》，载《中国法学》2014 年第 5 期。

⑭ 邹海林：《我国司法实务应对公司注册资本制度改革的路径选择》，载《法律适用》2014 年第 5 期。

⑮ 邓峰：《资本约束制度的进化和机制设计》，载《中国法学》2009 年第 1 期。

⑯ 白牧蓉、张嘉鑫：《〈公司法〉修订中的资本制度路径思辨》，载《财经法学》2021 第 4 期。

⑰ 陈国富、田珺：《公司资本制度改革与债权人利益保护》，载《南开经济研究》2021 年第 3 期。

为聚焦股东投资便利性，将债权人保护职能强加于公司资本制上是脱离现实性的误读。首先，公司经营期间资产状况处于动态变化中，注册资本与公司总资产、净资产不可能保持一致。公司有效的责任财产只是实际净资产，而非登记簿所载空洞的注册资本。[18] 债权人主要通过公司预期现金流、盈利可能性、管理层品质、核心技术等关心企业经济前景，判断企业未来偿债能力。[19] 此外，公司注册资本只能作为彰显公司信誉的法律依据之一，并非唯一参考指标。过度强调资本充实稳定只会陷入完全实缴制的极端，重蹈资金闲置、效率受阻的覆辙。

在资本信用向资产信用转化过程中，有学者对完全否定资本制度的观点表达了担忧，认为这种观点脱离我国市场主体素质不高、信息公示建设有待完善的现实。[20] 公司资本作为公司财产的一部分于交易相对方具有一定价值，但不能赋予过高期待，亦无法将债权人利益保护的价值目标完全寄托于此。[21] 公司资本制度的首要任务是降低市场主体进入门槛，方便其利用公司这一基础商事组织形式配置社会资源、开展经济活动。债权人保护应在保障商事效率的前提下，依托于专业的交易安全保障契约制度实现。[22] 因此，秉持"以资产信用为主，以资本信用为辅"[23] 的公司信用体系建设方针是现实可行的选择。

（二）原有法定资本制效能释放遭遇瓶颈

法定资本制下的认缴制改革固守资本信用的沉疴，制度设计上并未贯彻鼓励市场主体自由投资的价值理念，实际成效上也远未实现激发投资热情的目标。

首先，完全认缴制只在资本实缴阶段给予公司股东一定宽限时间，并未从认缴出资角度赋予出资人真正的出资自由。认缴阶段仍要求全部注册资本

---

[18] 赵旭东：《公司资本制度改革研究》，法律出版社2004年版，第7页。

[19] 刘燕：《公司财务的法律规制》，北京大学出版社2021年版，第105、106页。

[20] 张其鉴：《公司法修订背景下我国资本制度研究的主要误区及其修正》，载《法学评论》2022年第5期。

[21] 邹海林、陈洁：《公司资本制度的现代化》，社会科学文献出版社2014年版，第12页。

[22] 白牧蓉、张嘉鑫：《〈公司法〉修订中的资本制度路径思辨》，载《财经法学》2021第4期。

[23] 冯果：《论授权资本制下认缴制的去与留》，载《政法论坛》2022年第6期。

落实到每个股东，即使不必实际缴纳，也需股东认缴一定资本作为出资份额，而认缴就意味着承诺，是一定期限内必须履行的债务。㉔

其次，认缴制下实缴出资无限期是伪命题。认缴制改革的初衷在于缓解股东短期内出资压力。实践中公司章程约定超长出资期限的做法只是认缴制配套制度尚不健全下恶意逃避出资义务的短视行为。随着《全国法院民商事审判工作会议纪要》㉕（以下称《九民纪要》）出台及《公司法》出资加速到期制度完善，所谓无限实缴期限的福利将会消失殆尽。从“分期实缴”到“先认足，后实缴”的转变，实质上仍在法定资本制框架内坚守资本实缴到位的底线，并未减轻股东的出资义务和责任负担。㉖

最后，认缴制下新股发行程序复杂，融资效率低下。认缴制下公司设立后发行新股筹集资金唯有通过股东会决议修改章程，并完成工商变更登记。公司融资决定权由股东会掌握，而大型公众公司的股东会人数众多，决议通过难度大、时间长，容易在瞬息万变的市场中贻误商机。㉗

（三）违背世界范围公司资本制度变革趋势

观之寰宇，大陆法系等传统法定资本制立法例，迫于经济下行压力及英美经济体主流趋势影响，开始接受规制缓和，逐渐向授权资本制靠拢㉘，或直接采纳授权资本制，如我国台湾地区，或结合本国国情加以修正，形成以日、韩为代表的折中授权资本制和以法、德为代表的许可资本制两种折中资本制形式。

1. 日、韩折中授权资本制与法、德许可资本制

日本1950年就在商法典公司法部分针对股份有限公司引入授权资本制。《韩国商法典》因受日本影响，在授权资本制限额规定上同样采用股份公司成立时须发行授权资本总额1/4并确保股份实缴到位的规定。㉙ 折中授权资

㉔ 卢宁：《刍议公司资本形成制度的改革与发展》，载《法学论坛》2017年第3期。

㉕ 法〔2019〕254号。

㉖ 朱慈蕴：《中国公司资本制度体系化再造之思考》，载《法律科学》（西北政法大学学报）2021年第3期。

㉗ 冯果：《论授权资本制下认缴制的去与留》，载《政法论坛》2022年第6期。

㉘ 叶林：《公司法研究》，中国人民大学出版社2008年版，第256页。

㉙ ［韩］郑燦亨：《韩国公司法》，崔文玉译，上海大学出版社2011年版，第132－133页；［韩］崔埈璿：《韩国公司法（上）》，王延川、崔嫦燕译，中国政法大学出版社2020年版，第84页。

本制允许公司分次发行资本，但限制公司首次发行数额。法定资本制虽得以保留，但其适用范围仅限于有限责任公司。

法国、德国所实行许可资本制中法定资本制色彩更为浓重，尤其在公司设立阶段，要求公司一次性发行全部资本。例如，《法国商法典》规定股份有限公司设立时用货币出资的应实缴至少 1/2 股款，其余在 5 年内分期缴纳。[30] 许可资本制吸收授权资本制增资上的简便性，但对增资权限仍有严格限制。如德国《股份法》规定，股份有限公司章程可以授权董事会在公司登记后 5 年内在授权资本额范围内发行新股，但授权资本的面值不能超过授权时既存基本资本的一半，并需获得监事会同意。[31]

2. 从授权资本制到声明资本制

我国台湾地区 1955 年修改《公司法》时曾引入日韩之折中授权资本制，要求股份有限公司设立时第一次发行股份不少于股份发行总数 1/4，后于 2005 年删去该款，转向完全的授权资本制。根据台湾地区“公司法”第 156 条第 4 项，股份有限公司股份总数，得分次发行，第 131 条第 1 项和第 132 条第 1 项又要求发起人应认足并缴足公司第一次应发行股份。[32]

英美原采用授权资本制，因大多公司仅实际发行授权资本额的一小部分，对于债权人极具误导性，转而确立声明资本制，要求公司仅在章程中载明实际发行资本情况，排除章程对董事会授权资本额的限制。[33] 英国公司法审议指导小组认为记载于公司章程的授权股本，对于公司外部交易第三人来说并不能反映公司发行股本情况和实际资产规模[34]，于是 2006 年《英国公司法》不再限制授权股本。[35]

如表 1 所示，传统法定资本制适用空间不断被压缩，各国纷纷根据自身经济发展需要、历史文化传统不同程度地借鉴授权资本制以谋求本国公司资

---

[30] 《法国商法典（上册）》，罗结珍译，北京大学出版社 2015 年版，第 229 页。

[31] 《德国商事公司法》，胡晓静、杨代雄译，法律出版社 2013 年版，第 163 页。

[32] 柯芳枝：《公司法论（上册）》，三民书局股份有限公司 2015 年第 9 版，第 128 页。

[33] 黄辉：《现代公司法比较研究》，清华大学出版社 2020 年第 2 版，第 72 – 73 页；范健、王建文：《公司法》，法律出版社 2018 年版，第 237 页、第 242 页。

[34] ［英］保罗·戴维斯、［英］莎拉·沃辛顿：《现代公司法原理（上册）》，罗培新等译，法律出版社 2016 年第 9 版，第 279 页。

[35] 2006 年《英国公司法》，葛伟军译注，法律出版社 2017 年第 3 版，第 10 页、第 444 页。

本制度的宽松化，在左起法定资本制右至授权资本制的制度条带上形成丰富的中间地带。[36] 因此，有学者主张我国资本形成制度应顺应世界放松管制、追求效率、信任市场、回应实践的发展潮流，完成“强制型”法定资本制到“赋权型”授权资本制的转变。[37]

表 1　公司资本制度主要立法例比较分析表

资本制度 规定	法定资本制		折中资本制		授权资本制	声明资本制
	严格法定资本制	完全认缴制	折中授权资本制	许可资本制		
章程记载	资本总额	资本总额	资本总额、授权资本额	资本总额、授权资本额	资本总额（即授权资本额）	实际发行资本
股东认缴	一次认足	一次认足	限制首次认缴股份比例	不限认缴比例数额	不限认缴比例数额	不受章程授权资本额限制
设立时资本限额	有	一般行业无限额	无	有	一般无个别有	部分立法例（英）有
设立时实缴资本	足额实缴	按章程分期缴纳	实际缴足认缴额	实缴部分剩余分期	实际缴足认缴额	实际缴足认缴额
董事会发行募集权限	无	无	授权董事会随时发行未认足部分	董事会增资有时间和数额比例限制	授权董事会随时发行未认购部分	董事会自由决定股份发行条件、种类
立法例	-	中国大陆	日本、韩国	德国、法国	中国台湾、《美国示范商业公司法》	英国、澳大利亚、美国部分州

四、授权资本制改革中政府与市场法律边际审视

公司资本制度作为国家利用公权力规制商事主体市场活动的重要政策

---

[36] 王建文：《论公司资本制度演变的内在逻辑与制度回应》，载王保树主编：《中国商法年刊（2014 年）》，法律出版社 2014 年版，第 83 页。

[37] 卢宁：《刍议公司资本形成制度的改革与发展》，载《法学论坛》2017 年第 3 期。

工具，[38] 其制度变迁历程，也反映出该法域中政府与市场法律边际界定的渐进式调整和动态优化组合过程。[39] 传统法定资本制框架下改革面临资本信用理念落后、阻碍企业经营效能提升、违背改革发展趋势等绩效困境，亟需转换思路，尝试从授权资本制改革中寻求制度绩效增量。下文试从政府与市场法律边际视角分析我国授权资本制改革的合理性，探讨政府在资本制度中的应然定位。

（一）公司资本制度中的政府与市场价值冲突

1. 偏在矫正：从债权人保护到公司设立自由

资本制度设计虽触及多方利益，但股东与债权人的对立乃为核心。[40] 两者间利益保护取向是划分资本制度价值理念之根本，分别形成了政府干预下债权人保护的法定资本制与市场自治下公司利益至上的授权资本制两大制度体系分野。[41] 授权资本制改革纠正了公司资本制度设计中原先过度强调债权人利益保护的价值偏在，在公司组织效率和债权人利益公平保护的衡量博弈中开始倾向于效率。[42]

传统法定资本制更看重债权人保护，认为股东享有利用债权人资金开展生产经营的控制权，并受到有限责任保护，使得债权人暴露于市场风险之中，因此政府要对公司课以严格资本约束手段平衡债权人利益。授权资本制关注公司自身利益最大化，并将债权人利益囊括其中。股东作为公司资产的剩余索取者，最有实现公司资产增值的动力，政府应放松管制以实现资本筹集、运作及分配的灵活便利，帮助股东减轻兴业负担，提高交易效率。[43] 对于债权人的强制保护则转向事后救济，倚重合同法、破产法规范。

---

[38] 龚鹏程、臧公庆：《论我国公司资本制度改革的法律逻辑及问题应对》，载《南京社会科学》2016 年第 10 期。

[39] 杨峰：《上海自贸试验区商事登记制度的改革与完善》，载《法学》2014 年第 3 期。

[40] Bayless Manning，James J. Hanks Jr.：《法律资本制度》，后向东译，载王保树主编：《商事法论集（2007 年第 1 辑）》，法律出版社 2007 年版。

[41] 高晋康、黄丽娟、蒋和伶：《法定公司资本制初始理念的局限性》，载《财经科学》2005 年第 6 期。

[42] 周友苏：《新公司法论》，法律出版社 2006 年版，第 12 页。

[43] 施天涛：《公司资本制度改革与公司法的修改》，载《中国法律：中英文版》2014 年第 1 期。

2. 干预弱化：从出资管制向筹资便利转变

本次《公司法》修订逐步放宽政府对公司资本管制，减少对股东出资的干预力度，授予董事会机动筹资权限，力图降低企业融资成本、提高经营效益。可见立法者逐渐摒弃政府强制干预企业设立的调控方式，尊重市场主体商业判断。从认缴制向授权资本制的跨越，降低了企业设立初期的资本筹集压力。相比于认缴制“先全部认购，后分期实缴”减轻实缴阶段的缴资压力，授权资本制允许股东初期仅认购部分股份，彻底免除投资人的缴资负担。企业对于股份发行和资本募集的自主权极大提高，可根据企业成长阶段和业务需求灵活决定资本规模。

（二）公司资本制度中政府功能定位

政府与市场关系厘定，首先要明确政府与市场的职能作用及其权利义务关系。其中，政府功能定位的阐明是关键所在，划定政府经济管制的职权范围后，其他领域都应交给市场主体自治。[44] 具体到公司资本制度中政府如何协调引导，管制的边界何在，至少应从市场经济运行实践、政府与市场各自能力以及公司法的理念宗旨三方面考量。

1. 政府由企业监护者转为服务者

公司资本制度是维护市场秩序和交易安全的主体资信识别制度之一，是政府保障市场资源配置功能的体现。[45] 但在市场识别与交易对手选择方面，政府不应占据主导，而应由市场自主判断。市场经济理念下，公司发起人设立公司的资本规模大小完全是因公司、行业而异的自我商业判断，公司运营中的资金募集量及增发股份量也属于商业判断，理应由公司自身决定。然而政府在法律父爱主义（legal paternalism）思想下，忽视市场主体行动者偏好，陷入“完全理性”假设下的自以为是。[46] 为维护市场整体利益，通过限制注册资本为当事人设置一系列核准或审批性事项标准，代替商事主体进行市场主体筛选和商事风险判断。主观上政府希望履行监护者职责，提供优质市场交易环境，客观上却存在过度干预公司商事判断之虞。过于谨慎严格的发行规则导致公司承受巨大制度成本，尤其在增资阶段，严格的程序要求既

---

[44] 张守文：《政府与市场关系的法律调整》，载《中国法学》2014 年第 5 期。

[45] 陈甦：《商法机制中政府与市场的功能定位》，载《中国法学》2014 年第 5 期。

[46] 黎江虹：《知识论视域下政府与市场关系之辨思》，载《中外法学》2010 年第 1 期。

与保护债权人利益无关，又加大公司错失交易机会的风险。

公司资本既是法规范的主要面向，更是公司商主体本身的实在关切，必须聚焦于其在商业实践中立体而丰富的面貌。[47] 在公司融资方面，同样应将公司融资权更多交给公司自身，由公司根据发展需要决定何时融资及融资规模。政府应放松对公司资本制度的管制，在规则制定上服务于公司股东和董事会的融资自治，充分发挥公司组织形式在汇集资源、活络资金方面的组织优势。[48] 增资阶段，董事会作为实际掌控经营管理权的决策机关具有显著优势。赋予董事会根据公司运营实际需要筹措资金及发行新股的权力能够最大限度彰显公司法制度的体系效用。[49] 反敌意收购中，授权资本制也为董事会快速向"白衣骑士"增发新股、稀释收购者持股比例创造可能，提供了有力的反收购法律武器。

2. 政府由规制越位者转为守位者

所谓"限定政府"要求政府不应干预市场能够自我调控、自我决定、自我解决的事项，而只能在市场释放的空间内存在和运行。"更好发挥政府作用"是让政府从过度干预市场具体性和一般性事务中脱离出来，在市场机制能力不及之处合理、合法履行经济干预职能，发挥补位作用，此为守好本位。笔者在此试举两例以说明。

第一，市场识别领域的辅助作用，典型为高风险行业的最低注册资本限额。[50] 公司最低注册资本应与其所从事业务风险程度相匹配。对于证券、保险、信托、银行等金融行业，业务开展所需资本额较大，为管控风险，须严格坚守行业准入的资本额度门槛。[51] 政府最低注册资本管制的放松只针对普通商事公司，高风险行业因其易发生系统性金融风险，造成公众投资者大规模损失，仍需政府适度发挥选择作用。

第二，公司融资领域的监管作用，例如授权资本分次发行下的实缴要

---

[47] 刘燕：《公司法资本制度改革的逻辑与路径》，载《法学研究》2014 年第 5 期。

[48] 王文宇：《简政繁权——评中国大陆注册资本认缴制》，载《财经法学》2015 年第 1 期。

[49] 薛波：《改革开放 40 年我国公司资本制度立法的嬗变与启示》，载《人文杂志》2019 年第 3 期。

[50] 陈甦：《商法机制中政府与市场的功能定位》，载《中国法学》2014 年第 5 期。

[51] 《国务院关于印发注册资本登记制度改革方案的通知》，国发〔2014〕7 号，2014 年 2 月 7 日发布。

求。修订草案在授权资本制出资义务的履行上，未采取认缴制分期缴纳的做法，体现了宽松制度下的谨慎性。《二审稿》第98条规定，发起人应按照其认购的股份足额缴纳股款。究其原因，在于授权资本制和认缴制的功能存在重合，授权资本发行是董事会基于公司融资需求作出的商业判断，再赋予公司资本缴纳的商业判断难免有叠床架屋之嫌；将授权资本和认缴制两种最宽松制度组合也存在过度放纵股东、侵害债权人利益之虞。然学界对此仍有争议，详见后文。

3. 政府由前端管制转为后端治理

公司资本制度涉及资本筹集、资本维持和资本处置三个阶段。我国现行《公司法》的完全认缴制仍保留传统法定资本制一次发行、一次认购的资本筹集规则，虽在实缴阶段大幅制度让步，但未跳出将债权人保护前置于资本筹集阶段的窠臼。[52] 授权资本制改革从资本形成阶段放开管制，形成多次发行、多次认购的筹资规则，资本缴纳阶段要求实缴。前端资本形成的管制放宽必然要求后端公司经营资本监管的强化。[53] 改革所带来的问题是，我国公司法的资本维持和资本处置规则能否有效发挥债权人保护作用？从域外经验看，大陆法系引入授权资本发行规则时，均从发行时限、额度等方面限制董事会发行权。授权资本制的核心在于董事会发行权限的实现，以刻板的时限、发行额度粗暴限制与制度初衷相悖，影响制度效能发挥。2005年《日本公司法典》取消对非公开公司首次股份发行比例限制，2005年我国台湾地区“公司法”废止股份公司首次发行比例限制，均表明该手段的失败。[54]

（三）公司资本制度建构模式的现实回应

从《二审稿》第152条（《一审稿》第97条）中“可以授权”的措辞，不难看出公司法仅赋予股份公司选择适用授权资本制的权利。《一审稿》采完全授权资本制方案，未对董事会发行权加以除资本总额外的比例或期限限制。《二审稿》从平衡股东利益和公司融资效率考虑，对董事会发行权限加以三年期限和不超过已发行股份50%的比例限制，并将以非现金方式支付股款的发行决定权收归股东会。对于有限责任公司，本轮修订采认缴制的适应性完善路径，《二审稿》第53条（《一审稿》第48条）将《九

---

[52] 邓峰：《物权式的股东间纠纷解决方案》，载《法律科学》2015年第1期。

[53] 赵树文：《公司资本规制制度研究》，人民出版社2015年版，第93页。

[54] 李建伟：《授权资本发行制与认缴制的融合》，载《现代法学》2021年第6期。

民纪要》的加速到期规则上升为法律规定，配合股东欠缴出资失权制度，强化董监高催缴出资义务，压实资本充实责任。

1. 授权资本制向封闭公司的扩张争议

本轮《公司法》修订中国全国人大常委会工委经济法室原本打算彻底废除法定资本制，转向授权资本制，但考虑后者在我国是全新概念，完全摒弃原有经验恐产生问题。最终修订草案仅在股份有限公司中探索授权资本制。但也有学者提出区分公司类型设计资本制度的做法值得保留。[55]

笔者认为封闭公司和公开公司在组织属性和合同属性上的本质差异决定两者在资本制度设计上的不同选择。其一，资金募集规模不同。封闭公司的影响力局限于当事人之间，公众公司具有广泛的社会影响力。法律制度上体现为《公司法》对公众公司资本规模期待显著高于封闭公司。高额的资本规模意味着资本募集难度增大，尤其在经济下行、投资衰减背景下，公众公司设立不确定性大大增加。坚守法定资本制无助于控制风险，而完全授权资本制的灵活融资模式可缓和公司设立的高额资金压力。封闭公司资本募集压力远小于公众公司，可在法定资本制框架中通过分期认缴、降低资本限额等内部优化解决，无改革之必要。[56] 其二，增资程序机制不同。公众公司因其庞大组织规模，在法定资本制下完成增资程序耗时更久。转变为授权资本制可增强资本应变能力，由董事会根据市场变化及时调整资本发行规模。封闭公司较小的人员资本规模使其股东会召开较为便捷，并无强烈决策效率提升需求。

从政府与市场的关系来看，资本约束制度进化趋势是从政府主导法律强制性规定转向公司、股东、债权人等利益相关市场主体间的主动制约。[57] 我国公司资本制度的优化革新应坚持多元化路径，为市场主体提供不同资产规模、不同类型公司的设立选择，适应社会主义市场经济下的包容性要求。因此，区分公司类型选择资本制度比一味激进推行新制更加务实可行。

2. 授权资本制与认缴制的并行争议

授权资本制与认缴制着眼于公司资本制度的不同阶段，理论上两者可以组合并行，即在股东出资义务成立阶段采授权资本制的分次发行，在履行阶

---

[55] 李建伟：《公司法学》，中国人民大学出版社 2018 年版，第 160 页。

[56] 周友苏：《新公司法论》，法律出版社 2006 年版，第 183－184 页。

[57] 邓峰：《资本约束制度的进化和机制设计》，载《中国法学》2009 年第 1 期。

段采取认缴制的分次缴纳。学界对此存在“完全摒弃”和“有限并行”两种观点。前者即授权资本制下发起人认购公司股份后应及时全额实缴；后者认为首次发行仍可保留认缴制，仅在授权董事会发行部分采实缴制。[58]

笔者采“完全摒弃”观点。从功能效用上来看，授权资本制以公司股份分次发行降低公司设立资本门槛，认缴制通过允许已发行股份分次缴纳减缓投资人注资压力，两者在降低公司设立资金要求上功能相同。授权资本制将部分发行权限授予董事，借助其商业运营能力与市场判断经验适时发行股份融资，在制度效能上更胜一筹。从制度流变上看，引入授权资本制是对前期认缴制改革的纠偏与矫正。我国一直寄希望于资本实际缴纳阶段改革来降低公司设立门槛，但完全认缴制下认缴期限的过度放开和催缴制度的乏力导致实践中出现众多以超长出资期限逃避出资义务的情况，作为制度补丁的加速到期制度司法适用存在局限，最终宣告认缴制改革路径的失败。在加速到期制度适用有限和董事信义义务体系尚付阙如的背景下，完全认缴制本身的负面影响无法根除，授权资本制不宜与认缴制并行。

五、公司授权资本制改革面向与配套规则

《二审稿》已构建出股份公司授权资本制的初步蓝图，成为我国在公司资本制度中贯彻新时代政府与市场法律边际关系的一次有益尝试。改革应立足投资人制度供给需求，坚持政府作为企业服务者、规制守位者和后端调控者的职能定位，以规范形式划定政府在公司出资、运营和退出等各环节的干预边界。制度引进必须完善配套制度环境，公司资本制度改革绝不止放开授权董事会增资限制，而是从资本信用理念全过程更新，到配套概念改革明晰，再到资本制度规范群的联动修改。

（一）政府服务转型：优化资本制度改革环境

“有为政府”要求政府职能应转移到为市场主体服务，创造良好的环境上来。[59] 在本次授权资本制改革中，政府也要为其提供公共服务，首先在学理概念厘清上发力，破除理论障碍，其次创建公开透明市场信息获取机制，消除授权资本制下债权人信息不对称的隐忧。

---

[58] 李建伟：《授权资本发行制与认缴制的融合》，载《现代法学》2021 年第 6 期；冯果：《论授权资本制下认缴制的去与留》，载《政法论坛》2022 年第 6 期。

[59] 高尚全：《有效市场和有为政府》，中国金融出版社 2017 年版，第 95 页。

1. 关联概念群的引入与明晰

新兴制度的确立首先要从专业话语体系的构建开始。政府在制度改革中应以授权资本相关概念内涵与外延界定为先，扫清概念之争。我国引入授权资本制，首先需引入“授权资本”概念，即公司章程或股东会授权董事会在授权时间和限额范围内择机发行的股份。授权资本可界分董事会与股东会的权力，授权范围内由董事会决定授权资本发行，增资决议由董事会作出，授权资本发行完毕，公司欲再行增资的，须经股东会决议。《美国示范商业公司法》（以下简称 MBCA）下授权资本制将所有公司资本总额都授权董事会发行（即公司资本总额 = 授权资本额），其“授权资本”的下位概念仅需“已发行授权资本”和“未发行授权资本”以表征授权资本额下股份具体发行情况。我国授权资本制则对授权资本额存在限制，《一审稿》（第 97 条）中为“设立时应发行股份数之外的部分”，《二审稿》（第 152 条）为“不超过已发行股份百分之五十”。因此，在引入“授权资本”及其下位概念时，亦须引入“公司设立时已发行资本”概念，并在公司章程中明确，旨在公示公司设立时股东出资义务。[60]“公司设立时已发行资本”仍由股东会负责发行，其具体数额修订草案未予明确，但根据《二审稿》该股份数额将直接影响授权资本数额大小。因授权资本制下公司每次发行股份必须实缴，“已发行资本”（包括“公司设立时已发行资本”“已发行授权资本”）相当于公司“实缴资本”。综上，我国授权资本制模式可总结为以下公式：（1）公司资本总额 = 公司设立时已发行资本 + 授权资本额；（2）授权资本额 = 已发行授权资本 + 未发行授权资本。

2. 完善企业信息公示制度

道格拉斯·诺斯认为国家（政府）的作用应是制定衡量配置和转化效率的明确尺度，统一效率和平等。[61] 授权资本制显然倒向公司运营效率，相对应需在公司与债权人平等上进行制度配平。企业信息公示制度能从根本上平衡公司与债权人之间的信息不对称，要求企业披露信息并提供查询服务也

---

[60] 卢宁：《刍议公司资本形成制度的改革与发展》，载《法学论坛》2017 年第 3 期。

[61] ［美］斯蒂格利茨：《政府为什么干预经济》，郑秉文译，中国物资出版社 1998 年版，第 161 页。

是政府履行“事中事后监管”职能的有效途径。[62]

第一，恢复营业执照记载实收资本。2013 年公司注册资本登记制度改革中，实收资本项目从营业执照中去除，转而在“全国企业信用信息系统”中公示。实收资本虽不能全面反映公司资产状况，但对初步判断公司偿债能力仍具重要意义。这次政府信息供给改革增加了交易相对人信息获取成本。[63] 虽强制验资制度取消后登记机关无法确定企业所申报实收资本额的真实性，但 2014 年国务院出台的《注册资本登记制度改革方案》（国发〔2014〕7 号，以下简称《方案》）已明确登记机关仅对申请材料形式审查。

第二，强化企业信息公示义务履行与执法力度。《方案》出台后我国企业信用信息公示系统已基本建立，然而大多企业未能严格履行信息公示义务。系统中股东出资信息、年度报告存在缺失，“严重违法记录”“行政处罚”等栏目也多处于空白。《二审稿》第 40 条再次就企业信息公示义务具体事项作出明确规定，然而症结在于公司登记机关无法强制要求企业履行信息公示义务，也无权要求其他执法部门配合报送行政处罚等信息，存在政府失灵现象。[64] 对此要内外并举，对外登记机关需加快未公示信息企业经营异常名录更新频率，加强失信惩戒联动机制建设，压实名录企业及负责人的信用约束措施；对内积极宣传引导企业履行公示义务，强化企业自身和行业协会的自律自治作用，充分发挥市场主体遵纪守法的主观能动性。[65]

（二）政府规制守位：完善授权资本制配套制度

政府对市场干预的最小化是我国学界的共识，但政府所发挥因势利导的

---

[62] 胡田野：《公司资本制度变革后的债权人保护路径》，载《法律适用》2014 年第 7 期；赵树文：《认缴资本制下公司信息披露的法律规制》，载《法商研究》2020 年第 3 期。

[63] 彭运朋：《公司资本制度改革的制度配套：以信息公示为视角》，载《法律适用》2016 年第 10 期。

[64] 政府失灵最初是詹姆斯·布坎南在其公共选择理论中提出的，意指政府在对市场进行干预的过程中所产生的另外一种如同市场失灵的缺陷。为了纠正市场功能的缺陷，政府通常会采取诸如立法和行政管理等方法进行干预，但这也可能导致政府干预经济的失败。根据布坎南的分析，政府失灵主要包括公共行政管理失误、官僚机构的低效和浪费以及寻租行为、腐败滋生。

[65] 王雨：《注册资本登记制度改革与资本配置效率》，载《区域金融研究》2018 年第 7 期。

辅助作用也是必不可少的。[66] 授权资本制的变革即是市场主导作用下的大势所趋，也是政府优化营商环境的顺势而为，但制度构建并非一日之功，新制度引入后的配套改革仍需政府在如何“有为”规制的探索道路上久久为功。

1. 授权资本发行中的股东保护

授权资本制下董事会可在授权范围内通过发行新股增资，如股东原有出资保持不变，意味着股权被稀释，此时须考虑新旧股东间的利益冲突，规制董事会恶意转移公司控制权。纵观各国立法例，授权资本制下原股东保护制度存在三种模式。第一，限制董事会授权发行权限。典型立法例为德国、韩国及 2005 年前的日本和我国台湾地区，通过设置公司首次发行股份或董事会授权发行股份的比例和时间限制，使股东能在章程未修改情况下，明确预见其持股比例被稀释的最大范围和时间阶段。例如，日本引入授权资本制同时限制公众公司设立时发行股份比例不得低于 1/4，且要求通过修改公司章程方式增加授权发行数量时不得超过已发行股票总数的 4 倍，划定股东持股比例被稀释之风险底线。[67] 然该种限制仍无法阻止董事会的恶意发行，也极大制约董事会正常商业判断权限。

第二，赋予原股东法定优先认购权。美国和欧盟主要通过增资优先认股权保护原股东“比例利益”。股东优先认购权常见于人合性较强的封闭公司，维护股东间信任关系，但将其拓展至公众公司挑战了公众公司之资合性，遭到学者们的一众声讨。行使优先认购权需征求原股东意见，将增大公司筹资时间成本，与授权资本制之效率导向背道而驰，尤其在引入类别股制度后，股份有限公司优先购买权的效用更将虚化。授权发行并不影响既有无表决权股股东的表决权重，赋予该类股东优先认购权的意义有限。[68]

第三，特定情形下的发行权限回归机制。日本 2014 年公司法修改新设第 206 条第 4 项，规定董事会向特定第三方发行股份时，若持有 10% 以上表决权股东反对，需经股东大会决议方能发行股份。[69] 该规定来源于英国判

---

[66] 张维迎、林毅夫：《政府的边界》，民主与建设出版社 2017 年版，第 245 页、第 246 页。

[67] ［日］神田秀树：《公司法的理念》，朱大明译，法律出版社 2013 年版，第 21、121 页；崔文玉：《日本公司法精要》，法律出版社 2014 年版，第 64 页。

[68] 陈景善：《资本制度现代化与理念的冲突》，中国政法大学出版社 2014 年版，第 87－88 页。

[69] 王作全：《新订日本公司法典》，北京出版社 2016 年版，第 86－87 页。

例法中的“适当目的原则”，当董事会发行新股偏离正当目的时构成权力滥用。日本将此规则精细化，聚焦至原股东股权被稀释的关键节点，以控制权转移为新股发行不公正的判断标准。[70] 澳大利亚证券交易所上市规则也有类似规定，若上市公司董事会增发新股超过资本的 15%，且并非向原有股东按持股比例配售，需经过股东大会同意。[71]

我国本轮公司法修订中，主要吸收了第一、三种规制模式。《一审稿》（第 164 条）采第三种规制路径，不限制授权资本额比例，而设置以 20% 表决权比例为限的发行权限回归机制。《二审稿》（第 152 条）转采第一种模式，从时限和额度上限制董事会发行权限，即“在三年内决定发行不超过已发行股份百分之五十的股份”。授权资本额还受公司资本总额限制，理论上授权发行股份数额最多为公司资本总额的 1/3。如此改动引发学者对于董事会发行权限风险防范存在力所不逮的质疑，认为仅规定发行比例和时限不足以应对。[72] 但笔者认为，《一审稿》所采规制模式更佳，但以固定表决权比例标准的规则设计存在漏洞。我国授权资本发行股东保护规则的改革方向应以公司控制权移转实质标准作为授权资本发行的控制边界，此为事前防范。新股发行的唯一目的即为筹集资金，公司法既要防范董事会偏离融资性质的恶意发行，又不能对董事会发行权限做教条式的一刀切。股东保护重在把握董事会股份发行正当性审查的实质，只要公司控制权转移即推定新股发行不公正，除非董事会能证明存在其他正当目的。另外，需考虑引入股份发行停止请求权与无效请求权，为股权被稀释股东提供事后救济途径。[73]

2. 健全公司董事会治理准则

公司法制度架构牵一发而动全身，公司资本制度与治理规则环环相扣。[74] 曾经，将股东会作为公司最高万能机关的股东会中心主义统治公司法长达上百年。随着公司发展形势变迁，董事会中心主义因更契合股权分散的大型公众公司实际需求而登上历史舞台。大型公众公司股权结构分散化、社

---

[70] 李建伟：《授权资本发行制与认缴制的融合》，载《现代法学》2021 年第 6 期。

[71] Australian Securities Exchange, Listing Rules, s 7.1.

[72] 周游：《重磅 | 周游：公司法修订草案二审稿修改意见》，载微信公众号“法学学术前沿”，2023 年 1 月 9 日。

[73] 温笑侗：《授权资本制度下公司控制权争夺的法律问题》，载陈洁主编：《商法界论集（第 8 卷）》，中国金融出版社 2021 年版。

[74] 潘林：《论公司机关决策权力的配置》，载《中国法学》2022 年第 1 期。

会化趋势逐渐增强，大多数股东因缺乏公司专业知识和投机想法作祟，缺乏参与公司经营管理意愿，[75] 公司日常经营管理只能委诸少数大股东和董事会负责。由是见之，董事会中心主义是历史发展必然。

第一，授权资本制改革离不开董事会权限的法定拓展。原股东会发行新股的单方决定权被授予董事会独立行使，股东会在已授权范围内无权干涉。[76] 从中不难管窥，向董事会中心主义转变的迹象。然公司法中并未明确采董事会中心主义，而通过繁杂的股东会与董事会职权列举和兜底条款构建出公司机关的分权治理格局，希望通过分工协作实现相互制衡，实则造成公司权力中心与决策权威的缺失。未来需明确董事会在公司资本制度中的中心地位，至少在股份公司中率先实行董事会中心主义。[77]

第二，董事会中心主义治理赖于董事信义义务体系的支撑托举。授权资本制对董事会商业判断的倚重必然引发董事与公司间的代理成本问题。关键是建立完备董事信义义务规范体系和问责机制约束董事权力。董事信义义务概念的内涵和外延在各法系均不明晰，需公司法予以法典化呈现，以便实践适用。我国公司法仅笼统列举董事禁止性行为，未严格区分董事忠实义务与勤勉义务，且缺乏商业判断规则、董事问责标准等核心规则。[78] 商业判断规则保护了董事自由裁量，激励董事运用自身经验积极进行必要商业冒险；董事问责标准划定董事义务履行红线，其中董事违反正当目的发行股份的责任承担应为规制重点。

（三）政府干预转换：从前端管控到后端治理

资产信用为主导的理念下，政府于资本制度前端的管制无益于资本经营功能的发挥，也不足以为债权人提供资本担保。授权资本制改革已然拉开政府干预转换的序幕，未来政府对公司资本制度的干预需完成从前端到后端，从管控到治理的范式转换。

1. 前端宽松：推动出资形式多元化改革

出资形式放宽在法定资本制下已有众多学者呼吁，授权资本制改革下政

---

[75] 赵万一：《公司治理的法律设计与制度创新》，法律出版社2015年版，第8页。

[76] 郑云瑞：《公司法学》，北京大学出版社2019年第2版，第206页。

[77] 潘林：《论公司机关决策权力的配置》，载《中国法学》2022年第1期。

[78] 甘培忠、马丽艳：《董事会中心主义治理模式在我国公司法中的重塑》，载《财经法学》2021年第5期。

府管制进一步放松，坚守严格出资形式管制面临过度规制和规制失效的双重诘难。公司资本制度改革应以资本经营为建构核心，出资的经营功能应被首要考量，其次关注出资担保功能，否则将导致某些优质经营性资产因担保功能不足被排除。美国在出资形式方面已采取最为宽松开放的立法模式。[79] 我国本次修订草案虽将债权、股权纳入允许出资范围，但距放开管制的改革目标还任重道远。[80]

笔者认为，在推进要素市场化配置综合改革背景下，《公司法》应在放开出资形式限制上作出积极回应，收回政府不当干预之手，打破阻碍要素有序流动的制度藩篱，促使更多要素资产转化为公司资本。首先，公司作为理性商事主体，对于自身经营发展所需要素资产存在合理商业判断。只要公司认为出资人所提供无形财产有价值，法律不宜过多限制。[81] 妄图通过法律强制划定可资本化财产的边界，是政府家长主义和父爱主义的泛滥，也是政府对其法律边际的严重僭越。其次，实践中存在大量规避出资管制现象，所谓"禁止"早已形同虚设，反而徒增交易成本，加剧资源浪费，造成公司资源配置供给不足。[82]

放开资本形式管制，不意味着忽视资本担保功能，而是将事先预防改为事后监管，注重出资形式信息披露、非货币出资价值评估及瑕疵出资事后追责。[83] 公司法应强调公司对非货币出资的信息披露义务，方便公司交易相对人了解公司出资形态。[84] 出资形式放宽随之带来出资不实问题，股东出资专业评估作价机制建构至关重要。[85] 评估机构在市场竞争压力下会迎合客户作

---

[79] MBCA 第6. 21条（b）规定："董事会可以授权发行股票，作为对价，包括公司的任何有形或无形财产或利益，包括现金、期票、提供的服务、提供服务的合同或公司的其他证券。"

[80] 周翔、高菲：《我国公司资本制度改革中资本维持原则的修正》，载《甘肃社会科学》2016年第1期。

[81] 朱锦清：《公司法》，清华大学出版社2019年版，第76－77页。

[82] 王军：《公司资本制度》，北京大学出版社2022年版，第109页；刘斌：《股东出资形式的规制逻辑与规范重构》，载《法学杂志》2020年第10期。

[83] 金玄武：《中国公司现物出资制度存在的问题及完善》，载《学习与探索》2010年第5期；金玄武：《公司现物出资制度研究》，山东大学出版社2011年版，第103页。

[84] 刘贵祥：《从公司诉讼视角对公司法修改的几点思考》，载《中国政法大学学报》2022年第5期。

[85] 王文宇：《公司法论》，元照出版有限公司2018年版，第341页、第342页。

出评估意见，股东也存在伪造原始材料的道德风险。究其原因，现有评估机构承担补充责任过轻，缺乏震慑作用。评估机构提供虚假证明应与非货币出资的发起人和董事就出资差额部分共同承担连带补足责任。

2. 后端治理：引入偿债能力测试标准

授权资本制改革需协同资本制度后端改革，如引入清偿能力测试标准，完善利润分配规则。[86] 首先将资产信用理念贯穿于公司资本制度全过程。在资本制度后端我国受大陆法系资本维持原则影响仍采“无盈不分”的规制思路。但资本并非公司清偿能力的唯一参考，单纯强调资本维持并无实际意义，固守公司资产不得低于资本的红线，会导致股东分红有限，减损投资意愿。[87] 反观英美法系，以资本维持为核心构建出完备的资本规则，其资本维持并非禁止公司减资和向股东分配，而是强调公司减资和分配须经法定程序，在债权人未获清偿前，股东不得非法抽逃已缴付资本。[88] 依照英美法的“清偿能力”测试标准，仅要求公司总资产大于总负债，且净资产足以清偿公司债务和维持公司日常经营需要，即使不弥补以前年度亏损也可分配利润。[89]

其次，我国司法实践中已出现积极运用清偿能力测试标准的有益尝试。部分案件中法院引入公司偿债能力标准来判断股东是否构成抽逃出资。即便公司减资存在程序瑕疵，但减资后公司资产总量和实际偿债能力未减损，仍不构成抽逃出资；[90] 若股东转出或抽回出资实际导致公司无法清偿到期债务，必定构成抽逃出资。[91] 也有法院以目标公司履行对赌协议中股份回购义务不会减损公司偿债能力为由，支持对赌方要求目标公司履行回购义务的主张。[92] 监管部门对此也有回应，如 2022 年中国证监会公布《上市公司股份回购规则》将公司持续经营能力和债务履行能力作为公司回购条件。后上

---

[86] 朱慈蕴：《中国公司资本制度体系化再造之思考》，载《法律科学》（西北政法大学学报）2021 年第 3 期。

[87] 周翔、高菲：《我国公司资本制度改革中资本维持原则的修正》，载《甘肃社会科学》2016 年第 1 期。

[88] 张保华：《资本维持原则解析》，载《法治研究》2012 年第 4 期；黄辉：《现代公司法比较研究》，清华大学出版社 2020 年第 2 版，第 72 页。

[89] 傅穹：《公司利润分配规则的比较分析》，载《法学论坛》2004 年第 3 期。

[90] 最高人民法院民事判决书〔2019〕最高法民再 144 号。

[91] 最高人民法院民事裁定书〔2018〕最高法民申 790 号。

[92] 江苏省高级人民法院民事判决书〔2019〕苏民再 62 号。

交所和深交所分别修订发布《上市公司自律监管指引——回购股份》要求董事承诺回购股份不损害公司的债务履行能力和持续经营能力。

六、结语

以公司资本制度为代表的公司法规则游离在政府强制干预和市场自由调节之间。[93] 我国从不断制度试错中逐渐明确了削弱政府干预、市场需求主导的政府与市场边际改革方案。公司法应及时吸收市场探索中行之有效的实践经验，以法律形式保障改革成果。习近平总书记在二十大报告中强调推动重点领域立法工作，恰逢第六轮《公司法》修改历史契机，公司资本制度改革应充分回应市场主体制度需要，在政府与市场法律边际的重新厘定中，充分发挥市场机制，合理定位政府功能，不缺位亦不越位。

修订草案所采取封闭公司“法定资本制 + 认缴制”和公众公司“授权资本制 + 实缴制”的制度组合模式契合我国不同类型公司的实际需求。两种资本制度进路并存要求《公司法》辅之以不同配套制度，对于封闭公司坚持股东会中心主义，完善加速到期制度以平衡分期缴纳给债权人带来的利益失衡；针对公众公司配合授权资本制改革，转变为董事会中心主义，尝试引入清偿能力测试标准解决资本分配领域利益平衡问题，完成资本制度功能主义重构。实现公司参与主体利益兼顾，充分发挥公司法的创富功能，在“有效市场和有为政府”方案指导下形成一部符合富于中国特色，符合现代经济规律，具有制度竞争力的新公司法。

（校对：高卓锐）

---

[93] ［美］斯蒂格利茨：《政府为什么干预经济》，郑秉文译，中国物资出版社 1998 年版，第 72 – 73 页。

论破产程序中债权人代位权制度的衔接与优化*

——基于115份裁判文书的实证分析

兰国强**

摘　要： 随着民法学界对于《民法典》第537条代位权行使法律效果的争论与澄清，相对性请求和绝对性归属的区分使得债权人代位权与破产程序的充分衔接与优化成为可能。破产程序运行的效益价值亟待制度上予以弥补，与之衔接的具体规则需要围绕破产程序中债权人的权利展开。债权申报阶段，应由债权人以债务人对相对人的债权额度进行申报，同时债权人还负有代位权行使的催告义务。债权人会议阶段，债权人经由债权申报程序取得表决权、提案权等权利的代位行使资格，同时债权人还对债务人负有诚实报告义务。决议执行阶段，参与分配权和追加分配权亦可满足代位行使的条件，预重整程序不会影响代位权的行使。

关键词： 债权人代位权；破产程序；债权申报；债权人会议；表决权行使

传统民法中债权人代位权的行使系债权人保全其债权实现机会的手段之一，具有民事救济层面的单体性特征，而破产法作为债务清理的概括程序，其在面对非破产规范的行使时需要在守成与突破间作出抉择。我国《民法典》第535条至第537条规定的有关债权人代位权的行使规则，如何与破产程序作出有效衔接？在破产程序效益价值的要求下，应该选择何种流程设计与实体规则予以优化，进而实现民法典时代的破产制度变革？

---

* **基金项目：** 本文系2022年中国金融资产管理课题“债券市场风险化解与工具创新”（项目编号：2022HZI007）的阶段性成果。

** **作者简介：** 兰国强，甘肃政法大学民商经济法学院硕士研究生。

基于上述问题，本文拟从现实层面、法律层面、价值层面三个维度探究破产程序与债权人代位权制度衔接和优化的具体规则。具体过程如下：首先，通过对有关债权人代位权纠纷①与破产衍生诉讼的裁判文书做实证分析，归纳裁判理由中的分歧。其次，深入分析裁判分歧背后的理论成因，检视其结论的正当性前提，为债权人代位行使破产债权及其衍生权利提供规范前提。再次，从代位权制度与破产程序相衔接的角度，对债权人代位权的构成要件作规范解释。最后，以债务人在破产程序中所享有的权利为主线，从削减程序运行的制度性成本以提高整体效益的理念出发，依次在债权申报、债权人会议、决议执行三个阶段，提出破产法与之衔接的具体程序性建议。

一、破产程序中债权人代位权裁判样态分析

本文分别从债权人代位诉讼与破产程序角度进行交叉复合检索案例，力求达到较为全面的样本分析。样本数据选取自中国裁判文书网、聚法案例、北大法宝三家数据库 2006—2023 年的裁判文书。检索条件设置：分别以“案由：债权人代位权纠纷”为限定条件 + 法院认为部分“破产”为关键词；以“案由：与破产有关的纠纷” + 法院认为部分“债权人代位”为关键词，文书类型包含判决书、裁定书、决定书，时间截至 2023 年 2 月 20 日，检索初步筛选得到 371 个案例。最后，经过逐个对比，合并同一案件不同审级裁判与高度类似案件②、剔除弱相关判决，共计得到有效案例样本 115 份。

（一）裁判程序特征分析

通过对 115 个案例样本，分别按照审理法院的级别和案件审级标准，对个案再次筛选进行分类统计，并将统计结果整理为图 1 和图 2。

根据样本统计显示，在案件审理的法院级别方面，基层法院审理的案件数量有 39 例，占比 33.91%；中级人民法院有 55 例，占比 47.83%；高级法院和最高人民法院共有 21 例，合计占比 18.26%。此外，剔除部分弱相关裁定书 7 例，剩余 108 例样本中二审和再审案件共计 61 件，占比

① 为使得概念用法统一，文章中对债权人代位权法律关系的描述，采用“债权人—债权Ⅰ—债务人—债权Ⅱ—相对人”，这一结构来描述各方主体和客体所指。

② 高度类似的案件是指部分案件涉及的争议事实是同一的，但涉及当事人较多分别起诉造成多篇判决书，如，为确保统计质量，只选取一篇案例作为样本。

56.48%，显示出此类案件的上诉率较高。对此有两方面的假设解释，一是说明此类案件利益冲突严重，二是说明裁判文书说理不够充分，不足以使当事人服判息讼。如果依据案由进行分类可以分为代位权纠纷案由和与破产有关的纠纷案由，前者的主要争议焦点为“债权人代位权是否成立及法律效果为何？破产程序是否对债权人代位权具有限制作用?”；后者的主要争议焦点为“原告债权人身份审查及原告是否享有债权人代位权?”。由此可知，此类案件在裁判中容易出现同案不同判现象，类案的争议焦点呈现出程序和实体交叉的复合特征，同时也将解决问题的思路指向程序与实体相结合的双重维度。

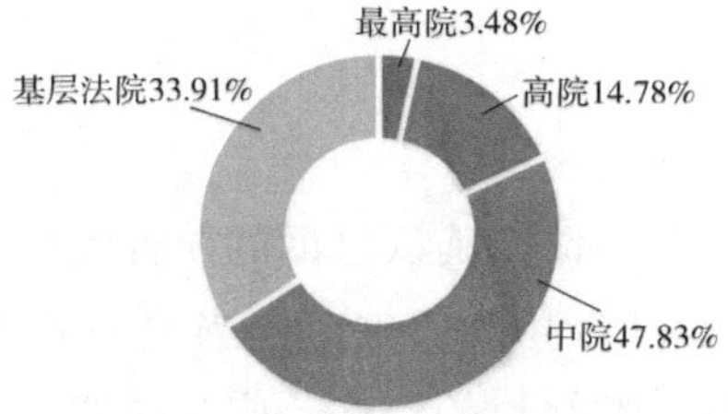

图 1　审理案件的法院级别

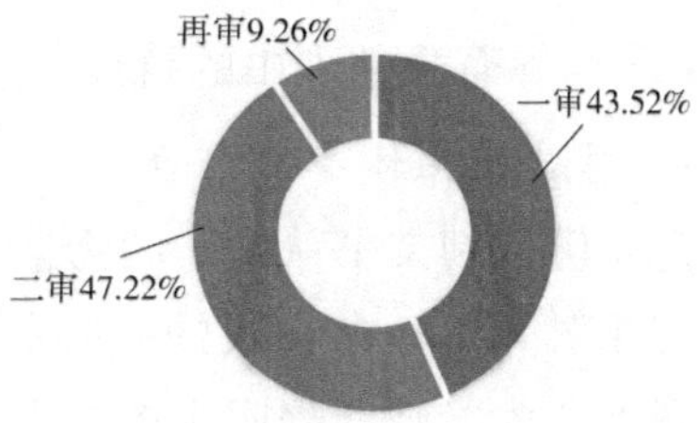

图 2　案件的审级分布

(二) 裁判结果类型分析

如图 3 所示，法院主要有 6 种裁判方式：支持诉讼请求、驳回诉讼请求、驳回起诉、驳回上诉③、发回重审、驳回再审申请。如果从实质意义的层面上对法院是否支持原告诉讼请求的态度倾向再作检索，通过对法院认为部分的分析并结合案件的原审裁判结果与原告的原审诉讼请求，将驳回上诉、驳回再审申请、发回重审这 3 类裁判文书进一步剖析可以发现，在明确支持债权人诉讼请求的基础上将再多出 4 例，最后实际支持债权人代位诉讼请求的有 18 例。相应地，否定原告诉讼请求的案例将达到 83 例。由此可见，在代位诉讼与破产程序出现重合时，我国法院的主流态度是否认代位权人的诉讼请求，但这并不意味着少数裁判的做法和理由是站不住脚的。仍需要针对具体案件中的裁判理由，挖掘背后的推理逻辑和价值考量，寻觅此类案型出现分歧的深层原因。

③　需作说明的是，“驳回上诉”指的是驳回上诉人的上诉请求，并不一定代表该法院否认原审原告的诉讼请求。

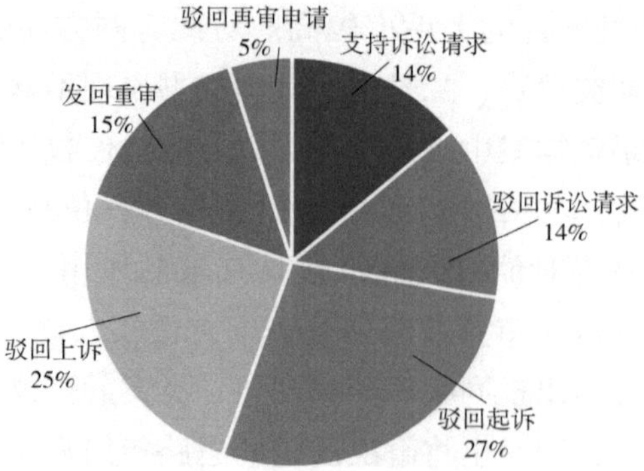

图 3　案件裁判结果及其占比④

（三）现有裁判理由的梳理

1. 原告的主体身份之争

有 6 份裁判文书认为，因为债权人未履行债权确认之诉的前置程序，故而其与相对人不存在直接的利害关系、不符合起诉条件，应当驳回起诉。⑤还有观点认为，破产程序中债权人不具有受领给付的资格，应当向债务人的破产管理人清偿。⑥ 但也有相反观点认为，因为代位诉讼先于破产案件的受理，故原审裁定不予受理确系违法。⑦ 同时，一审法院以债权人应当向相对人的破产管理人申报债权为由而裁定驳回起诉不当。⑧ 上述裁判分歧的争点即在于当债务人或者相对人破产时，如果债权人认为债务人“怠于行使其债权”，债权人是否为适格原告？

2. 代位权行使的法律效果与破产程序的价值冲突

有 16 例以该理由否定债权人的诉讼请求，作出这一类裁决的法院一般认为，债权人代位权成立的法律效果与破产程序所维护的全体债权公平偿债价值之间具有天然的逻辑冲突，并且难以通过其他途径化解或调和。具体的

---

④ 本图制作中，剔除了参考性较低的 14 份裁判文书，总样本数为 101 个案例。

⑤ 江苏省宿迁市中级人民法院民事裁定书〔2019〕苏 13 民终 1860 号、贵州省贵阳市中级人民法院民事裁定书〔2021〕黔 01 民终 4438 号、辽宁省葫芦岛市中级人民法院民事裁定书〔2021〕辽 14 民终 1163 号、湖北省襄阳市中级人民法院民事裁定书〔2019〕鄂 06 民初 1830 号、浙江省金华市中级人民法院民事裁定书〔2016〕浙 07 民终 4967 号。

⑥ 浙江省永嘉县人民法院民事裁定书〔2019〕浙 0324 民初 4457 号之一。

⑦ 河南省高级人民法院民事裁定书〔2021〕豫民终 720 号、河南省高级人民法院民事裁定书〔2020〕豫民终 1428 号。

⑧ 辽宁省抚顺市中级人民法院民事裁定书〔2020〕辽 04 民终 461 号。

论述理由有以下几种：其一，有4份裁判文书说理中均认为债权人代位权成立的法律效果是直接清偿说，会具有事实上的优先受偿效力，进而导致个别清偿的出现，而这与破产程序中全体债权人公平受偿原则相悖。[9] 其二，破产程序对代位权的行使具有天然的限制功能[10]，同时因为破产程序本身即具有对外追收债权Ⅱ的功能[11]，债权人应当通过破产程序主张其权利。[12] 其三，代位权的行使会导致部分债权人的个别清偿，因构成偏颇性清偿而无效。[13] 即便是在破产程序终结后，因出现新的破产财产而需追加分配，此时也应当依据破产财产分配方案来追加分配，而并非提起债权人代位之诉。[14]

实际上，在仅有的18例支持原告诉请的裁判文书中，法院也在试图寻找平衡这一价值冲突的解决路径。其一，有法院认为，如债权人的诉讼请求变更为相对人向债务人为清偿行为[15]，那么理应获得裁判支持，并且法院认为这一做法不会影响其他债权人的利益。[16] 但有相反观点认为，即便代位权人的诉讼请求内容变更为请求相对人向债务人清偿债务，债权Ⅱ归入债务人财产之中，同时债务人的破产管理人对债权人代位诉讼缺乏代理权予以追认授权的，依旧应当驳回原告的诉讼请求。[17] 其二，有观点认为，当代位诉讼的诉讼请求内容仅确认债权人对债权Ⅱ享有债权的[18]，此时人民法院应予支

---

⑨ 江苏省高级人民法院民事裁定书〔2020〕苏民申5650号、江苏省宿迁市中级人民法院民事裁定书〔2019〕苏13民终2152号、重庆市自由贸易试验区人民法院民事裁定书〔2019〕渝0192民初13882号。

⑩ 浙江省杭州市萧山区人民法院民事裁定书〔2021〕浙0109民初346号。

⑪ 上海市海事法院民事裁定书〔2016〕沪72民初2897号、湖南省常德市武陵区人民法院民事裁定书〔2019〕湘0702民初2196号。

⑫ 广东省高级人民法院民事裁定书〔2018〕粤民申7387号、浙江省宁波市中级人民法院民事判决书〔2020〕浙01民终4122号、河南省郑州市中级人民法院民事判决书〔2020〕豫01民终14779号、福建省厦门市中级人民法院民事判决书〔2019〕闽02民终5723号。

⑬ 浙江省杭州市中级人民法院民事判决书〔2020〕浙01民终3015号。

⑭ 江苏省宿迁市中级人民法院民事判决书〔2020〕苏13民终2852号。

⑮ 最高人民法院民事判决书〔2020〕最高法民终479号、重庆市涪陵区人民法院民事判决书〔2017〕渝0102民初9169号。

⑯ 广东省中山市第一人民法院民事判决书〔2018〕粤2071民初1171号。

⑰ 北京市海淀区人民法院民事判决书〔2020〕京0108民初8054号。

⑱ 四川省高级人民法院民事判决书〔2021〕川民终1060号、广东省中山市中级人民法院民事判决书（2021）粤20民终3415号、江苏省徐州市铜山区人民法院民事判决书〔2021〕苏0312民初3411号。

持。更有观点进一步指出，进入破产程序后，债权人可以提起代位诉讼，但其诉讼请求应为确认之诉而不能为给付之诉，人民法院已经受理而尚未终结的以债务人为被告的债权给付之诉，应当变更为确认之诉。⑲ 其三，在债务人企业濒临破产时依旧判决相对人向债权人履行清偿义务，同时衔接执行参与分配制度解决不公平受偿问题。⑳

3.《破产法解释（二）》第23条的诉讼前置程序

其一，因为在发生“管理人不予追收”债权Ⅱ时，债权人未能履行“通过债权人会议或者债权人委员会，要求管理人依法向次债务人追收财产”的前置程序，故应否定其主张。㉑ 其二，即便是债权人认为债务人在破产程序中怠于主张债权Ⅱ的，也应当通过管理人向债务人主张权利来实现㉒，破产程序中债权Ⅱ的追收权属于管理人的权限，债权人无权代位行使。㉓

二、现有裁判理由分歧的分析

（一）代位权的法律效果争议

正如前文所述，多数否定原告诉请的法院认为，代位权的行使会带来事实上优先受偿的结果，这与债务人或相对人进入破产程序后所要求的全体债权人公平受偿原则相背离。即便是支持原告诉讼请求的裁判，也是寄希望于衔接执行参与分配、变更诉讼请求等方式化解这一矛盾。而这一问题的根源则是民法学界长期以来对于代位权法律效果的争议，即入库规则与直接受偿规则的二元对立之争。㉔ 其核心争议焦点即在于个别债权人行使代位权是否会使其享有优先受偿效力，这一争论的结果似乎是以直接受偿说的胜出而告终。㉕ 但有学者提出第三条解释进路，认为《民法典》第537条的第1句仅

---

⑲ 江苏省盐城市盐都区人民法院民事裁定书〔2017〕苏0903民初2873号之四。

⑳ 北京市第一中级人民法院民事判决书〔2022〕京01民终7217号、四川省成都市中级人民法院民事判决书〔2021〕川01民终6038号。

㉑ 江苏省高级人民法院民事裁定书〔2020〕苏民申882号、江苏省常州市中级人民法院民事判决书〔2019〕苏04民终3898号。

㉒ 浙江省金华市中级人民法院民事裁定书〔2019〕浙07民终2125号。

㉓ 广东省阳江市江城区人民法院民事裁定书〔2020〕粤1702民初3118号。

㉔ 崔建远、韩世远：《合同法中的债权人代位权制度》，载《中国法学》1999年第3期；崔建远：《债权人代位权的新解说》，载《法学》2011年第7期。

㉕ 黄薇：《中华人民共和国民法典合同编释义》，法律出版社2020年版，第172－173页。

解决相对请求问题，实际上是通过债权收取授权取得履行请求权与履行受领权以及相应的附属权利，只不过在债之履行层面债权收取授权同时构成了新债清偿。该条第2句系解决代位所得财产的最终归属问题。㉖ 本文亦赞同这一二元区分的解释路径，但该解释方案还存在两点缺漏：一是其权利客体的设定亦仅限于破产程序开始前的债权，而未言及进入破产程序开始后的表决权、查阅权等权利；二是在绝对性归属问题上仅描述了破产清算程序而未涉及破产重整制度。笔者以为，依据破产程序中债权人的权利是否属于财产性权利，最终参与分配权等财产性权利行使的法律效果可归入《民法典》第537条第1句；而表决权、查阅权等非财产性权利行使的法律效果则可依据本条第2句之规定，诉诸破产法上的程序性规定。

第一，《民法典》第537条第1句的解释除限定于解决相对性请求问题以外，其所履行之义务内容还需限定在相对人之给付是可直接消灭债权的财产性给付。破产程序中债权人的破产债权已形变为诸如参与分配权、表决权、知情权等多种子权利类型，并非单纯的财产性权利，此其一。其二，例如债权人会议中表决权的代位行使，并不会产生第1句中债权人履行请求权和受领权的后果，更不会双重债务消灭的结果。债权人表决权的行使是其意思表示的体现，其法律效果将外化为债权人会议的决议行为是否成立。因此，从破产法角度观察，第1句的解释仅解决可消灭破产债权的财产性给付义务问题，并不涉及非财产性权利的法律效果。

第二，《民法典》第537条第2句的解释可作为非财产性权利行使法律效果的规范基础，其应为注意性规定，而非限制性法条。其一，在规范性质上，关于第2句的讨论有注意性规定和限制性法条两种。㉗ 结合破产法，似乎可以这样解释：注意性规定认为该句规定的目的是提醒法律适用者在债务人资不抵债进入破产程序时，其权利行使的法律效果应遵循破产法的规定；限制性规定认为在债务人破产时，权利行使的法律效果为入库规则，是对第1句直接清偿规则的限制，目的是避免个别清偿实现债权人的平等受偿。两相比较之下，第一种观点的解释结论范围更广，也更契合前述债权人表决权行使的法律效果。其二，该解释使得特别隐性破产规范与破产法规范的精神

㉖ 金印：《债权人代位权行使的法律效果》，载《法学》2021年第7期。

㉗ 金印：《债权人代位权行使的法律效果》，载《法学》2021年第7期；崔建远：《论中国〈民法典〉上的债权人代位权》，载《社会科学》2020年第11期。

相契合，也是《民法典》和《企业破产法》协调实施的法律适用要求。

（二）破产程序运行中效益价值的缺失

依据现行法规定，如果以破产申请受理为界限，可分为代位诉讼在破产受理之后与代位诉讼发生在破产受理之前。对于前者可直接依据《破产法解释（二）》第23条之规定，原则上法院应裁定不予受理，除非存在管理人不予追收，个别债权人代表全体债权人起诉的情形。对于后者，原则上依据《破产法》第20条法院应当中止审理，待管理人接管债务人财产后，诉讼继续进行。而在债务人进入破产清算程序时，依据《破产法解释（二）》第21条之规定，以破产宣告为界限，在破产宣告前债务人被裁定驳回破产申请或终结破产程序的，中止案件恢复审理；破产宣告后除债权人一审中变更其诉讼请求内容为追收相关财产归入债务人财产以外，原则上应当驳回原告诉讼请求。在笔者看来，这一案件处理方案至少存在以下缺陷：一是对于破产受理之后的代位诉讼一律裁定不予受理，无法有效发挥债权确认功能，会造成司法资源的浪费；二是《破产法》第20条的诉讼中止规则对于“与债务人有关的民事诉讼”涵盖范围过于宽泛；三是由于代位权行使的法律效果并不解决绝对性归属问题，在破产宣告后，强制要求债权人变更其诉讼请求内容并不具备正当性基础；四是导致前述三项缺陷的深层原因在于未充分重视破产程序运行的效益价值，将大量债权人代位诉讼案件排除于法院及时处理纠纷的范围之外，不当拖延了破产程序的有效推进、增加了债务人企业的重整成本。就此，可通过对规范的解释和目的性限缩以及司法裁判技术的优化予以实现，具体如下：

首先，《破产法解释（二）》第23条第1款“就债务人财产”仅指给付之诉，而不包含确认之诉。第一，该解释第21条第1款第1项“主张次债务人代替债务人直接向其偿还债务的”，此项规定指的是债权人诉请内容为给付之诉的情形，并未囊括确认之诉。第二，法律上设置中止审理条款，其目的在于防止破产债权人就破产债权个别行使㉘，其指向的是实质性的清偿行为，并且如前文所述，代位权的行使并不解决绝对性归属问题。

其次，《企业破产法》第20条“与债务人有关的民事诉讼”，即便是给付之诉，也并不包含未直接影响债务人财产确定性的诉讼案件，在不影响债

㉘ ［日］石川明：《日本破产法》，何勤华、周桂秋译，中国法制出版社2000年版，第90页。

务人财产的情况下应当继续审理。如果管理人确需代表债务人参加诉讼而提供准备时间，可以和受理法院及时沟通或申请延期审理。[29] 第一，本条的立法目的在于因债务人被依法剥夺了管理和处分财产的权利，故而需等待管理人接管债务人财产行使管理和处分权。[30] 第二，对于债权人代位行使破产法上的诸如表决权、查阅权、监督权等有关债务人的组织法上的民事诉讼，因与债务人财产并无直接关联，并不会因为债务人丧失对财产的管理处分权而出现当事人不适格的情形[31]，不为本条立法目的所涵盖。并且，日本法上关于破产法人在组织法上争议的诉讼，只要它们对破产财团不产生影响，就不包含在内。即便会对公司的财产产生影响，也有观点认为不可中断，主张管财人作为共同诉讼的补助人参加诉讼。[32]

最后，当给付之诉直接涉及债务人财产时，可经由法院主动释明或者债权人主动将诉讼请求内容变更为请求相对人向债务人为清偿行为的，如果未予变更的，则法院可在确认债权人享有债权的同时，明确其权利行使应当向破产管理人申报债权的要求。第一，有法院规定，针对债务人的给付之诉，人民法院应当向债权人释明，由债权人将其给付请求变更为债权确认请求，

---

[29] 四川省高级人民法院：《关于审理破产案件若干问题的解答》：6.《企业破产法》第20条规定："人民法院受理破产申请后，已经开始面尚未终结的有关债务人的民事诉讼或者仲裁应当中止；在管理人接管债务人的联产后，该诉讼或者仲裁继续进行"，"管理人接管债务人的财产"这一事实状态应当如何确定？答：《企业破产法》第20条规定的立法意图是通过设置相应诉讼中止制度便于管理人接管诉讼资料，并为代表债务人参加诉讼作相应准备。一般情形下，管理人接受指定后，即开始接管财产，且接管需要一定的时间，如将"管理人接管债务人的财产"理解为"管理人开始接管债务人的财产"，可能无法为管理人代表债务人参加诉讼提供准备时间。但是，管理人在破产程序中对破产财产的接管又可能因行使撤销权、取回权或其他客观原因而处于持续状态，因此，"管理人接管债务人的财产"也不应理解为"管理人接管完毕债务人所有财产"。为保证管理人有合理时间准备诉讼，同时也为避免因诉讼拖延破产进程，将指定管理人后的第30日确定为恢复审理的日期较为适宜。在实践中，如管理人确因正当事由未完成诉讼准备工作，不能参加诉讼的，可以向法院申请延期审理。

[30] 安建：《中华人民共和国企业破产法释义》，法律出版社2006年版，第37页。

[31] 刘颖：《破产程序与仲裁程序的冲突与协调》，首届黄河流域城市破产法前沿论坛－破产与替代性纠纷解决机制的交汇暨管理人制度改革论坛主题发言，2023年1月8日于太原。

[32] ［日］伊藤真著：《破产法》，刘荣军、鲍荣振译，中国社会科学出版社1995年版，第173页。

并告知债权人可通过申报债权的方式参与破产程序，实现其实体权利。[33] 第二，即使理论上有观点认为，相较于破产债权确认程序，代位诉讼是一种独立的诉讼类型，二者应适用分别审理主义原则。[34] 但笔者对此并不认同，因为驳回原告诉讼请求可能会引发后续程序中债权人又提起破产债权确认之诉，而代位诉讼的给付之诉本身就包含了确认之诉的确权功能，二者在债权Ⅰ和债权Ⅱ的确认功能上实现了耦合，司法上没有必要无谓地提高当事人行权成本，可以通过代位诉讼一并解决存在争议较大的债权确认问题。事实上，债权人之所以提起代位之诉，是因为债权Ⅱ的最终受偿或许能够覆盖其行使代位权的成本并有所收益，可以最大限度实现自身债权，如若不当提高其行权成本，可能会打击债权人行使权利的积极性。况且，实践中也存在着以债权代位申报衔接破产债权确认之诉的做法。[35] 亦有学者认为，对于被动的诉讼，也可根据实际情况，尤其是应偿还的数额，来决定是继续进行诉讼或者承认对方的诉讼请求[36]，不必故步自封。

三、债权人代位权构成要件的规范解释

《民法典》是民事基本法，其主要规范的是常态运行下的民事权利义务关系，而破产法是专适用于陷于非常态的债务破产困境者的特别法，其中的

---

[33] 上海市高级人民法院：《关于当前破产审判实务若干问题的解答（一）》：6. 债务人进入破产程序后，针对该企业的个案给付请求应如何处理？根据《企业破产法》第16条规定，人民法院受理破产申请后，债务人对个别债权人的债务清偿无效。据此，人民法院受理破产申请后，债权人针对债务人提出的给付之诉，不予支持。根据不同情况，分别处理：（1）涉及《破产法司法解释（二）》第21条规定的相关诉讼，依照该司法解释规定处理；（2）其他针对债务人的给付之诉，人民法院应当向债权人释明，由债权人将其给付请求变更为债权确认请求，并告知债权人可通过申报债权的方式参与破产程序，实现其实体权利。

[34] 陈晓君、郝振：《破产程序中债权人代位权的行使》，载《人民司法》2021年第7期。

[35] 《重庆市高级人民法院关于审理破产案件法律适用问题的解答》第4条：债权人怠于申报债权，该债权人的债权人代位申报债权符合《合同法》第73条规定的，可以准许。申报的债权经管理人审查确认后，债务人或债权人有异议的，可以依据《企业破产法》第58条第3款的规定向人民法院提起诉讼。

[36] 许德风：《破产法论》，北京大学出版社2015年版，第162页。

诸多权利义务必须针对破产法的特殊适用需要作出调整。[37] 以下试从债务清理法的视角出发，基于破产程序对代位权行使的要求，对债权人代位权的构成要件作解释论层面的努力，并且为下一部分的程序性规则探究提供前提。同时，为使讨论的焦点更为集中，避免文章冗余，对于学界已形成共识的成立要件不作讨论或略作说明。

（一）代位权客体的扩张

《民法典》第535条相较于《合同法》第73条而言其一大新修亮点即在于代位权的客体发生了扩张，由先前的“债务人的债权”到当下“债务人的债权或者与该债权有关的从权利”。那么关于破产法上债权人的权利能否被囊括于内呢？对于“与该债权有关的从权利”又该作何解？

破产程序中有关债权人的权利，皆肇始自破产债权而生，最主要的权利即为行使表决权和最终参与分配的权利，除此之外，还有参加债权人会议、债权申报权、核查债权的权利、查阅权、知情权、异议权、抵销权、别除权、监督权及其他权利。[38] 对破产债权而言，即便是未到期的债权，在破产申请受理时视为到期，可以成为代位权之客体，[39] 而破产债权不过是债权人向破产管理人申报之后的称谓而已，又言之，普通债权通过破产申报程序获得了除原债权之外的破产程序权利。破产债权当然可成为代位权之客体，只不过该权利已经包括了本来给付请求权的变形或延长。[40] 然而，真正需要讨论的是除破产债权以外的权利可否作为代位权之客体。

结合学界当前的各种解释方案，笔者以为或有以下两种解释方案可供选择：第一，表决权、参与分配权等权利为债权人经破产债权申报程序而演化出的第二性权利。该第二性权利统称为破产债权，其与表决权、知情权等子权利共同构成了破产程序中债权人的权利谱系图。第二，表决权、参与分配权等权利属于“与该债权有关的从权利”，只是不同于传统担保权与主债权同其命运，该种权利下的各个子权利与主权利间的关系亲疏有别。

---

[37] 王欣新：《〈民法典〉与破产法的衔接与协调》，载《山西大学学报（哲学社会科学版）》2021年第1期。

[38] 曹丽、李国军：《破产案件操作指引》，人民法院出版社2020年版，第192－194页。

[39] 韩世远：《合同法学（第二版）》，高等教育出版社2022年版，第139页。

[40] 韩世远：《债权人代位权的解释论问题》，载《法律适用》2021年第1期。

对于第一种解释方案，主要理由如下：第一，破产法上债权人的权利所呈现出的状态并非单个债权的独树一帜，而是多种权利组合下的树状分布，债权则是这个权利体系的核心和本体。第二，传统民法认为，对于债权的理解，应将债权关系作为一个整体来看待。其本身即为一定社会目的的债权债务的有机结合体。㊶ 梅迪库斯教授认为，广义债务关系并非静态地僵固于一个一成不变的状态，而是随着时间变化不断地以多种形态发生变动：它在“有机组织”这一形象化称谓中出生，并且可以成长、衰老，直至最后死亡。㊷ 因此，债权作为有机生命体，自可在破产程序这一时间线上生长出最后的藤蔓，其结果或死亡或重生。第三，从经济学角度观察，该方案亦符合剩余索取权和剩余控制权配置的经济现象。当相对人破产时，债务人成为债权Ⅱ的剩余索取权人，但是债务人此时却怠于行使其债权并且影响到债权人债权的实现机会，那么对于债权Ⅱ所附带的剩余索取权，债权人则代替债务人行使财产管理权，而这也与债权人代位权的性质不谋而合。传统民法认为，广义的管理权指以事实上的或者法律上的行为管理财产的义务，且不单是为保存行为的权能，亦包括为处分行为的权能。㊸ 债权人可代位行使表决权、参与分配权等管理债务人财产的权利。第四，随着社会经济的发展，债权的内容和功能也并非一成不变的。诚如我妻荣教授所言，所有权曾经发挥过的支持社会经济组织及收取剩余价值的两大作用，在今天改由金钱债权发挥了。㊹ 破产法作为现代市场经济的产物，债权构成其程序运行的神经中枢，而程序运转的动能之原则是债权人会议中每个表决权和其他子权利的行使。而当债务人怠于行使这一权利时，破产程序或将停滞或将表决权计入弃权、反对项下而损及债权人的利益。据此，在构成要件的解释上，代位权之客体也不应局限于债权申报的保存代位情形。

对于第二种解释方案，从学界当前的讨论来看，尚无论著直接言及破产法上债权人权利的代位，然而有关“与该债权有关的从权利”的解释理由和依据却可资借鉴。归纳起来，主要有以下几点：第一，该从权利行使的法

㊶ ［日］我妻荣：《新订债权总论》，王燚译，中国法制出版社2008年版，第6页。

㊷ ［德］迪特尔·梅迪库斯：《德国债法总论》，杜景林、卢谌译，法律出版社2004年版，第9页。

㊸ 韩世远：《合同法学（第二版）》，高等教育出版社2022年版，第139页。

㊹ ［日］我妻荣：《债权在近代法中的优越地位》，王书江、张雷译，中国大百科全书出版社1999年版，第226页。

律后果应为使得债权效力增大或受偿机会提高，而不能是使其减损。[45] 第二，该权利或为债权之权能或可维持债务人财产或与债权之间存在着密切的关联，皆可成为代位权之标的。[46] 债权权能所涵盖之范畴，系属债权的组成部分，较之于担保权与债权本体的关系更为紧密。同时，诉讼法上的权利亦可成为代位权之客体。[47] 第三，此处所指客体，为“广义之债”的从权利。至于带来的客体泛化之风险，可借助债权保全的必要性要件予以过滤。[48] 亦有相反观点认为，民法典此处的修改，未将债权限定于“到期”，以利于与代位权规则的其他内容相衔接。同时，程序法上的权利原则上不能构成代位权之客体。[49]

然而，笔者以为，无论是通过债权的权能、与债权的紧密关联程度、该权利行使的实效抑或是程序法上之权利，破产法上债权人的子权利皆可得到圆满解释。一则，债权之权能，是民法赋予债权人用以实现其预期经济利益的法律手段，并且代位权本身就是基于债的保全效力而产生的权能。[50] 而破产法上债权人所享有的表决权、参与分配权亦属债权人为实现其债权受偿目的法律手段。二则，各项子权利之行使，是为发挥债权人会议的组织法功能，通过实现债权人的破产程序参与权，讨论决定有关破产事宜，表达债权人意志、协调债权人行动，最终实现保障债权人共同利益的目的。[51] 对于债权Ⅱ并无减损，反而维持或增益债权的受偿率。三则，我国《民法典》对于代位权客体的表述并未局限于严格的主从权利之内。首先，从文义解释出发，《民法典》第 535 条所采取的表述是“债务人的债权或者与该债权有关的从权利”。如果立法者意欲严格限定其客体范围，则可采取“债权人债权及其从权利”的表述，“或者”“与该债权有关的”的连接词和修饰语则大

---

[45] 韩世远：《债权人代位权的解释论问题》，载《法律适用》2021 年第 1 期。

[46] 崔建远：《论中国〈民法典〉上的债权人代位权》，载《社会科学》2020 年第 11 期。

[47] 申卫星、傅雪婷：《论债权人代位权的构成要件与法律效果》，载《吉林大学社会科学学报》2022 年第 4 期。

[48] 龙俊：《民法典中的债之保全体系》，载《比较法研究》2020 年第 4 期。

[49] 杨巍：《〈民法典〉债权人的代位权解释论研究》，载《江西社会科学》2020 年第 12 期；赵晶：《〈民法典〉背景下代位权客体的廓清》，载《河南财经政法大学学报》2022 年第 2 期。

[50] 谭启平：《中国民法学（第三版）》，法律出版社 2021 年版，第 412 页。

[51] 韩长印：《破产法教程》，高等教育出版社 2020 年版，第 117 页。

可不必赘加。其次，从体系解释出发，债权人代位权制度属于特别隐性破产规范，是特别针对破产临界或事实破产问题而规定的规则，从而隐性破产规范的解释就需要与破产法及其原则和精神相适应。[52] 破产程序中债权人所享有的子权利与债权之间并非狭义的主权利与从权利的关系，但却有着与担保权相似的结构，其随破产债权而存续、消灭、变更，其紧密关系相较于担保权与主债权有过之而无不及。四则，破产法兼具程序法与实体法之两性，而前述否认程序法权利为代位权之客体的观点中却仅讨论了民事诉讼法与民事强制执行法上的程序性权利，遗漏了破产法上诸如表决权等程序性权利。在《民法典》第537条明确指出衔接破产法的情形下，这一观点值得商榷。

另一方面，是否所有的子权利均可代位行使？笔者以为，应将客体之范围限定于纯粹的财产性权利和为财产上的利益而承认的权利范畴之内。参与分配权可归入纯粹财产上之权利；对于破产程序中的债权人而言，表决权的行使将直接影响重整计划、债务人财产的变价、分配等方案和重大事项的通过，关切到债权人债权受偿的期限、数额等诸多条款，是为财产上的利益而承认的权利。而关于查阅权、知情权、监督权的行使，因该权利主要为破产法的组织法属性所衍生之权利，与债务人之责任财产并无直接关联，且为避免对债务人过度干预，原则上应当认为不可成为代位权之客体。但考虑到破产程序的有效运行，在程序上可先由债权人在其行使权利之前履行催告义务。如果债务人明确拒绝或于债权人载明的催告期限内未作回复的，则债权人可代位行使上述权利。

（二）债权保全的必要性

《民法典》第535条将该要件由“对债权人造成损害”修改为“影响债权人的到期债权实现”，同时新增第536条的代位保存权不以债权人债权到期为限制，然而该条仅针对债权申报权而设，并未言及表决权、知情权等其他权利。对此缺漏，或可借助特定债权保全的理据予以证成。传统民法认为，保全金钱债权，以债务人无资力为要件；保全特定债权，则可以包括一切使债权人债权不能依其内容获得满足之危险的情形。[53] 而破产程序中的债务人或相对人已陷入无资力之境遇，加之表决权、参与分配权的不行使会直接影响债权人会议的决议行为，债权人虽未必有不能获偿之危险，但亦有可

---

[52] 韩长印、何欢：《隐性破产规则的正当性分析》，载《法学》2013年第11期。

[53] 韩世远：《债权人代位权的解释论问题》，载《法律适用》2021年第1期。

能影响决议之结果，间接损及债权人利益。因此，笔者以为，在破产程序中因破产债务人已无资力且权利之行使将直接或间接影响债权人会议的决议行为，故债权人代位行使债权所衍生的子权利符合债权保全的必要性要件。

四、《企业破产法》衔接的程序性配置

通过对裁判分歧的成因分析、代位权构成要件的规范解释，破产程序中债权人代位权的行使已经取得了规范前提。下文将以破产程序中债权人所享有的权利图谱为主线，围绕债权申报、债权人会议、决议执行三个阶段来优化或者建构具体实施层面的衔接规则。

（一）债权申报阶段

1．申报主体：债权人

关于申报主体，最高人民法院在其释义书中认为，代位保存权的行使，因其具有代理性、管理性特征，故应以债务人的名义行使。[54] 亦有学者认为，在管理人制作债权登记表时，应当记载为债务人的债权。[55] 但是笔者以为，无论是狭义代位权抑或是代位保存权，其债权申报都应以债权人的名义申报债权。其主要理由如下：首先，债权申报是债权人在破产案件受理后依照法定程序主张并证明其债权，以便参加破产程序的一种意思表示。[56] 申报主体原则上应为债权人自身，但也可委托他人代为申报，实际上后者是采取了意定代理的结构。而代位申报债权所采用的结构为法定代理，这一点尤其是在代位保存权行使当中更为明晰，其权利的客体为债务人对相对人的债权。但这同时也是一种法定的债的保全效力的体现，该法律关系已经突破了债的相对性，债权人可以以自己的名义代位申报债权。其次，代位诉讼的原告，其诉讼实施权是由法律规定的诉讼担当[57]，债权人本身即为诉讼的当事人。而在债权申报程序中虽非诉讼程序，但依据当然解释，债权人因债务人怠于行使债权之行为所具有的法律地位不会因此改变，理论上亦应赋予其代位申报的权利。最后，由债权人申报债权亦是诉讼经济原则的要求。结合前

---

[54] 最高人民法院民法典贯彻实施工作领导小组：《中华人民共和国民法典合同编理解与适用（一）》，人民法院出版社 2020 年版，第 512 页。

[55] 张善斌：《破产法实务操作 105 问》，武汉大学出版社 2020 年版，第 167 页。

[56] 韩长印：《破产法教程》，高等教育出版社 2020 年版，第 106 页。

[57] 张卫平：《民事诉讼法（第五版）》，法律出版社 2019 年版，第 139 页。

文所述，破产程序中表决权、异议权、查阅权等权利的行使亦有债权人代位行使的空间，为保持破产程序中债权人前后权利行使的连贯性、降低其行权成本，也应以债权人的名义申报债权。

2. 申报额度：债权Ⅱ

虽有观点认为无论是狭义代位权还是代位保存权，皆应秉持债权Ⅰ和债权Ⅱ两者孰低的原则[58]，但笔者对此并不赞同，此时应该直接以债权Ⅱ的数额申报。第一，从债权数额层面出发，在债权Ⅰ大于等于债权Ⅱ时，以债权Ⅱ的额度申报并不会损及债权人的利益；在债权Ⅰ小于债权Ⅱ，因破产程序与代位权制度衔接，其真正的制度定位即在于债权债务的概括清理，用以解决代权行使所衍生的绝对归属问题，并且破产法奉行全体债权人公平受偿原则，此时债权人亦不会获得额外受偿。第二，在操作层面上，虽以债权人的名义代位申报债权，但其申报额度以债权Ⅱ为限度。为防止债权人错误地额外受偿，可由管理人在债权表或债权申报材料中注明债权人的代位权人身份，在分配程序中仅向其分配债权Ⅰ数额之内的部分。剩余部分则向债务人分配，债务人无法及时受领的则先提存分配额，即便发生错误分配，债务人也可向债权人主张不当得利之返还。第三，债权申报额度将直接关系到债权人会议中所享有表决权比例，以债权Ⅱ的额度作出申报可尽最大限度发挥其在债权人会议中的作用，进而更好的保护债务人的利益，也使得债的保全效力得到最大程度的发挥。第四，理论上也有观点认为为了维护其他债权人公平受偿的机会，代位申报的债权应当以债权人的全部债权为限[59]，本文亦从之。

关于多个债权人申报债权，尽管有观点认为，应优先确认有生效法律文书代位行使的债权金额，其余部分按照各自债权人对债务人的债权比例确定代位申报的债权数额。[60] 但笔者以为，倘若已有债权人以债权Ⅱ的额度为标准进行代位申报，在多个债权人对同一债权Ⅱ进行申报时，也应当经债权申报程序予以审查确认其他债权人的申报请求。无论其债权是否已经经过生效的法律文书确认，都应依据破产债权申报程序予以审查确认，其区别仅在于经生效法律文书所确认的债权在债权申报阶段更具便捷性。因此，应当统一

---

[58] 陈晓君、郝振：《破产程序中债权人代位权的行使》，载《人民司法》2021年第7期。

[59] 张善斌：《破产法实务操作105问》，武汉大学出版社2020年版，第167页。

[60] 毛晓涛、杨富程：《破产程序中代位申报债权的处理原则》，载微信公众号“大连市破产管理人协会”，2022年9月27日。

以债权Ⅱ的金额进行债权申报，以此来削减多个债权人申报债权时的制度性成本，对于该种做法所可能存在的受偿风险，容后文详细论述。

关于债权人申报后债务人再次向相对人申报的问题，有学者指出，债务人对债权人代位申报的债权不得再次向相对人申报。但对于超过债权人代位请求数额的债权部分，债务人有权向管理人申报。[61] 笔者以为，如果以债权Ⅱ的金额为限作债权申报，同时在技术上衔接身份标记、搭配提存制度，即可避免超过债权额度的受偿风险出现。因此，在债权人代位申报债权后，债务人不得再次申报。

3. 申报催告义务的确立

由于债权申报直接与债权人会议行权等后续阶段的权利行使相关联，实有必要在债权申报阶段解决后续表决权由谁行使，债务人与债权人对表决事项意见不一致时以何者为准等操作层面的问题。对此，应当确立债权人代位申报权的催告义务，即债权人代位申报债权之前应在合理期限内先向债务人催告其行使权利。如果债务人明确拒绝或在催告期内未回复，则债权人可向破产管理人代位申报债权，同时享有后续债权人会议阶段的表决权、查阅权等其他权利。

其一，有观点认为，只有当债务人经管理人通知怠于申报债权时，管理人才能受理代位权人申报债权[62]，更有观点进一步认为，代位权人应及时与破产管理人进行沟通，由管理人先行与怠于申报的债权人进行沟通，发函督促该债权人尽快申报债权，这样一方面能降低债权审查难度，减少债权审查时间；另一方面能为证明该债权人“怠于行使其到期债权”提供证据支撑。[63] 可见，实务中已经存在与债务人及时沟通、发函督促等催告权行使的具体形态，只不过催告权行使的主体确定为管理人而已。根据当然解释，债权人相对于管理人而言，破产权利能否及时行使将直接关系到参与分配等财产性权利的实现，因此，催告权的行使也可由债权人为之，只需在代位申报之时提交相应的证据证明其履行了该程序即可。

---

[61] 陈晓君、郝振：《破产程序中债权人代位权的行使》，载《人民司法》2021年第7期。

[62] 毛晓涛、杨富程：《破产程序中代位申报债权的处理原则》，载微信公众号“大连市破产管理人协会”，2022年9月27日。

[63] 王治超：《破产债权能否代位申报?》，载微信公众号“破产法实务”，2020年3月28日。

其二，催告义务的确立能够更为清晰有效地解决债务人是否构成“相对迟延申报”的问题。虽然有观点认为，在法院确定的债权申报期内，当债务人未在债权申报期间申报债权，构成“相对迟延申报时”即可认定为“未及时”。[64] 但该方案以债权申报期间作为“怠于行使”的认定标准，其存在两个固有缺陷：一是无法在申报期间内认定债务人构成“怠于行使”其破产债权，存在不当拖延程序的可能；二是倘若申报期间为十天，债务人在申报期限的第九天傍晚仍未申报，此时债权人代位申报权的行使条件依旧不满足。

4. 债权确认与审查程序

第一，根据《破产法解释（三）》第7条，已经生效法律文书确定的债权，管理人应当予以确认。有观点认为，在债务人破产的情况下，代位权成立的生效判决失去约束力，故不能适用该规定来要求相对人的管理人确认债权人的破产债权。[65] 承接前文，因代位诉讼兼具债权Ⅰ和债权Ⅱ的确认功能，从实质功能和程序效益的要求来看，理论上并无必要强行限制该判决书的既判力，而只需在绝对归属问题上与破产程序衔接即可。因此，债权人可以援引本条来请求管理人确认其债权。

第二，依据《企业破产法》第58条[66]，我国破产法的审查模式采取了债权人申报—管理人形式审查—债权人会议核查（实质审查）—人民法院裁定/判决确认的四阶段模式。同时，依据最高人民法院关于适用《中华人民共和国企业破产法》若干问题的规定（三）第8条[67]，债权人对债权表记载的债权有异议，其异议救济需要经过管理人解释或调整的前置程序，并且

---

[64] 李璐：《破产程序中债权人代位保存权的适用规则研究》，载张善斌主编：《民法典时代破产制度的革新》，武汉大学出版社2021年版，第68页。

[65] 王治超：《破产债权能否代位申报?》，载微信公众号“破产法实务”，2020年3月28日。

[66] 《企业破产法》第58条规定：“依照本法第57条规定编制的债权表，应当提交第一次债权人会议核查。债务人、债权人对债权表记载的债权无异议的，由人民法院裁定确认。债务人、债权人对债权表记载的债权有异议的，可以向受理破产申请的人民法院提起诉讼。”

[67] 《企业破产法》第8条规定：“债务人、债权人对债权表记载的债权有异议的，应当说明理由和法律依据。经管理人解释或调整后，异议人仍然不服的，或者管理人不予解释或调整的，异议人应当在债权人会议核查结束后15日内向人民法院提起债权确认的诉讼。当事人之间在破产申请受理前订立有仲裁条款或仲裁协议的，应当向选定的仲裁机构申请确认债权债务关系。”

受到债权人会议核查结束后15日内向人民法院提起债权确认诉讼的期间限制。该规定对代位诉讼所带来的困扰是实践中有法院以债权Ⅱ尚未确定为由而裁决原告败诉，而此时债权Ⅱ又恰恰需要提起债权确认之诉来予以确定。笔者认为，由于债权人此时提起的代位诉讼与破产债权确认之诉存在耦合之可能，即使未履行前置程序也应当予以受理，15日期间限制也并不会影响债权人的诉权。首先，债权人代位诉讼的诉讼请求内容可为确认之诉，即仅确认债权人对债权Ⅱ享有债权，而《企业破产法》第58条所规定之破产债权确认之诉在诉的分类上与代位诉讼有异曲同工之妙，并且二者的诉讼目标一致，可有效削减程序上的制度性成本。其次，该条司法解释其规范目的在于通过异议人与管理人的沟通程序，快速化解部分纠纷[68]，本质上是为提高司法效率所设。而对于矛盾纠纷较大的债权，则难以通过当事人意思自治的方式予以化解，并不涵盖于提高司法效率的目的范围之内。再次，此处的管理人针对异议人的解释或调整是管理人的义务[69]，而非债权人的必经程序。最后，如果将管理人解释作为强制性要求，则可能会出现管理人愿意做出解释或调整，但其意图拖延超过15日期间而减损债权人权利的情形。可见，管理人解释或调整的前置程序并不具有强制性，实际上债权人此时既可以选择与管理人协商也可选择径直提起诉讼。

（二）债权人会议阶段

债权人经债权代位申报程序取得破产程序当事人地位，享有破产法上的程序性权利，即代位权人在债权人会议中也享有相应的表决权，其权利行使也需遵循诚信原则的要求，履行诚实报告义务，以最大限度尊重债务人的意思自治。

1. 权利行使的前置程序：诚实报告义务

设置权利行使的前置程序，其目的在于避免对债务人所享有的财产自由攫取过甚。在催告程序与诚实报告义务之间，前者侧重于事前的控制，可借助于禁反言原理为后续债权人代位行使表决权取得合法性；后者则更侧重于事后的保障，旨在使债务人及时了解权利行使的状况和债权人会议议决事项的内容。在债权人会议阶段，应当采取债权人代位行使表决权的诚实报告义

---

[68] 最高人民法院民事审判第二庭：《最高人民法院关于企业破产法司法解释（三）理解与适用》，人民法院出版社2019年版，第166页。

[69] 陈夏红：《企业破产法注释》，北京大学出版社2021年版，第317页。

务来缓和债权人利益保护和债务人意思自治之间的紧张关系。债权人在行使表决权后应当及时向债务人报告与表决权行使所涉相关事项的情况，包括决议结果、讨论草案等。

2. 表决权的行使规则

对于债权人会议中表决权行使的一般规则，笔者提出以下步骤：首先，在债权人履行了债权申报阶段的催告程序后，应当认为其取得了破产法上的程序性权利，此时债务人不应再介入后续的债权人会议表决，而债权人仅需继续履行其报告义务即可。而当债权人未履行申报阶段的催告义务时，管理人则可不予认定其债权申报申请，法院亦应裁定不予认定。如此才能明确催告义务违反的法律后果，倒逼催告程序的履行。其次，倘若债权代位申报以债权Ⅱ的金额为准，而当债权Ⅰ的金额小于债权Ⅱ时，难以确保债权人在表决权行使时不会损害债务人的利益。对此，应当在程序上给予债务人相应的救济，即赋予债务人在债权Ⅱ扣除债权Ⅰ的金额范围之内可以参加债权人会议，对债权人代位行使表决权提出异议，债务人提出异议的，应在其债权份额之内按比例计入表决结果。在人数的计入上，则以债务人的意见为准，因为此时债权Ⅱ的额度可充分覆盖债权Ⅰ。可能有观点认为，或许债权Ⅱ的实际受偿结果难以涵盖债权Ⅰ而提出不同意见，但是应当认识到破产债权受偿中的减损，其本身就属于正常商业交易风险的一部分，不应当以此固有风险作为反驳理据。最后，因为债权人此时处于直接利益相关者地位，所以作为提议者还享有相应的提议者权益，在会议讨论中可能会产生改进议案的想法，甚至通过修正案来修改原来的议案。[70] 在会议的既定议事规则下实现各组债权人及其内部之间的信息交换，凝聚利益共识。

关于多个债权人针对同一破产债权行使表决权的问题，有学者认为，因为债权人之间的利益关联度并不高，所以应当由各债权人以自己的名义和份额参加破产程序。[71] 笔者对此并不赞同，破产程序作为债权债务的概括清理程序，其本身即具有统一债权人行动的功效[72]，可有效防止个别行为对破产

---

[70] ［加］弗雷德·弗朗西斯、［加］佩格·弗朗西斯：《高效会议指南：1小时就能读懂的会议议事规则（第10版）》，刘员外译，浙江人民出版社2020年版，第18－19页。

[71] 陈晓君、郝振：《破产程序中债权人代位权的行使》，载《人民司法》2021年第7期。

[72] 陈计男：《破产法论（修订四版）》，三民书局股份有限公司2021年版，第144页。

程序进行之妨害，同时降低程序运行环节、削减费用。因此，应当由最先进行债权代位申报的债权人统一行使表决权，其他债权人则可以向破产管理人和债权人会议申请参加会议予以监督。如果其他债权人认为表决权的行使对其财产利益造成了损害，则可向债权人会议提出异议，经债权人会议审查，异议不成立的，还可以向法院提出异议，由法院做出裁定。

（三）决议执行阶段

1. 代位权制度与清算程序的衔接

关于多个债权人针对同一破产债权行使参与分配权时存在的利益冲突，可以分为两种情形：第一种情形是当多个债权人的债权Ⅰ金额总和小于等于债权Ⅱ额度，则依据其多个债权人的债权比例在破产程序中受偿。第二种情形是当多个债权人的债权Ⅰ金额总和大于债权Ⅱ的额度，则最终债权Ⅱ的受偿由相对人分配给债务人，多个债权人则针对债务人的责任财产解决归属问题，或通过民事强制执行程序或通过破产程序。只是无论何种情形，在破产程序中解决归属问题时，都应在分配额度上适当照顾行使代位权的债权人，以激励其行使权利。

对于破产程序终结后的债权人代位行使追加分配请求权。在江苏省宿迁市中级人民法院“蔡某某与裕达公司、李某某、恒泰公司代位权纠纷一案”中，法院认为即便是在破产程序终结后，因出现新的破产财产而需追加分配，此时也应当依据破产财产分配方案来追加分配，而并非提起债权人代位之诉。之所以作出否定裁决，其实质理由是将代位权行使的法律效果界定为直接清偿的效力，但也正如上文所述代位权行使的法律效果仅解决相对性问题，代位权的行使并不会天然产生事实上的优先受偿效力。实际上，对于债务人在追加分配中怠于行使其债权Ⅱ的，也应当允许债权人予以代位主张，仅需释明或在裁判中明确其法律后果为依据破产财产分配方案进行追加分配即可。

2. 代位权制度与预重整程序的衔接

实务中有法院认为，即便相对人提交了拟破产或重组的计划，此时法院仍应支持原告的诉求，裁决由相对人向债权人清偿。[73] 学界主流观点将预重整程序划分为庭外重组与庭内重整两个阶段，庭外重组阶段以奉行当事人的

[73] 江苏省盱眙县人民法院民事判决书〔2021〕苏0830民初88号。

意思自治为圭臬，同时其具有衔接庭内重整的功能。同时，以破产案件的受理为逻辑时间线上的界分，司法的强制力仅限定在破产企业进入重整程序之后。由此可知，首先，因为预重整的庭外重组阶段需要最大限度尊重当事人的意思自治，司法强制力原则上并不介入此阶段，所以债权人代位权诉讼的处理相较于破产程序而言更不应该受破产规则的困扰，即原则上代位权的行使不受预重整程序的影响。至于其是否能够实际受偿，则属于民事执行程序中的归属问题，与代位权能否行使无涉。其次，在庭外重组阶段的商业磋商中，虽不涉及表决权的行使，但债权人仍可参照债权申报前的催告程序，在履行催告义务后，代理债务人参与磋商。最后，在庭外重组与庭内重整成功衔接之后，债权人也因进入正式破产程序而取得相应的表决权等子权利的代位行使资格。

五、结语

债权人代位权的行使并不与破产法所维护的全体债权人公平受偿的利益相冲突，并且代位权之行使本身亦为保护债权人利益的手段。随着民法学界对于《民法典》第537条代位权行使的法律效果的争论与澄清，相对性问题和绝对性归属的区分使得债权人代位权与破产程序的充分衔接与优化成为可能。相应地，破产程序与之衔接则需要在遵循程序运行的效益价值基础之上，对债权申报、债权人会议、决议执行阶段做出相应的程序衔接与优化。在债权申报阶段，从申报主体、申报额度、催告义务的确立等环节作出程序性优化衔接。在债权人会议阶段，通过明确债权人诚实报告义务、确立表决权行使的一般规则与特别规则，为债权人代位行使表决权提供程序与实体的双重维度保障。在决议执行阶段，明确参与分配权和追加分配权的代位行使条件、提出预重整程序与代位权制度衔接时的规则适用方案。隐性破产规范与破产规范的协调适用是法律体系有效整合的必然要求，而部门法间具体规则的衔接则显得尤为重要。代位权制度与破产程序的衔接与优化规则仅仅是部门法间协调适用的典例之一，在破产法与其他部门法相衔接的具体问题之中仍有诸多需要弥合的体系缝隙。

（校对：陈颖）

思想源流

整体主义方法论下的经济法权利体系再探

——基于主体差异性的分析

李建欢*

摘　要： 经济法权利的内容应当理解为调制受体的权利范围。经济法的研究总体上采取整体主义方法论，极端化和绝对化的整体主义方法论不适应经济法权利的研究，较为准确的经济法权利研究范式应当将整体主义方法论与个体主义方法论相结合。个体主义因素的表现就是经济法主体之间的差异性，这种差异性为个体主义方法论的适用提供了空间。在这种新的方法论基础之上，经济法权利体系在权利生成、保护价值和运用解释方面都显示出了个体主义方法与整体主义方法相结合的优势。在此基础之上形成了“基石范畴—基本范畴—普通范畴”的多层次嵌套经济法权利体系。该体系通过归纳和演绎的分析手段不断丰富和发展，形成动态的经济法权利体系，突出了经济法权利的灵活性、适应性与应用性。

关键词： 经济法权利；整体主义方法论；个体主义方法论；差异性；权利体系

一、问题的提出

权利是法学研究中的一个基石范畴，权利本位的范式彰显了人文精神。① 在经济法的研究中，经济法权利也是非常重要的内容，由义务本位向权利本位的转变是法律进步的重要标志。② 经济法产生和发展的过程也是权

---

* **作者简介：** 李建欢，中山大学法学院硕士研究生。

① 张文显：《法哲学范畴研究（修订版）》，中国政法大学出版社 2001 年版，第 389 页。

② ［日］牧野英一：《法律上之进化与进步》，朱广文译，中国政法大学出版社 2003 年版，第 10 – 11 页。

利保护的发展过程，长期以来，经济法强调社会本位和权利本位的理念，通过整体主义的视角对经济法权利进行研究，不少学者也就经济法权利的体系化和类型化进行了探索，呈现出大量的学术成果。但是总体而言，我国经济法权利的类型化、体系化探索仍存在着诸多不足，类型化、体系化的结构安排不够合理。③ 经济法权利仍需要一套完整的理论体系框架，作为经济法体系的重要组成部分。

经济法权利是经济法总则部分的重要内容，总则部分在整个经济法体系中起到统领的作用。④ 因此，需要反思在整体主义的经济法权利研究范式之下，经济法权利类型化、体系化仍有哪些不足。为了适应高速发展变化的社会经济，优先保护经济发展中新出现的利益形态，应当构建动态发展、全面保护的经济法权利体系。在经济高速发展的社会背景下，经济法中不少新兴权利应运而生，但是因为整体主义从社会整体利益角度出发的保护模式，往往很难发现新生成的经济法权利。在整体主义方法论的背景下，更应当关注经济法个体之间的差异性，利用差异性原理，通过归纳和演绎方法动态实施的方式保护经济法权利。

二、经济法权利研究中的个体因素

在经济法学的研究中，个体主义与整体主义的争论一直是聚焦的重点。整体主义方法论认为人是社会化的人，社会先于个人，社会决定个人；个体主义方法论认为个体是唯一真实的，社会是个人的集成，社会要还原为个人。⑤ 需要明确的是，在经济法语境下，本体论的整体主义和个体主义与方法论中的整体主义和个体主义应当进行区分。在本体论中，经济法的整体主义是在实在序列上以社会整体利益为优先，同时在意义序列上个体利益优先于社会，个人的优先性只是在道德上体现。在方法论中，个体主义与整体主义并不会与本体论中的整体主义产生必然联系。以整体主义为出发点的经济法规范中，既可以使用整体主义的方法，也可以使用个体主义的方法。实践表明，在法律解释中，只有将个体主义方法论与整体主义方法论适当地结合

---

③ 王宇松：《经济法权利类型化、体系化的回顾与探索》，载《天津法学》2020年第4期。

④ 程信和：《经济法通则原论》，载《地方立法研究》2019年第1期。

⑤ 邱本：《论经济法对法律方法的创新》，载《当代法学》2010年第5期。

起来，法律解释的科学性与完整性才可能得以实现。⑥ 因此，在经济法权利的研究中，在本体论上应当以整体主义为中心，方法论上应当将整体主义与个体主义相结合。在现有研究中虽然已经提出侧重于整体主义方法或称包含着个体主义方法的整体主义方法的折中主义理论⑦，但是在经济法权利中尚未有系统的展开和应用。综上，应当探索整体主义方法论为主的经济法权利研究中的个体主义因素，基于此构建较为系统的经济法权利体系。

（一）基础：经济法权利概念与范围的厘定

经济法权利的范围问题实质上是确定经济法权利是否仅仅指经济法调制受体的权利，抑或是包括调制受体和调制主体的权利？

在早期的经济法研究中，经济法权利的研究中往往将经济法调制主体的权力和调制受体的权利统称为“经济法权利”。⑧ 例如，有观点将经济法权利的主体界定为经营者和政府等主体，即经济法权利既包括国家机关等调制主体的权力也包括经营者等调制受体的权利。⑨ 也有观点认为经济法权利应当分为广义和狭义的两种不同理解，广义的经济法权利应当包括公权力和私权利。⑩ 这些观点与理论体系的形成与时代背景和研究方法体系紧密相连，对后续的许多研究产生了影响。当市场经济在我国发展逐渐成熟，经济法的公权力色彩逐渐褪去，市场在社会经济发展中起到越来越重要的作用。应当认识到经济法调制主体的权力与调制受体的权利在功能、作用和实现等方面都存在明显的不同，将二者区分研究有现实的必要性，符合时代发展的规律。

在二元结构的构造下，经济法权体系表达为“调制主体的职权与职责”和“调制受体的权利与义务”，突出了权利与权力的区别。⑪ 可以看出经济法权利应当理解为狭义的“经济法调制受体的权利”，其核心主体是经济法

⑥ 胡玉鸿：《法学方法论导论》，山东人民出版社2002年版，第220页。

⑦ 邱本：《论经济法对法律方法的创新》，载《当代法学》2010年第5期。

⑧ 王宇松：《经济法权利类型化、体系化的回顾与探索》，载《天津法学》2020年第4期。

⑨ 吴志攀、肖江平《和谐社会建设与经济法创新》，载《中国法学》2007年第1期；李友根：《论经济法权利的生成》，载《法制与社会发展》2008年第6期；杨三正：《论经济法基本权利范畴》，载《甘肃社会科学》2012年第6期。

⑩ 程信和、曾晓昀：《经济法典“总则”论》，载《法治社会》2021年第2期。

⑪ 张守文：《经济法理论的重构》，人民出版社2004版，第400页。

调制受体。在现实的市场经济中，经济法权利和权力的关系较为复杂，但是仍有区分的必要性。⑫ 二者之间诸多的不同体现了“经济法权利”独立的必要性。有研究在此基础之上将经济法权力与经济法权利整合为“经济法权”这一新的范畴，经济法权就包括了经济权力及职责和经济权利及义务两个序列方面的问题。⑬ 对经济法权理论的不断完善，可以看出权利与权力的区分与联系。经济法所确立、认可和保护的正是权利与权力的耦合体。⑭ 二者彰显不同的范畴属性，也在实现经济法目的与宗旨方面相互配合，对此有清晰的认识使得经济法理论也日臻完善。

综上，在市场经济的背景下，经济法权利应当定义为“经济法调制受体的权利”这一范畴，突出对其保护和研究的必要性。经济法权利的内涵表现为两个层次：首先是主体自己可以为或不为一定行为，也可以要求他人为或不为一定行为的法律资格⑮；其次是表现为经济法保护的调制受体的正当要求。⑯ 对经济法权利的主体范围和具体概念进行清晰的厘定，有助于经济法权利理论的统一和完善，也强调了对调制受体的重视与保护。

（二）困局：整体主义方法论下权利的目的局限性

现有研究对经济法权利整体主义方法论的认识并不清晰，仅仅用整体主义和个体主义相区分的形式并没有体现经济法研究方法与经济法目的宗旨之间的关系。方法论通常被看作各种方法的综合以及关于方法的基本理论，它以方法为研究对象，是关于方法的规律性知识体系。⑰ 换言之，方法论是以方法为核心的知识体系，包含了各种具体的方法。通说认为，经济法权利应采取整体主义的方法论。⑱ 但是该观点也应当随着社会发展水平和经济发展水平以及生产方式的变化而发展。

---

⑫ 邱本：《经济法总论》，法律出版社2007年版，第252页；马慧娟：《我国经济法权利义务体系的历史认识》，载《经济问题探索》1998年第7期。

⑬ 韩志红、宁立志等：《经济法权研究》，武汉大学出版社2012年版，第9页。

⑭ 徐孟洲：《耦合经济法论》，中国人民大学出版社2010年版，第131页。

⑮ 刘文华：《中国经济法基础理论（校注版）》，法律出版社2012年版，第243页。

⑯ 范水兰：《经济法权利研究》，法律出版社2014年版，第54页；文献原文为“私主体”，笔者认为“调制受体”更为准确。

⑰ 张守文：《经济法学方法论问题刍议》，载《北京大学学报》2004年第4期。

⑱ 刘水林：《从个人权利到社会责任》，载《现代法学》2010年第3期。

经济法的产生和发展与利益的平衡和保护密切相关，经济法权利的性质也体现出了这种利益平衡的目的和宗旨。包括经济法权利范畴的经济法以社会整体利益保护为宗旨，社会整体利益具有独立于个人利益和国家利益的独特性，其在风险社会的环境下面临了巨大的挑战，而经济法对此的回应则是遵循整体主义的观念和基础构建规范，构建保护独立的整体利益机制。[19] 经济法权利体系的构建也应当以社会整体利益的保护为出发点和落脚点。社会整体利益这一范畴的抽象性很高，通过较为具体的体系构建，能够有效地对各个社会成员的合法利益进行保护，进而通过协调平衡实现社会整体利益的最大化。经济法权利作为社会整体利益的权利外相，能够使社会中的经济法主体与社会整体利益产生现实的联系。[20] 由经济法权利本身蕴含的社会整体利益这一特征，可以认为社会整体利益是经济法权利在本体论层面的整体主义体现。所以，社会整体利益的经济法理念应当理解为本体论中的经济法概念与体系的重要内容，其与整体主义的方法论存在联系，但并不具有直接的因果关系，应当从方法论这一独立视角对经济法权利进行单独的探讨。但从方法论的角度来看，仍欠缺对整体主义方法论与个体主义方法论之间关系的深入探讨，整体主义方法论与个体主义方法论并非排斥关系，而是一种相互配合、相互补充的关系。

经济法权利必然符合经济法目的和宗旨的追求，但仅凭经济法权利并不能完全实现这样的理念追求，还要求其他制度规范的配合，这就是经济法权利与目的宗旨在一定程度上的有限合致。每一个制度规范并不是面面俱到的，因此就需要关注到不同制度规范具有的不同侧重点，经济法权利对实现社会实质公平正义起到了更大的作用。正因如此，个体主义因素在经济法权利中的重要性显现了出来。经济法的目的和宗旨包含了多个方面，这样的多重目的是由全部的经济法制度规范实现的，每一个制度规范之间各有侧重、相互配合，最终达成所有的经济法目的。经济法多重调整目标总体上分为经济目标和社会目标两种，面对现代社会经济复杂的发展状况，其解决问题的思路和方案都会有所差异。[21] 不同的制度规范对两个调整目标的作用并不相

---

[19] 刘琦：《风险社会的挑战与经济法应对》，载《经济法论坛》2020 年第 2 期。

[20] 郭琛：《论社会整体经济利益的权利化》，载《甘肃政法学院学报》2010 年第 3 期。

[21] 张守文：《经济法原理（第二版）》，北京大学出版社 2020 年版，第 34 – 35 页。

同，这取决于具体制度在具体场景中的体现。在经济法权利体系的构建和实施的过程中，社会目标的实现是通过经济法权利的配置和实施实现社会实质公平。

综上，经济法权利所能实现的功能对于经济法目标而言，既有能够直接实现的功能，也有需要通过间接方式实现的目标，经济法权利并不是能直接满足所有的经济法目的宗旨，因此经济法权利对于经济法目的宗旨而言是有限的合致。所以全盘运用经济法整体主义方法并不完善，应当注意到经济法权利侧重功能中的具体问题，适当运用个体主义方法更为准确，使整体主义方法论更为合理。

（三）端倪：基于主体差异性的个体主义因素

现有理论缺少对新产生的经济法权利问题的察觉和发现能力，原因在于新出现的权利往往有很强的个体主义因素。所以强调将经济法权利的保护放到更高的位置，必须对经济法整体主义方法论进行有效的补充，重视经济法权利中的个体主义因素。尤其是对于经济法权利而言，权利本位在主体上都表现出个体化的特征，即权利需要落实到具体的个体身上。㉒ 经济法权利发现了主体之间的差异性并对弱者保护做出了一定的贡献。通过进一步的探究和发展，经济法整体主义趋于合理，这种合理的整体主义区别于极端化的整体主义，合理的整体主义应关注到构成社会基本要素的人仍具有的个体特性和相对的独立性。㉓ 在经济法权利整体主义方法下，个体主义因素在经济法权利中的作用有所显现，权利中的个体主义因素就是以经济法主体（特别是调制受体）之间的差异性为基础。基于这样的差异性，经济法规范通过权利的配置和实现对市场经济中的弱者进行保护，从而平衡协调其中的差异，实现社会公平。

与民商法的均质性假设不同的是，经济法的各个主体之间并非在完全相同的市场经济环境之中，经济法主体之间的差异，可能来源于信息的不对称、经济实力的差异以及具体诉求的不同等。㉔ 在这种情况下，占据优势地

㉒ 张文显：《法哲学范畴研究（修订版）》，中国政法大学出版社 2001 年版，第 346 页。

㉓ 刘水林：《经济法基本范畴的整体主义解释》，厦门大学出版社 2006 年版，第 61 页。

㉔ 张守文：《经济法原理（第二版）》，北京大学出版社 2020 年版，第 8－9 页。

位的主体会更强，导致马太效应的出现，这也是市场失灵的原因，协调各主体之间差异最直接的方式就是对经济法权力和权利进行配置和实施，因为经济法权利和权力组成的经济法权结构，蕴含了整体利益与个体利益之间的重合㉕，法权结构本身就是对经济法主体间利益平衡协调的方式。经济法权利与主体间的差异性关系紧密，通过主体的差异性可以发现新兴的经济法权利出现的必要性和可能性，也为经济法权利的变化和发展提供了解释的空间。通过考察社会中差异的普遍性存在，结合个人与社会的整体视角考察经济法权利的形成发展与变化，会发现经济法权利与主体和社会有很强的关联性和对应性。

在整体主义方法论中难免会缺失对主体差异性有针对性的观察，就不能够及时通过权利对处于弱势地位的主体进行保护。在整体主义方法论下，强调社会整体利益的同时保持对个人权利的尊重，符合马克思主义的要求。㉖在讨论经济法权利对于经济法主体间差异性的协调作用时，能够提取出的核心就是“保护弱者”，所以，经济法权利的类型化应当以不同经济法主体间不同的群体性私权利为标准，构建经济法权利的类型化体系。近代法意识最根本的基础因素正是主体性的意识。㉗ 换言之，经济法权利的类型化与主体类型化紧密联系。

认识到经济法权利与经济法主体类型化之间的紧密联系，同时将“保护弱者”作为经济法权利体系的核心理念之后，个体主义方法论因素在经济法权利体系中的作用逐渐清晰和明确。“保护弱者”的前提是充分准确认识强弱之别并且可能带来的社会冲击。㉘ 在此基础之上才能承认主体间的差异性并且对其协调以实现实质公平，从而实现经济法的社会目标。㉙ 弱势地位的显现往往在个案中产生，由点带面地产生市场经济中的强弱差异，经济法权利也是在个案中以新兴权利的形态出现。这就需要实证主义方法等个体

㉕ 蒋悟真：《经济法基本范畴的提炼：误区、标准及路径》，载《经济法论坛》2016 年第 1 期。

㉖ 程燎原、王人博：《权利论》，广西师范大学出版社 2014 年版，第 307 – 308 页。

㉗ ［日］川岛武宜：《现代化与法》，王志安、渠涛、申政武、李旺译，中国政法大学出版社 1994 年版，第 53 页。

㉘ 胡玉鸿：《弱者权利保护基础理论研究》，商务印书馆 2021 年版，第 135 页。

㉙ 陈婉玲：《判断与甄别：经济法权利辨析》，载《政法论坛》2017 年第 4 期。

因素的视角对市场经济中的强弱差异、权利配置进行考察和判断。[30] 从经济法权利的角度看来，个体主义方法因素在经济法权利中作用明显，其对经济法权利的生成与识别、经济法权利的体系化与类型化、经济法权利实现逻辑都产生了重要影响。

三、个体因素与整体主义方法论相结合的经济法权利

个体主义因素在经济法权利体系中都有所显现，包括经济法权利生成理论、经济法权利体系化类型化理论以及经济法权利解释理论。

（一）经济法权利的个体主义生成路径

经济法权利的生成理论的层次，分为法律权利共同来源理论与经济法权利特殊来源理论两个层次。[31] 法律权利的共同来源理论中个人主义因素较为明显，在经济法语境下，个体主义因素也有不同角度的诠释。同时，个体主义方法在发现和识别新兴权利方面起到了重要的作用。

经济法权利作为一种特殊的法律权利，其形成和发展的脉络具有法律权利的共同特征。由于法律的一大功能就是调整人在社会关联中的一系列关系，经济法权利也与人的社会关系相关。[32] 因此人与权利有着紧密的关联，作为法律权利的经济法权利天然蕴含了个体主义的因素。法律权利的发展与生产方式和经济发展相联系，权利与经济发展情况相适应而变化。正义会受历史传统和社会经济环境所限制[33]，经济法权利所实现的“弱者保护”和实质正义也会因时代的变化而变化。在这样的背景下，就对经济法理论和技术提出了较高的要求。

新兴权利的出现印证了个体主义方法论的分析在经济法权利研究中的必要性。新兴权利可以简单理解为特定时间节点新出现的，融合了道德权利、法律权利的权利话语或观念。[34] 新兴权利并未完全进入法律规范之内，但是

---

[30] 叶姗：《经济法学研究的方法论问题》，载《经济法研究》2015 年第 1 期。

[31] 范水兰：《经济法权利研究》，法律出版社 2014 年版，第 93 页。

[32] ［德］阿图尔·考夫曼、［德］温弗里德·哈斯默尔：《当代法哲学和法律理论导论》，郑永流译，法律出版社 2002 年版，第 472 页。

[33] ［美］丹尼斯·洛伊德：《法律的理念》，张茂柏译，上海译文出版社 2014 年版，第 3 页。

[34] 王方玉：《自然、法律与社会：新兴权利证成的三种法哲学路径》，载《求是学刊》2022 年第 3 期。

其事实上已经被广义的社会规范所认可。它是法定权利的对称，是法定权利之外的、实存的社会权利。[35] 经济法权利体系变动较频繁，出现了很多以新兴权利形态出现的“经济法权利”，如消费者权利。其产生的原因是现有的经济法权利体系的解释和具体化不能够涵盖这种利益诉求，使得既有的法律体系出现了不可避免的规范“漏洞”。既有的法律权利因受制于法体系本身的规定，有时候无法通过具体化的方式来应对新情境，所以有必要通过直接诉诸道德权利来确立相应的权利，新兴法律权利由此产生。[36] 新兴权利的存在以及合理性已经得到证成，更重要的是探讨如何在经济发展变化过程中去识别、发现和保护这样“新兴权利”的诉求。新的权利出现有一定的过程，先从利益状态到新兴权利状态最后到法定权利状态。在权利体系中，有较多的新兴权利状态由于现实的局限性无法上升成为具体的法定权利，此时需要考察现实经济与法律规范供给的情况。一些矛盾往往在一些具有代表性的个案中体现出来，需对个案中的权利内容进行具体的分析。在此过程中，个体主义方法能够更早地对新兴权利进行识别，在个案中发现经济法新的利益诉求，再从个体主义方法向整体主义方法扩张，形成一个完整的经济法权利的归纳体系。

除了法律权利的一般特征外，经济法权利的生成过程也有其独特性。经验主义权利观认为，权利是来源于对经验和历史的总结，特别是不同环境对权利的要求也有所不同。[37] 以此为借鉴，对于不同历史的经验总结，会形成当今社会的一些法律观念，经济法观念在经济法权利形成中具有重要的作用，体现了个体主义方法的内容。经济法的产生背景中蕴含了一个很重要的关系，这就是政治国家与市民社会的互动兼容关系。[38] 此关系中对市民社会的关注不仅指的是整体利益，也蕴含了个体的平衡协调。经济法理念对市民社会的关注，进一步延伸到了对社会整体利益和社会组成部分的个体利益的保护，通过权利化手段进行保护具有必要性。经济法中个体的权利源于社会需要，是社会为了人的社会经济功能的发挥而赋予人的、被相互依赖的他人

---

[35] 谢晖：《论新兴权利的一般理论》，载《法学论坛》2022 年第 1 期。

[36] 张泽键：《权利无法新兴吗?》，载《法制与社会发展》2022 年第 3 期。

[37] 朱振：《事实性与有效性张力中的权利》，载《浙江社会科学》2018 年第 10 期；余海洋：《权利的来源》，载《湖北警官学院学报》2014 年第 10 期。

[38] 李昌麒：《经济法理念研究》，法律出版社 2009 年版，第 47 页。

所承认的。[39] 经济法权利生成的特殊性，意味着在一般权利理论的基础上更强调政治国家与市民社会的联系，即社会整体利益与个体利益之间的关联。由此可见，经济法权利与社会主义市场经济和社会成员的个体紧密相连，体现经济法权利的独特性。社会整体利益与个体利益之间并不是纯粹的叠加关系，二者也不是完全区分的独立范畴。经济法权利既应当满足法律权利的共同特征，也应当符合市民社会与政治国家的兼容状态。对市民社会的考察，从整体主义考察社会整体利益，运用个体主义方法对社会组成部分的个体进行考察更为有效。建立个体主义方法论与整体主义方法论的关联体系，关键是认识到经济法主体之间的差异性。利用主体差异性的原理将经济法权利理论与具体保护实践联系起来，将社会整体利益与个体利益关联起来。

（二）经济法权利的双重保护价值层次

所谓保护价值的双重层次，既突出社会整体利益的保护价值，也体现对社会组成部分的个体利益的保护价值。同时，经济法中的个体利益区别于民法上的个体利益，经济法中的个体利益不能脱离社会整体利益来单独讨论，二者之间一直存在着某种关联。经济法权利应当对两种利益进行保护，即使这样的双重保护具有不同的顺序、层次和方法。正是因为经济法权利的双重保护价值层次，将整体主义方法论与个体主义方法论相结合的经济法权利研究方法才具有针对性和合理性。两种方法论的结合不是简单相加或是各有独立分工，而是二者同时贯穿经济法权利体系始终的。

在双重保护价值层次中，首先应当理清个人利益与社会整体利益之间的关系。社会整体利益是经济法的基石，经济法产生于社会整体利益的需要，并以社会经济的可持续发展为主要目的与终极目标。[40] 经济法的直接目标是实现社会整体利益，但是如果社会整体利益脱离个体利益而存在，这样的利益追求也失去了其本身的价值。经济法同时关注社会整体利益与个人利益，其重要性在总体上来说一致的，仅仅是在序列和层次上有所差异。市场经济

㊴ 刘水林：《论经济法权利的合法性基础、基本属性和结构》，载《经济法论坛》2016 年第 2 期。

㊵ 卢勤忠、丁培喆：《论经济法的整体主义观及当代价值》，载《河南教育学院学报（哲学社会科学版）》2019 年第 3 期。

中，既包含了自身自由主义的合理性，也包含了社会协调性的要求[41]，经济法权利规范也应当与双重的现实需求相适应。个体与社会并不是在本体论上谁优先于谁、谁高于谁的问题，而是我中有你，你中有我，相依而存；个体主义中个体对社会的优先性不是实在序列上的优先或说本体论上的优先，乃是一种道德论上的表达。[42] 所以，经济法本体论中的整体主义并非单纯的整体主义，也蕴含了个体主义的目标。在“权利本位”和“社会本位”的强化和发展过程中，经济法权利中个体主义并没有丧失其独立性，个人与社会的关系应当趋向和谐。[43] 经济法权利作为经济法体系的一部分，经济法权利保护层次也分为社会整体利益以及作为社会成员的个体利益保护，进而可以推导出经济法权利与权力相互协调的关系。经济法权利的个体安全保护方面更为突出，应当对经济法体系范畴层次作进一步的细化和调整，对个体利益有较为清晰的诠释。应当构建更具抽象性的经济法权利基本范畴体系，使经济法权利既具有稳定的框架，也具有较强的适应性。在纯粹的整体主义方法论下，经济法权利体系往往会在社会成员个体利益这一方面形成盲区，缺少对个体利益的观察。强调整体主义方法论中的个体主义因素，不仅能够有效填补这一漏洞，也能建立起个体利益与社会整体利益之间的桥梁。在权利体系的构建中，个体主义方法论串联了经济法权利基本范畴、一般范畴与具体范畴的逻辑联系，是将抽象与具体关联起来的重要手段。应当形成以公民个人、企事业组织和政府等市场主体为一端，以社会为另一端的主体结构。[44] 二元主体结构与二元利益结构相互照应，共同构成经济法权利的双重保护价值层次。

经济法所表现的人文关怀，体现为“社会人”的特征，是建立在人与人相结合的基础之上。[45] 该理念所体现出的经济法权利的特点就是保护弱

㊶ ［日］金泽良雄：《经济法概论》，满达人译，甘肃人民出版社1985年版，第26页。

㊷ 单飞跃：《个体主义公共观：公共经济关系的宪政哲学取向》，载《现代法学》2009年第1期。

㊸ 孟庆瑜：《经济法基本问题研究》，人民出版社2017年版，第52－53页。

㊹ 薛克鹏：《经济法的定义》，中国法制出版社2003年版，第254页。

㊺ 单飞跃：《经济法理念与范畴的解析》，中国检察出版社2022年版，第72页。

者，强调的是社会整体和谐的和谐辩证法。[46] 所以，经济法中的个体利益与民法中的个体利益因其所处的环境和前提不同，就有了不同的表达形式和含义，经济法权利中的个体利益不能脱离社会整体利益来单独讨论，整体主义方法论关注人的整体个性中的社会性和个体特性，通过个体主义方法和整体主义方法达到平衡协调的目的。[47] 对社会整体利益的保护和对个体利益的保护是一种动态交互的过程，社会整体利益的保护从个体利益的兴起出发，最后也会落实到对每一个个体利益的保护上。这一过程就可以描述为“个体利益→整体利益→个体利益”的动态过程。在经济法权利体系的构建过程中也应当重视这样的原理，构建与此相适应的能够动态分析的权利体系。实现个体与整体、具体与抽象的动态变化。

综上，在经济法中强调的整体主义方法论不应当是单一地以整体主义方法进行研究，应当同时拓展个体主义方法论的研究。这与本体论上的经济法整体主义不相矛盾，两种方法论的结合能够使经济法体系更为完整清晰。与经济法权利的双重表达价值相适应，经济法权利的研究方法也应当在整体主义方法论的基础之上加入个体主义方法论的因素，达到在社会层面的整体和谐。

（三）以归纳为主要方法的动态解释思路

经济法权利保护的双重价值层次需要联系整体与个体的动态变化，较为困难的环节是从个体利益上升为社会整体利益的过程。在经济法权利体系中，根据权利范畴的不同可以划分为不同层次的经济法权利。在法学范畴体系内部由于范畴所包容的知识量和结构量的差别可以划分为普通范畴、基本范畴和基石范畴等不同层次。[48] “基石范畴—基本范畴—普通（一般）范畴”的关系是抽象程度由高到低的演变过程，其基本对应经济法体系的总论、次级部门法理论、具体制度研究三个层次。[49] 以整体主义方法论为主导的经济法权利研究对于经济法权利普通范畴的重视程度不高，往往通过对经

---

[46] 张涛：《对经济法与民商法关系的方法论透视》，载《河南师范大学学报（哲学社会科学版）》2003 年第 3 期。

[47] 刘水林：《经济法基本范畴的整体主义解释》，厦门大学出版社 2006 年版，第 62 页。

[48] 周科桦：《经济法的基本范畴探析》，载《经济法论坛》2010 年卷。

[49] 何锦前：《让流浪的权利回家》，载《现代法学》2015 年第 2 期。

济法权利中的基本范畴进行演绎和具体化从而对该种利益诉求进行保护，其针对性和有效性较差。这种经济法权利的分析适用模式是以演绎为主的单向模式，具有不全面的局限性。在现有的体系中，除了较为成熟的消费者权利和劳动者权利之外，其他的经济法权利发展并不完善。问题就在于完善的体系如何形成，形成的过程中会产生的现实问题能不能发现和解决。因此，需要构建在不同层次的经济法权利体系，结合由抽象到具体的演绎方法和由具体到抽象的归纳方法，形成经济法权利动态的理论体系。这样的理论体系具有双向动态的特征，更为全面、灵活和有针对性。在概念范畴从抽象到具体的往返流动、相互转化、彼此依存中，客体的矛盾运动、固有规律和现象形态得以逻辑再现和理性回复，认知水平得以迈向深化。[50] 在抽象到具体的往返流动过程中，整体主义方法论与个体主义方法论发挥了不同的作用。对经济法权利三个范畴的构建有利于突破由个体利益保护上升为整体利益保护的难题，为解决法律规范与法律实践的沟通难题提供了理论依据。

从个体主义形成抽象性较低的权利形态，再通过经济法权利普通范畴到经济法权利基本范畴、基石范畴的路径，最终形成抽象性较高的、适用于所有经济法语境的基本权利范畴。这样对现实问题的分析也体现了经济法相较于其他法律部门而言更高的回应性特征。[51] 回应性特征必然要求经济法权利由具体到抽象的变化过程，以适应经济社会的不断变化。而演绎方法是在整体主义方法论的背景下，利用现有的经济法权利基本范畴进行的。演绎的方法能够使经济法权利发挥应用价值，是检验基本权利范畴准确性的手段。在现实生活中的大多数经济法利益保护问题都是通过对经济法权利的基本范畴进行演绎，通过解释的方法来解决。

从经济法权力的运行来看，经济法权利体系蕴含了从抽象到具体再到抽象、从个体到整体再到个体的动态运行过程，是通过对现实的归纳和对抽象理论的演绎完成。系统内部各层次的子系统之间以及其与外部系统之间都可能存在着一定程度上的互动关系，不仅要注意影响该系统各个要素之间的区别，更要注意其间的联系。[52] 在整体主义与个体主义方法论结合的背景下，

---

[50] 李莉：《经济法基本范畴的解释》，载《经济法论坛》2006 年卷。

[51] 梁伟亮：《对经济法权利的霍菲尔德式分析》，载《大连海事大学学报（社会科学版)》2020 年第 2 期。

[52] 张守文：《经济法系统的系统分析》，载《经济法研究》2001 年第 2 卷。

现有经济法权利体系对新出现的利益诉求的归纳环节并不完善，导致在形成更抽象的法律规范时显得较为零散，甚至有保护不足的情况出现。需要通过对具体问题和法律制度进行分析，从中归纳出属于经济法的权利范畴，如果一味地演绎，永远无法获得科学的概念和定义。[53] 因此，应强调以归纳的方法为重点，重视经济法权利范畴的形成过程。形成归纳与演绎较为平衡的状态，从个体与整体进行双向互动的解释，把个体主义方法与整体主义方法的优点综合起来。[54]

综上，宏观层面的整体主义方法论除了强调社会整体利益之外，也关注总体上社会发展过程中的诸多问题的平衡与协调。在更具体的经济法权利的配置和实现的层面，也关注到了整体主义方法论对经济法权利基本范畴研究的作用。[55] 现有的问题在于，归纳环节较为薄弱，导致经济法基本权利范畴的形成受阻。在目前来说应当以归纳为主要环节构建动态的经济法权利体系。经济法权利体系的构建有赖于不同抽象程度的权利层次的形成，处于不同层次的经济法权利所发挥的功能以及所追求的价值层次有不同的侧重。通过对不同层次经济法权利进行演绎和归纳，形成完整的权利体系。

四、多层次嵌套型经济法权利体系框架的构建

在理清经济法权利范畴由抽象程度划分不同层次之后，将不同层次的经济法权利范畴与经济法总论、经济法具体部门和具体措施对应起来。总论与分论的经济法部门和具体制度应当形成有机结构，避免总论分论两张皮的情况出现。[56] 同时，不同层级的经济法权利范畴与其相对应的经济法理论具有不同侧重点，其适用的主要方法论也会有所侧重。经济法的功能不是靠单一的制度来发挥作用的，需要不同层次、不同领域的整体体系来实现。建立一个完整的经济法权利制度体系，应当将三个层次进行衔接，通过整体主义方法论与个体主义方法论的运用，使用以归纳为重点，以演绎为辅助的动态分析手段进行构建。该体系的重点是，应当与主体差异性为连接基本权利范畴和一般权利范畴的纽带，形成抽象与具体良性互动的有机整体。这个权利体

---

[53] 薛克鹏：《经济法基本范畴研究》，北京大学出版社 2013 年版，第 261 页。

[54] 邱本：《论经济法对法律方法的创新》，载《当代法学》2010 年第 5 期。

[55] 程信和：《经济法基本权利范畴论纲》，载《甘肃社会科学》2006 年第 1 期。

[56] 程信和：《新时代中国特色经济法学之新气派》，载《法治社会》2018 年第 1 期。

系是由“宏观—中观—微观”三个层次层层嵌套形成的整体，即为“多层次嵌套型经济法权利体系”。在该体系中，每一个层次都有不同的侧重功能和范畴内容，通过归纳和演绎的手段将其联系起来，形成“基石范畴—基本范畴—普通范畴”多层次嵌套的经济法权利体系。

（一）宏观——价值倡导

在最宏观的面向，经济法权利范畴在这一层体现为基石范畴，是经济法不可或缺的权利范畴体系，具有较高的抽象性，且与经济法的本质和理念相呼应。宏观的经济法权利基石范畴是经济法动态体系中演绎路径的起点，形成宏观层面的经济法基石范畴是经济法权利归纳过程的核心目标。在多层次经济法体系中，与基石范畴相对应的是总则部分，是所有经济法权利制度的公因式，具有价值倡导的作用。强调基石范畴的价值倡导作用是由于其高度的抽象性，其抽象性使其难以直接适用于具体的案件中。我国的经济法律规范往往进行原则性、抽象性的立法设计。[57] 经济法总论部分的规则设计更为抽象，需要经过演绎才能适用于案件中。但是经济法权利基石范畴为经济法权利的适用和演绎定下了基础的方向，保障经济法权力的核心价值不偏离。基石范畴直接体现经济法精神内核和其所积极倡导的价值。所以，宏观层面的经济法权利更多体现出了整体主义方法论的价值，在整体展现经济法的价值以及保证经济法价值的充分发挥。现有的关于基石范畴的构建和研究，归纳和总结并不到位，观点较为零散。经济法在现在阶段的主要任务是在法律规范和实践中整理具有共同性和普遍性的规则，提炼出可操作性和解释力的规则范式。[58] 基石范畴的概括也很重要。宏观层面具有价值倡导功能的经济法权利不意味着失去了现实意义的适用价值，通过在不同领域对宏观权利的演绎，使其适应经济发展的现实需求，同时不会使经济法权利体系偏离其精神内核和价值追求。基石范畴是不可或缺的，其彰显了经济法独立性的精神价值，也是联系经济法理论与经济法实践的重要枢纽。

在现有研究中对经济法基本权利范畴有过较为丰富的研究，其根据不同的划分标准有不同的研究成果。现有研究的主要区别就在于对基本权利研究

---

[57] 金善明：《〈反垄断法〉文本的优化及其路径选择》，载《法商研究》2019 年第 2 期。

[58] 邢会强：《走向规则的经济法原理》，法律出版社 2015 年版，第 2 页。

的不同，基本可以分为调整对象、权利主体、价值取向三种路径。[59] 在多层次嵌套型经济法权利体系，宏观层面所指“权利基石范畴”具有高度的抽象性和价值倡导作用，因此应当聚焦于以价值取向为路径的现有研究，对其进行总结和整理。在以价值取向为路径的经济法基本权利研究中，最具代表性的以“经济发展权”“经济分配权”“经济安全权”为划分三位一体的基本权利体系。[60] 由于发展权、分配权、安全权具有较高的抽象性和价值倡导作用，故应将其作为多层次嵌套型经济法权利体系中比基本权利更高一层次的“基石权利”。在这一层次的权利范畴中，整体主义方法论通过结合市场经济的发展现状与目标，对这一基石范畴进行诠释和演绎。经济法权利基石范畴是与经济法目的宗旨相适应的，但由于现有经济法权利更侧重于社会目标的实现，可以通过抽象出更上位的抽象范畴以适应目的宗旨。基石范畴就能更好地与经济法目的宗旨全面合致。

在“发展权”“分配权”“安全权”体系中，发展权是核心的权利，分配权与安全权都是推动和保障发展权这一最终目的的手段。[61] 发展权通常被理解为个体或集体享有的参与和促进经济、社会、文化和政治全面发展并享受发展成果的权利。[62] 是经济法权利体系中的重要范畴，具有较高的抽象性和价值倡导作用。从整体主义方法论出发，经济发展权与社会整体利益和各部分成员的利益息息相关。对于弱者保护而言，对于中小企业、消费者、劳动者等弱势群体，经济发展权符合其利益需求。发展权作为经济法权利在宏观层面的基石范畴，保障了各主体发展经济的权利，使经济法体系与社会经济发展相适应。经济发展权就对传统经济法范畴进行了更高层次归纳概括，形成比基本权利范畴更高层次的经济法权利基石范畴。通过对发展权的归纳和解释，可以使经济法权利范畴体系与目的宗旨、权利来源、现实问题和体系自洽等总论总则问题在总论层面上更好地融会贯通。综上，多层次嵌套经济法权利体系在宏观层面上，应当确定经济发展权为经济法权利的“基石范畴”，其比经济法权利“基本范畴”抽象性更高，其功能侧重于经济法的价值倡导。通过对经济发展权的具体化的演绎，与其他层次的经济法权利范

---

[59] 陈乃新：《经济法权利研究》，中国检察出版社 2007 年版，第 3－6 页。

[60] 程信和：《经济法重述》，中山大学出版社 2022 年版，第 56 页。

[61] 程信和、曾晓昀：《经济法典“总则”论》，载《法治社会》2021 年第 2 期。

[62] 张守文：《经济发展权的经济法思考》，载《现代法学》2012 年第 2 期。

畴关联起来。

（二）中观——差异划分

在宏观层面建立了有价值倡导功能的基石范畴之后，需要将这样抽象的权利范畴具体化，使其基本适应现实的权利需求。这就需要引入经济法“基本权利范畴”，该种范畴是介于基石范畴与社会个体权利保护之间的一种权利范畴。经济法权利“基本范畴”在多层次嵌套经济法权利体系中处于中观的层次上，作为经济法部门法划分的基础性权利范畴。在适用经济法整体主义方法论与个体主义方法论的前提下，与宏观的基石范畴不同，基本权利范畴对个体主义方法论有具体的阐释，使其适应社会现实社会成员的利益诉求。权利的形成过程与权利主体有紧密的联系。[63] 由经济法权利个体主义方法论的分析可知，引入个体主义方法论的前提是经济法中主体差异性原理的存在。主体之间的差异性就要求经济法权利对弱者给予有针对性的保护，个体主义方法论在这种针对性保护的形成过程中的作用十分明显，这才有了应当使用“蕴含个体主义方法的整体主义方法”的结论。对经济法权利主体基于差异化的划分，就是经济法权利体系中连接抽象层次与具体层次的中观层次。中观层次体现的主体差异性划分，关联了基石范畴与普通范畴，起到了连接抽象与具体的关键作用。

经济法作为基于主体差别而建立的法律部门，其权利类型均以主体为标准设立。[64] 以权利主体为依据划分也是现有对经济法基本权利的研究路径。有研究已经尝试将经济法权利范畴总结为消费者知情权和安全权、劳动者的就业权和休息权、公民的环境权等。[65] 尽管这样的类型化可能会随着时代发展而不断丰富，但是对经济法权利与经济法主体类型化之间关系的认识具有重要的启发意义。经济法包括了不同特征的主体，不同主体对于经济法权利基石范畴的“发展权”的诠释也会有所不同。在多层次嵌套经济法权利体系中，由于依主体进行划分的路径非直接体现经济法目的宗旨，而是通过了一定的具体化的演绎过程，主体的不同形式反映了各自利益的性质内涵不

---

[63] 夏勇：《人权概念起源》，中国政法大学出版社 2001 年版，第 23 页。

[64] 韩志红、宁立志等：《经济法权研究》，武汉大学出版社 2012 年版，第 25 页。

[65] 薛克鹏：《论经济法的范畴化及其体系》，载《首都师范大学学报（社会科学版）》2013 年第 6 期。

同。[66] 所以相较于经济发展权而言，主体为标准划分的权利范畴应当认定为下一层次的“基本范畴”，而非“基石范畴”。

对于依主体划分的经济法权利基本范畴已有一定的研究成果。首先，通说认为经济法权利的主体因为具有身份性而有所差异，[67] 经济法主体呈现出了多层嵌套的形式。[68] 主体差异类型化形成的基本权利体系，基本达成共识的是消费者权利和劳动者权利是较为确定的经济法权利的基本范畴，这两种权利的发展较早也较为成熟。但是除了这两种权利之外的其他权利并不明确。从主体的角度来看，经济法权利的主体较为明确的是，在经济法中享受权利的主体是除国家、政府、行业协会、国有企业以及大多数经营者之外的人，即消费者、劳动者、社会公众以及处于不利地位的竞争者。[69] 所以，较为明确的经济法权利的基本范畴为“消费者权利”“劳动者权利”和以自由竞争和公平竞争为表现的“经营者权利”。而投资者、纳税人和社会团体等主体的权利应当以利益到新兴权利到法定权利的分析路径进行分析。这种新兴的利益诉求，需要通过微观的具体保护的归纳，才能判断其是否具有进入中观和宏观权利范畴的可能性。在中观的经济法权利范畴并未脱离宏观价值倡导的“发展权”的范围，而是宏观经济法权利在具体经济法部门的演绎，突出市场经济中弱势一方发展权的保障。由此可见，能否通过依主体为标准进行划分加入新的中观经济法权利类型，需要与宏观经济法权利倡导的价值相契合，并且不存在逻辑上交叉和遗漏的问题。同时，中观的权利范畴应当着重观察微观保护的需求，回应新兴权利的保护问题。

综上，多层次嵌套经济法权利体系在中观层面上，应当确定以主体差异性为依据形成经济法权利的基本范畴。基本范畴是对基石范畴的进一步演绎，也体现了个体主义方法论的特征，强调了权利与主体的关系。经济法权利的基本范畴并不是封闭的，会因为新兴权利的生成而不断拓展。

（三）微观——具体保护

再由经济法权利基本范畴进行具体化之后就形成了经济法权利的普通范

---

[66] 陈乃新：《经济法理性论纲》，中国检察出版社 2004 年版，第 151 页。

[67] 焦伶俐：《经济法权利论纲》，载《中国管理信息化》2015 年第 10 期。

[68] 邓伟：《经济法主体何以成立?》，载《华东政法大学学报》2020 年第 1 期。

[69] 薛克鹏：《经济法权利主体及权利体系》，载《商丘师范学院学报》2016 年第 4 期。

畴。典型的经济法权利的普通范畴就是《消费者权益保护法》中规定的消费者的具体权利，如安全权、自主选择权、公平交易权、知情权等。[70] 这些具体权利的设置是回应现实中侵害消费者的行为而生成的，具有较强的针对性和适应性。普通范畴的形成过程是新兴权利识别和保护的起点，因此经济法权利普通范畴的识别和保护需要较为明显的个体主义方法论，才能够使普通范畴的经济法权利具有针对性和现实意义。如果将社会成员视为社会有机整体的一部分，将不能理解对社会个体成员利益损害保障的必要性。通过对基石范畴或基本范畴的直接演绎并不能得出普通范畴，而是需要与社会现实中的利益需求相结合，所以就要使用个体主义方法论进行分析。具体而言，经济社会中出现的新的利益诉求先形成新兴权利，再变为法定的经济法权利普通范畴，最后通过不断地归纳形成基本范畴和基石范畴。经济法权利的普通范畴因社会经济状况的变化也处在不断的变化当中，其稳定性相较于抽象性更高的基本范畴和基石范畴而言会更弱。由此可见，经济法权利的普通范畴是经济法权利动态体系中归纳手段的起点，也是多层次嵌套经济法权利体系最具体化的微观层次。不断变化的经济法权利普通范畴层次赋予了“多层次嵌套经济法权利体系”不断发展的生命力。

在现有经济法规范中，经济法权利的普通范畴并不直接规定权利的行使以及表达，而是通过间接地规定相对人的义务和责任来推定经济法权利主体享有的具体权利。但是并不意味着经济法权利普通范畴不存在，而是以推定权利的状态存在。经济法权利与经济法文本之间没有必然联系，经济法权利与经济法规范具有直接的联系，规范与文本不是同一个概念。如此进行规定是因为经济法权利普通范畴直接面对社会经济中的具体利益冲突，很难将其概念直接表达出来，直接表达权利的适应性会大大削弱。所以法律规范通过间接的方式，以义务和责任的形式保护权利。有研究将这样的特征总结为经济法权利的隐含性，即经济法一般不直接规定权利，而是通过规定义务来体现其权利，可以根据权利义务相一致性的原则，通过某项或某几项义务，来推定某项权利的存在。[71] 即使市场经济社会发生变化，调制受体受到侵害，也可以通过增加相对人的义务的形式来完善经济法权利普通范畴的内涵，可

---

[70] 《消费者权益保护法》第二章规定了消费者的具体权利。

[71] 薛克鹏：《经济法权利主体及权利体系》，载《商丘师范学院学报》2016 年第 4 期。

以保障经济法体系的稳定性和自洽性。在经济发展比较快、经济法权利变动较快情况下很难总结出较为合适的基本权利类型。所以从功能主义的角度出发，对相对人设置义务和责任能够更快地解决现实中的问题。例如在消费者权利保护中，往往是通过对经营者施加义务的形式保护消费者权利。[72] 尽管经济法义务和责任的确是经济法权利的保护方式之一，也有可能先确定义务后确定责任[73]，但是一定会有权利直接表达的现象，所以不能仅仅通过义务以及责任来推断。法律中存在着不与权利对应的义务，一种义务的表达仅仅意味着对于一种利益冲突解决的现实需要，不能证明权利的存在。[74] 由此可知，经济法权利普通范畴在现有规范体系中尚存在表达不充分的问题，需要通过对现实问题的敏锐观察，及时以正面的方式确认经济法权利的普通范畴。对经济法权利普通范畴的清晰确认，是微观层面经济法权利体系完善和归纳基本范畴和基石范畴的重要条件，经济法权利普通范畴的准确表达也是经济法回应性特征和应用性特征的直接表现。从现有的经验可以看出，消费者权利、劳动者权利等较为成熟的权利范畴，其普通范畴的表达较为准确和合理，但是也会有新的利益冲突的出现，需要新的普通范畴进行协调平衡。平衡和协调的过程，有赖于对现实需求的抽象归纳，进入中观经济法权利的评判体系，再上升到宏观价值倡导的经济法权利体系，在体系完整自洽之后，通过演绎对这种现实需求提供具体的保护。

综上，多层次嵌套经济法权利体系在微观层面上，经济法权利基本范畴应再进一步具体化形成经济法权利的普通范畴。而普通范畴直接面对经济社会中的利益冲突，因此其可能处于经常变化的情况之中，较难准确进行表达。通过对相对人施加义务和责任的方式不能准确表达经济法权利普通范畴，仍然需要正面进行表达，对立法技术要求较高。经济法权利普通范畴是微观的权利基础，也是归纳的起点，需要较为准确。

(四) 从微观出发的归纳演绎动态分析

对于以上三种权利范畴的论述是按照具体化演绎的顺序进行，更为关键的是由微观普通范畴向宏观基石范畴发展的归纳过程。由于法律具有规范的局限性与滞后性，往往不能及时关照新出现的法律需求。对于这些法律

---

[72] 钱玉文：《消费者权的经济法表达》，载《法商研究》2017 年第 1 期。

[73] 杨忠孝：《经济法上的权利与权力之争》，载《法学》2009 年第 8 期。

[74] 李友根：《论经济法权利的生成》，载《法制与社会发展》2008 年第 6 期。

"违反计划的不圆满性"的情况，需要通过个案的判断来进行法的续造。[75]在经济法权利中更进一步的是，需要通过续造实现由微观具体保护实践上升到法律规范整体保护的层次。这样的过程就是从微观出发到宏观经济法权利的归纳过程，也实现了从经济法实践到经济法规范的本质跨越。归纳与演绎是一个统一体系中两种路径，两种路径的动态变化构成了经济法权利体系的发展构造，可以归纳为经济法权利归纳演绎动态分析路径的基本构造（见示意图）。

归纳路径的出发点是个体、微观、具体保护的经济法权利普通范畴。个体主义方法论通过具体案件发现新兴权利的现实需求，具体案件包括经济法执法案例和司法案例。执法司法机关进行整理总结后，需要将有权利保护必要的部分总结为中观层次的经济法权利基本范畴，这一范畴体现的是不同部门法的经济法权利的规定，集中体现不同主体划分的经济法权利的特征。在实践中出现较多的是以实施办法或指南的形式来确认基本范畴的经济法权利。[76]中观经济法权利基本范畴所体现的差异划分是联系个体利益与社会整体利益的纽带，也是宏观权利范畴与微观权利范畴沟通的桥梁。最后的步骤是对中观权利范畴进一步抽象后，纳入发展权这一宏观基石范畴的外延。"发展权"的概念内涵也因此丰富，也为归纳与演绎的良性循环提供了可能性。归纳部分的关键是从微观普通范畴向中观基本范畴的发展，这对经济法立法、执法和司法工作者的专业水平和理论水平都提出了较高要求。这一过程既要有覆盖整个经济发展环境的广阔视野，也要有针对具体实例的微观视角。对微观层面具体保护的经济法权利普通范畴的归纳，有一些关键的工作需要做好。首先要对普通范畴所包含的差异性主体进行准确的定位，其次需要对不同主体的权利范畴与经济法权利基本范畴进行匹配归类，最后是对该归纳的经济法权利基本范畴进行要件特征的整理分析。当然，为适应不同情况下的权利特征，应当具有一些配套的辅助工作。归纳的路径只是整个分析过程的一半，除此之外，从宏观经济法权利基石范畴出发就进入了演绎的路径。演绎的过程相较于归纳而言更加清晰，经济法权利多层次嵌套体系也使

---

[75] ［德］卡尔·拉伦茨：《法学方法论》，陈爱娥译，商务印书馆2003年版，第286页。

[76] 叶卫平：《反垄断法分析模式的中国选择》，载《中国社会科学》2017年第3期。

解释路径更加顺畅。

综上所述，归纳演绎动态分析的过程是一个循环，每一个环节既可以是一个系统中的出发点也可以是落脚点。多层次嵌套的经济法权利体系不仅完善了纯粹整体主义方法论的弊端，也突出了经济法权利的灵活性、适应性与应用性。利用这个方法能够有效地对经济法权利体系的整体主义方法论进行进一步的诠释。

五、结语

绝对化的整体主义方法论不适应经济法权利的研究，较为准确的经济法权利研究范式应当将整体主义方法论与个体主义方法论相结合，或称蕴含个体主义的整体主义方法。主体间的差异性就是个体主义方法论的优势所在和因素显现。在此基础之上，经济法权利体系在权利生成、保护价值和运用解释方面都显示出了这种新方法论的优势，由此形成了多层次嵌套经济法权利体系。需要进一步研究的是如何在整个经济法体系中运用该方法论，包括规范理论、责任理论等。这也有助于经济法规范由零散化向体系化进行转向和统合。在市场经济不断发展的过程中，经济法权利体系会不断丰富，但是不会脱离基本的权利范畴结构，只是在清晰的主干上不断丰富其“枝叶”，以保证法律规范的稳定性。这样的研究范式也能够为经济法体系构建与法典化提供一定的参考意义。经济法权利、经济法体系的研究对我国新时代经济发展有着至关重要的作用，必须继续深入研究。

（校对：刘麟锋）